文明进程与全球秩序

The Idea of Civilization and the Making of the Global Order

〔英〕安德鲁·林克莱特（Andrew Linklater） 著

肖茜　张勿杨　郝夏熠　译

中国出版集团
中译出版社

图书在版编目（CIP）数据

文明进程与全球秩序 /（英）安德鲁·林克莱特（Andrew Linklater）著；肖茜，张勿杨，郝夏熠译. -- 北京：中译出版社，2022.10
书名原文：THE IDEA OF CIVILIZATION AND THE MAKING OF THE GLOBAL ORDER
ISBN 978-7-5001-7092-1

Ⅰ.①文… Ⅱ.①安…②肖…③张…④郝… Ⅲ.①国际关系—研究 Ⅳ.①D81

中国版本图书馆CIP数据核字（2022）第090704号

© Andrew Linklater 2021
First published in Great Britain in 2021 by Bristol University Press
The simplified Chinese translation copyright arranged through Rightol Media（本书中文简体版权经由锐拓传媒取得 Email:copyright@rightol.com）
The simplified Chinese translation copyright © 2022 by China Translation and Publishing House
ALL RIGHTS RESERVED

图字：01-2022-2052

文明进程与全球秩序
The Idea of Civilization and the Making of the Global Order

出版发行	中译出版社
地　　址	北京市西城区新街口外大街28号普天德胜大厦主楼4层
电　　话	（010）68359373，68359827（发行部）68357328（编辑部）
邮　　编	100088
电子邮箱	book@ctph.com.cn
网　　址	http://www.ctph.com.cn
出 版 人	乔卫兵
策划编辑	郭宇佳
责任编辑	孙秀丽　郭宇佳
文字编辑	孙秀丽
封面设计	潘　峰
营销编辑	张　晴　徐　也
排　　版	北京竹页文化传媒有限公司
印　　刷	中煤（北京）印务有限公司
经　　销	新华书店
规　　格	710毫米×1000毫米　1/16
印　　张	21
字　　数	251千字
版　　次	2022年10月第1版
印　　次	2022年10月第1次 印刷

ISBN 978-7-5001-7092-1　定价：98.00元

版权所有　侵权必究
中 译 出 版 社

前言和致谢

本书的宗旨是通过借鉴或扩展欧洲文明进程的埃利亚斯式或过程社会学分析，来解释文明对全球秩序的影响。作者从这一进程的代表性考察中发现——最早的记录用的是德语，而且出现在20世纪30年代末期——社会学家诺贝特·埃利亚斯（Norbert Elias）（1897—1990）认为，关于文明的理念早在18世纪的最后25年开始风靡于法国的宫廷社会。在此后的几十年里，才开始成为欧洲周边国家社会统治阶层的政治词汇。随着精英阶层的语汇进入下层人群，它开始成为日常用语的一部分，同时也成为社交界普遍用语的核心组成部分。19世纪关于文明的概念定义了欧洲的自我形象，这个形象伴随欧洲人在两个相互交织的层面上所感受到的文化优越性进行演变。欧洲人民的集体荣耀感，来自欧洲地区相较于其他偏远地区社会所具有的文化和技术优越性，也来自那个相较于过去，如中世纪时期所拥有的智力和物质进步的自信。在这个背景下产生的所谓推动全人类进步的文明使命的权力，对西方帝国主义全盛时期的全球秩序的形成具有深远影响。当前，有关文明的标准并没有完全消失，围绕它们的争论和指责却是后欧洲时代国际社会的特征。当前存在的重要问题是，全球秩序是否将从有关文明的一致标准的基础上脱离开来，例如，那些在欧洲统治时期就开始存在的标准，以及全球秩序能否，或者说能够在多大程度上立足于新孕育的且被全球秩序组成部分所共享的文明之中。

文明的自我形象塑造了过去两个世纪社会与政治世界的最好时期，在对这些自我形象进行分析的过程中，埃利亚斯强调了一种信仰的形成，即欧洲人成功减少了人与人之间的暴力，同时消除了社会的残酷行为。例如，19世纪谴责对犯人公开行刑和20世纪反对死刑以及其他残酷刑罚的人士都一致认为，这些做法在文明社会毫无立足之地。当代社会的许多"文明"群体持续将其他社会中对犯人的公开行刑视为"野蛮"的象征。同样，西方社会对恐怖分子的暴力行径反复表示厌恶或愤怒，因为这些行为与他们关于文明社会和文明世界秩序的意象冲突。

对埃利亚斯而言，改变对欧洲社会中人际关系所允许或禁止行为的社会态度，并非完全起源于认知或智力的转化，而是起源于对道德和不道德行为的全新观念。这些改变与欧洲国家形成的过程有联系，特别是在高度安定的社会中，社会相互依存度逐渐增加，且对行为的内部和外部控制之间的权力平衡发生了显著变化，这些整体趋势也与上述改变有联系。随着人际暴力的减少，在公共领域遭遇暴力会引发恐慌和反感。当然，尽管这些暴力持续造成愤怒和反感情绪，但它们并没有从自我定义的文明社会中完全消失。甚至，国家持续使用暴力镇压社会和政治动荡以及民间冲突。埃利亚斯对区分社会内关系和社会间关系的主导趋势进行谴责，这一点在其同时代社会学家中是比较反常的。对他而言，人类文明并没有完全摒弃旧时的做法，即相信在很大程度上，在文明社会应不复存在的暴力行为是完全被允许的，并且有时候在与外界对手的斗争中是必要的。埃利亚斯将上述事态描述成"文明内部的深度分裂"。这并非就意味着文明存在的概念影响完全只局限于社会间关系的治理。为了详细阐述这一点，埃利亚斯引用了"国家规范准则二元性"理论，同时指出，强调国家利益至上的"马基雅维利式民族主义者"的观点，与强调个体人权至上的普遍平等主义的道德观点共存且冲突。值得注意的是，自 19 世纪中叶以来，战争人道主义法的重要倡导者认为，这些法律在国际社会中的集中体现是由"西方人民注定享有独特的文明生活方式"这一前提所决定的。

用埃利亚斯的话说，这些国际法律创新是对"许可"和"禁止"认知变化的表述，也是欧洲文明进程中的固有内容。它们可被视为将普世平等原则内嵌于欧洲统治下的世界秩序中极端项目的主要案例，也可以说，它是通过推广全球文明进程来扩大文明的典型案例。埃利亚斯没有使用这些术语来构建它关于民族国家道德准则的二元论或是思考文明进程和欧洲帝国主义扩张之间的联系。他观察到，关于文明的新论述十分直白地探讨了文明社会对文明程度低或是未开化的民族进行殖民或控制的权利。他的著述隐晦地承认，那些吹捧西班牙和葡萄牙有权改变中南美洲异教徒的宗教信仰的神学立场，已经为后来占据主导地位的、对于殖民权利的世俗性辩护所取代，后者根据新的文明标准来改造非欧洲社会那些处于较低社会地位的人们。埃利亚斯非常清楚，19 世纪欧洲的帝国主义扩张对于促进文明交流的全球化有所助益，但令人惊讶的是，殖民化仅是他调查报告中微不足道的一部分。

正如介绍中所述，在 19 世纪后半叶，将文明的理念转换成多种非欧洲语言的做法，是那些岌岌可危的政权试图调整以适应快速变化的全球形势，或者说在国际权力分配的剧烈变化中所做努力的一部分，而这一行为引人深思。很多统治阶层拥抱进步的话语体系，同时在各自的社会中发起"文明攻势"，试图根据欧洲模式来重塑他们的政体。他们尝试模仿欧洲殖民势力以期获得认可，由此来提升他们被允许进入国际社会的概率,同时,在更有利的条件下与全球帝国主义国家展开竞争。大多数政权成功进入国际社会,而且看起来与欧洲主权国家平等相处。许多政权在文明进程的全球化过程中扮演了中心角色,他们照搬当代国家的核心特征,不仅全盘接受了欧洲关于进步的主导观点,同时还接受了一种信念,即他们自己的殖民项目是为了开化当地的原住民。埃利亚斯对欧洲文明进程的分析是理解当代全球秩序发展中那个特定阶段的基本出发点。但有必要回忆殖民时期之后的一种说法,即典型的社会学传统学者——埃利亚斯肯定是其中一员——认为对殖民主义的研究是对欧洲内部变化模式进行调查的辅助,而欧洲以外的世界在对欧洲内部的变化模式进行复制。

讨论很快将进入国际关系英国学派对于理解近代国际社会重大进展的重要意义,包括反殖民革命在 20 世纪后半叶在世界政治组织全球化中的作用。反殖民运动对当代世界秩序的影响,阐明了埃利亚斯影响深远的、对过去 50 年文明社会中"既有"群体和"外来"群体关系变化的主要方向进行探索的重要性。埃利亚斯强调,在文明社会中,或者可以说在所有人类群体中,占统治地位的社会阶层如何无一例外地轻视下级阶层,并哄骗他们将外界关于他们落后性的认知融入集体意识。已有社会阶层通过文明"使命"或攻势推进对精英文明标准的广泛接受。埃利亚斯观察到,当权力关系高度不平衡时,统治群体往往会取得显著成功。但他补充,当既有阶层和外部群体拥有更加对等的权力资源时,实现变化的预期通常会降低。在那样的情况下,外部群体通常会怨恨并积极抵抗既有阶层对他们表现出来的居高临下的态度。此外,他们还会挑战既有阶层关于文明行为话语权的独占宣言。

这种动态在过去 70 多年的全球秩序中表现明显。埃利亚斯 1939

年对文明进程的研究中（2012 [1939]: 426），注意到欧洲式的社会和政治全球化是"我们能够观察到的持续的文明运动中最近的浪潮"。这个表述强调了以下事实，即欧洲社会形成了一种众多非欧洲精英阶层努力模仿的全球化建构或"上流社会"（Elias, 2012 [1939]: 425）。这一评论还同时承认，处于文明话语体系的核心是欧洲确信拥有对"未开化"或"野蛮"人民进行统治的权利。这些观察强调了关于文明的价值观能够传播多远取决于特定的权力关系，而这些关系可能随着那些看起来过度扩张的政体，如大英帝国的稳定和生存所蕴含的显著后果而发生变化。但正如此前指出的，让人感到奇怪的是，埃利亚斯在此后的著作中，完全不提反殖民运动对全球政治秩序的影响，而且也没有涉及随后的政治挑战，例如，传统上占统治地位的西方人民能否对长期以来的种族中心主义观点，即与生俱来的民族和种族优越感做出必要的调整，从而在与其他社会交往时将对方放在与自己同等的地位上，以寻求构建能够获得原有阶层和外部阶层双方长期同意的全球化安排。

在过去40年的大部分时间里，不仅是过程社会学注意到了上述问题的存在，其他的研究模式也同样如此。例如，国际关系的英国学派成员已开始明确讨论全球秩序的前景，并且较多关注到欧洲"文明标准"的起源、发展和命运。20世纪90年代和21世纪早期，对世界政治文明层面的分析，较多是对亨廷顿关于即将发生的"文明冲突"的一篇颇具争议论文的回应（见 Hall and Jackson, 2007; Katzenstein, 2009）。当时出现了一些新奇的辩论和审议，但并没有真正涉及埃利亚斯提出的过程分析，即欧洲人自认为是经过特殊文明化的并有权重新塑造其他非欧洲社会。忽视埃利亚斯论述的原因不得而知，也许是由于他对学术圈影响有限。和其他同时代的犹太学者一样，埃利亚斯在20世纪30年代离开德国，最初前往法国，后来去到英国。直到

1954年，他才在社会学研究中获得永久地位：他57岁的时候加盟莱斯特大学正蓬勃发展的社会学系（Mennell, 1998: ch1）。尤其在过去20年，他原来的同事和学生在英国、德国、荷兰和爱尔兰等地大量发表作品，从而使他的影响力得到提升。不出所料，在国际关系研究中对埃利亚斯著述的深入思考也进展缓慢。

近十多年，在全球秩序研究中才出现对文明化进程分析的重要性评估的集体努力。少部分研究探索埃利亚斯将文明应作为过程而不只是一种条件来理解的论断，类似的观点出现在其他对亨廷顿的本质主义者的批评中，或者通过思考埃利亚斯对欧洲文明进程的细致审查能够进一步发展的同质化文明概念中。很少有人认识到，对欧洲社会和政治发展的超越式研究，或者说对人类社会变化主要方向研究的这种社会学视角具有解释性价值。上述两种探究的共同点在于对社会科学中"过程减少概念"（process-reducing concepts）的反对——例如，提及文明而不是文明进程，官僚主义而不是官僚化，或者民主而不是民主化。对理解当代全球秩序的形成非常宝贵的是，埃利亚斯在对社会和政治世界的长期观点中使用了过程概念；这些概念研究了关于文明的话语最早产生的条件、社会群体中相对权力关系、这些话语体系中较不确定的霸权主义、它们未完成或未实现的特征，以及随着社会内权力平衡的变化，它们对相关争论的敏感性。

如此前列出的原因，本书对过程社会学的投入绝非不加批判。关键在于不仅将埃利亚斯社会学用于解释全球政治秩序轮廓的变化，同时也用来探索将这一观点向前推进的方法。在强调埃利亚斯对当代欧洲自我文明形象构建进行解释的优越性的同时，也应该用其观点的主要不足之处加以平衡。具体而言，正如在介绍中将讨论到的，埃利亚斯的调查——聚焦广泛并分析了国家形成、相互依赖的增加和对暴力及苦难的情感态度的变化之间的关系——并没有探究当代国家的崛起、他们文明的国家主权社会联盟以及海外帝国之间的历史关联。它并没有考虑这些将绝大部分人类社会朝特定方向推进的现象，而这些现象又反映了欧洲文明概念的力量。

由于上述原因，本书关于欧洲自我文明意象的出现如何塑造全球化时代的后续讨论，把过程社会学所取得的成就，连同英国学派对欧洲国家社会变革、殖民扩张时代以及导致首个全世界国际社会形成的反殖民斗争的研究结合在一起。正如此前指出的，上述两个视角有很多相似之处，因为双方都研究了社会和政治世界的文明暗流。英国学派探究了共享的文化视角对国际社会的出现和生存所做的贡献。其支持者偶尔会提到当代国际社会的外交、国际法和权力均衡的文明效应，这样一来，他们对限制暴力的关注点就与埃利亚斯的研究方法类似。英国学派分析所欠缺的，是将这些现象如何同更高一阶的过程，也就是欧洲人民最终把自己视为文明的布道者和落后民族的启蒙者这一过程联系起来。国际社会、殖民前哨及其具体的信条（包括19世纪关于"文明标准"的观念）被用来证明帝国主义的合法性，这也是欧洲广义的"文明进程"的一部分，英国学派对此并无涉猎。但正如此前强调的，在这一部分，埃利亚斯社会学无法追踪这一进程同欧洲国家社会的中心特征之间的关系，而这些特征包括其全球扩张和后欧洲时代的重构。

除了上述限制外，过程社会学为研究文明化进程中紧密交织的国内和国际层面如何在过去两个世纪里塑造国际秩序的主要改革方向提供了独特资源。本书序言将对其路径和研究方法的细节进行探讨。现阶段的要点不仅仅是它推进了欧洲文明进程的特色阐释；与当前研究同样相关的是，埃利亚斯创建了概念的原始目录，不单是解释当代欧洲社会，同时也对整个人类社会中主要变化方向做出说明。它注重强调已建立的局外人形象。后续的讨论将在不同地方运用这一观点,用以解释全球秩序的形成,分析影响全人类的特定现象,并为正在进行的关于后欧洲时代全球文明前景的讨论做出贡献。

这项研究源于2015—2016年阿伯里斯特威斯大学的一系列本科生讲座。讲座的目的是为学习国际政治和社会学的同学进行全球化时代的文明层面研究提供一个过程社会学的视角,主要的目标还是开创一种与上述两个学科的部分学者所相关的研究,这些学者一直在为长期处于两个不同发展轨道的领域创造联系而努力。为此,本书讨论了过程社会学为理解欧洲文明概念所做的大量贡献。它探寻了其在综合不同研究层面的成果上所具有的特殊优势。这一工作基于此前在过程社会学和英国学派之间创建联系的两次努力(Linklater, 2011, 2016)。这是一本独立式的著作,但也可以供那些并不熟悉这些研究的人阅读。对这个主题的研究与林克莱特(2019)关于符号和世界政治的新项目同期进行。本书成为连接西方国家体系中关于暴力和文明的早期研究和从长远视角审视世界政治中符号的新研究之间的桥梁;新的研究运用了埃利亚斯社会学,来阐明过去一千年里人类社会关系中被大量忽视的一些特征。

一些朋友和同事为本书的初稿提供了宝贵的意见。与安德鲁·萨拉马哥(André Saramago)的无数次讨论影响了此次研究,他细致的评价和建议对本书初稿的改进也有影响。亚瑟·博格纳(Artur Bogner)、布雷特·鲍登(Brett Bowden)、迈克尔·邓宁(Michael Dunning)、已故约翰·古德斯布洛姆(Johan Goudsblom)、杰森·休斯(Jason Hughes)、里查德·基尔敏斯特(Richard Kilminster)和卡斯·乌特斯(Cas Wouters)澄清了过程社会学里一些更加复杂和难以琢磨的特征,我对此表示感谢。我也特别想感谢斯蒂芬·门内尔(Stephen Mennell)和约翰·霍布森(John Hobson)对构建过程社会学和国际政治学研究桥梁的现阶段努力给予的支持。约翰对本书草稿的建设性批评很有宝贵的启发性。最后，我要感谢布里斯托尔大学出版社的斯蒂芬·韦纳姆（Stephen Wenham）的明智忠告和慷慨支持，以及瓦路尼卡·达马帕拉（Vaarunika Dharmapala）和制作团队其他成员的宝贵指导和协助。

本书部分内容的早期版本源自2015年5月伯明翰大学、10月基尔大学的讲座以及在2016年1月都柏林举办的庆祝斯蒂芬·门内尔（Stephen Mennell）作品研讨会上的讲话。本书另有部分内容来自2015年7月阿伯里斯特威斯大学"理解民主促进"会议上的发言、2017年3月莱斯特大学纪念埃瑞克·邓宁（Eric Dunning）研讨会上的发言，以及2018年4月利兹大学纪念里查德·基尔敏斯特（Richard Kilminster）研讨会上的发言。我要感谢杰夫·布里杜（Jeff Bridoux）、芭芭拉·戈尼卡（Barbara Górnicka）、杰森·休斯（Jason Hughes）、凯蒂·利斯顿（Katie Liston）、洛娜·劳埃德（Lorna Lloyd）、瑞恩·鲍威尔（Ryan Powell）以及尼克·惠勒（Nick Wheeler）给我机会在这些场合展示我的部分观点，而且我也很感谢会议参与者和讨论者在会上给出的评价和建议。

以下章节的内容从未发表，但我修改了在以下刊物上发表过的内容："酷刑与文明"，《国际关系》2007，21（1），111–18；"过程社会学与国际关系"，经诺曼·加布里埃尔（N. Gabriel）和斯蒂芬·门内尔（S. Mennell）编辑后的"诺贝特·埃利亚斯与形态研究：社会学的过程性思考"，《社会学评论》，59（附录），48–64；"干涉与文明"，经戴维·赫尔德（D. Held）和凯文·麦克纳利（K. McNally）编辑后的"21世纪干涉的教训"，《全球政策期刊》，2014；"诺贝特·埃利亚斯与国际关系"，经A. 奥希拉（A.Ohira）编辑后的《作为社会理论家的诺贝特·埃利亚斯：形态社会学及其应用》，DTP出版社，东京2014；"文明——自我约束与国际社会",经 K. 布恩（K. Booth）和 T. 厄斯金（T. Erskine）编辑后的《今日国际理论》，剑桥：政体出版社，2016；"世界政治的'文明标准'"，《人类外形：关于人类状况的长远视角》，5（2），2016；"'文明'国家的国际社会"，经 H. 菅浪（H. Suganami），M. 卡尔（M. Carr）以及 A. 汉弗莱斯（A. Humphreys）编辑的《四十年无政府社会》，牛津：牛津大学出版社，2017 年；"过程社会学，英国学派以及反殖民主义：理解'文明'和世界政治——对批评者的回应"，《国际研究评论》2017,43（4），700–19；"过程社会学和人类解放：重新思考感情投入和情感超脱"，《人类外形：关于人类状况的长远视角》，8（1），2019；以及"符号与国际政治：面向历史趋势和当代挑战的长期视角"，欧洲国际关系杂志，25（3），931–54。

目　录

序　言　理解文明的一种过程社会学方法　001
　　文明的全球语言　002
　　埃利亚斯对文明进程研究的重要性　008
　　埃利亚斯的研究方法：八个主题　016
　　结论　030

第 1 章　回归关于文明与野蛮的讨论　035
　　反恐战争　038
　　酷刑辩论与文明人民的特殊纠葛　049
　　结论　056

第 2 章　埃利亚斯对欧洲文明进程的解释　059
　　概念的起源　065
　　国家形成　076

去文明化进程，欧洲中心主义和进步　093
结论　097

第 3 章　民族国家、战争和人类平等　101
国内和国际政治的两种逻辑　106
民族国家规范准则的二元性　112
文明与野蛮　122
暴力、文明和国际社会　129
结论　141

第 4 章　欧洲古典"文明标准"　143
征服和发现的叙事　150
全球秩序中的"文明攻势"　158
古典文明标准　161
结论　171

第 5 章　文明、外交与国际社会的扩张　173
中国　179
日本　186
暹罗　196
沙皇俄国　200
奥斯曼帝国　206
结论　214

目　录

第 6 章　后欧洲全球秩序中的文明标准　217
　　对西方的文化反抗　222
　　善治　226
　　结论　252

第 7 章　有关人类整体的文明进程　255
　　全球文明进程　260
　　分析全球变革方向　270
　　冲突中的文明　273
　　国际社会的文明维度　279
　　集体符号与全球秩序　288
　　结论　298

结　语　301
注　释　307

序　言

◆

理解文明的一种过程社会学方法

　　本序言一开始就提供了文明观念全球化的范例——也就是说，19世纪文明观念跨越欧洲向外传播。举例说明了埃利亚斯对国家形成与文明理念关系的分析的价值。它们揭示了埃利亚斯观点的有效性，即由于欧洲在政治和文化上所占据的统治地位，以及一些非欧洲社会在复制当代国家结构和文明行为概念时所承受的巨大压力，文明进程不仅仅只是简单地改变欧洲社会，同时也确保了全球的变化。埃利亚斯对欧洲文明进程的解释将在第2章进行说明。这一部分的主要任务是解释为什么研究埃利亚斯著作是很有价值的，同时它加入了哪些更有名的研究方法。为了达成上述目标，要求我们对埃利亚斯的独特方法（相对于他的方法论）进行更加细致的研究。目标是通过聚焦于上述社会研究方法的八大核心主题，向那些可能不熟悉这一研究视角的读者解释关于过程社会学的思考。讨论伊始就评论了文明概念如何"走向全球化"，以及为什么埃利亚斯的著述对理解这一过程的发生极为重要。

▶ 文明的全球语言

这个研究的出发点是文明的理念在当代世界是普遍存在的，而且在近期针对恐怖分子暴力行径的官方表态、媒体报道和学术思考中尤为突出。但是，正如埃利亚斯所观察到的，这一概念并不总是被高调的宣传或有较高地位。他认为，这个概念地位的提升，是因为关于文明的谈论在社会改革者的特定圈子里尤为突出，而这些社会改革者属于18世纪最后25年里法国的统治阶层。文明的概念因此迅速传播到欧洲其他国家的统治阶层，这些人钦佩并开始采纳法国专制主义官廷社会的仪式和礼节。19世纪处于上升地位的中产阶级运用这个概念，来表达他们对一些残酷且侮辱人格的处罚的反感，他们认为这些处罚是野蛮的，并且与进步的资产阶级时代格格不入。很快，文明概念对于相关群体的个体和集体身份变得至关重要。它们成为埃利亚斯（以及布尔迪厄）所称社会"地位"的关键，其中包括规定日常行为和相关情绪以及情绪管理的方式，而上述内容将人们束缚在同样的范围内（Dunning and Hughes, 2013: 188）。这些自我呈现与一种强烈意识相互交织，同时也为这些意识所强化：它们区别于被视为缺乏文雅和教养的较低阶层，并区别于同样被看作低人一等的非欧洲社会。在过程社会学的语言中，文明生活的概念成为欧洲人适应社交界的基础。正如后续章节中所讲到的，文明的中心坐标包括基本礼节和礼仪规则，以及对野蛮惩罚形式的敌视和对以暴力解决高度文明社会内部争端的厌恶。它们还包括对空间和时间的具体态度——关于现代领土主权国家相对于所有其他政治组织形式的优越性，以及关于历史线性图像优先于近代历史上被奴役的落后民族的神话和迷信的观点。文明条件的坐标是以"既有的和外部的"之间的对比为基础,这为殖民扩张和帝国统治提供了理由(Elias and Scotson, 2008)。

既定集团不断向外扩张给非欧洲统治集团造成了无法抗拒的压力,迫使它们引入欧洲理解文明的关键特征。在欧洲开始的重大变革以这种方式输出到其他地区。东亚的发展表明,欧洲对文明秩序的描述是如何或多或少影响世界各地的主导定位模式的。19世纪末,日本知识分子创造了新名词,或为已有名词注入新的含义以传达欧洲文明的精髓。"bunmei"(日语"文明")的概念就是这样一种创新,就像"bunmei-kaika"(日语"文明开化")一样,后者代表了文明与启蒙之间的联系。就"bunmei"而言,相关概念的创新者修订了传统的儒家概念,即通过学习和道德来重塑个人和社会的理念,以实现向文明政府和文明社交迈进的启蒙理想(Addin, 2007: 26; Duara, 2001: 108ff)。

日本的重要智士仔细研究了欧洲的主要文献,以便使传统的思想方式适应欧洲的生活和推理方式。他们受到了弗朗索瓦·基佐(François Guizot)19世纪初对欧洲文明史研究的影响,该研究自信地宣称,"进步、发展的理念是**文明**这个词所包含的根本理念"。其中心思想表达了"一个民族向前迈进的理念,不是改变其地位,而是改变其条件"(Guizot, 1899 [1829–32]: 8)。令人受启发的是,为了领会"文明进程"全球化所承载的多重传送,他们把"wenming"这个意指光明和繁荣的词,转变成了"通过文化进行教育"的理念(Messner, 2015: 235ff)。通过这种创造性的转变,日本简要描述了其对欧洲社会的理解,同时促成了对他们原有生活方式的屈服。

中国在语义上的独创性揭示了非欧洲社会是如何努力重新定位自己以应对欧洲的蚕食。在中国的传统社会里,"文明"的思想与更古老的儒家概念"教化"和"书"之间有相似之处，因为后者描述了道德提升的目标[1]。

在印度、东南亚和中东，也出现了为应对欧洲的扩张而进行社会转向和调整的其他概念创新。从19世纪70年代开始，印度语中的"sabhyata"与西方关于文明关系的形象如出一辙，而"unnati"和"sudhar"象征着进步或改善的相关概念以及激进政治改革的必要性。印度教的主要知识分子宣扬欧洲人的美德，称他们把印度"从类似死亡的沉睡和压迫中"叫醒（Singh, 2015: 188）。19世纪的暹罗（今泰国），"siwilai"的概念扮演了类似的功能，正如在几个朝鲜官方代表团访问日本并见证了明治维新时期提出的倡议之后，朝鲜也出现了"munmyeong-gaewha"的概念（Park, 2015: 271）。20世纪初，类似的观念改变仍在进行之中。土耳其引入了术语"batililasma"（西化）和"muasir medeniyet"（现代文明）以提倡新风气，即想要成为文明社会就必须走西方进步的道路或"terakki"；后者具有秩序、纪律和自我克制的内涵（Behnam, 2002: 187; Wigen, 2015）。值得注意的是，之所以选择"medeniyet"这个概念，是因为它与阿拉伯语的"城市"这个词有情感联系；与欧洲关于"野蛮人"的概念类似的反义词"bedeviyet"和"vahşi"则描述了贝多因阿拉伯人和游牧土耳其人的不守规矩和粗鲁（Wigen, 2015）。与概念性劳工联系在一起的，是自封现代化的奥斯曼帝国政治精英对改革帝国内落后人民的保证（Aydin, 2007: 23）。同样值得注意的是，在19世纪80年代，身处欧洲腹地的俄罗斯引入了"tsivilizatsia"这一概念，这是亲俄分子用来批评谄媚西方行径的术语，他们指责它导致了"kul'tura"或传统民族文化的衰落（Volkov, 2000；详见书中关于"Kultur"与文明之间的区别，以及关于埃利亚斯所解释的18世纪末法国文明秩序概念的重要性）。最后一个例子提醒人们，欧洲的文明观念受到质疑，并没有顺利地融入其他社会不同社会阶层的习惯之中；它们以许多独特的方式与社会领域中早已存在的倾向相结合。但这并没有改变以下现实，即现代欧洲的文明话语是通过积极的努力，以及通过被威胁的"现代化"过程中非欧洲国家政权的代理机构传播到世界各地。

外部压力使社会重新定位，以适应与不断变化的全球权力关系相伴而生的外来原则和做法。组成地区权力机构的统治精英突然间沦为外来者，而欧洲人往往以怜悯或蔑视的眼光看待这些人。这些社会中占主导地位的阶层群体似乎已经将落后感予以内化，这得到欧洲人的鼓励，因为他们在通过玷污外来者来宣扬自己的优越性方面几乎毫无内疚。提出与文明等义的术语，是彻底改革政治秩序并赢得全球当权派认可的自上而下式倡议的一个关键部分。通过采取措施改变"传统主义者"和"现代主义者"之间的国内力量对比（比如说经常制造一些一直留存于今的社会紧张关系和冲突），他们渴望分享欧洲人对各种胜利的集体自豪感——至少要体会参与到既有群体"集体魅力"之中的感觉（Elias, 2009）。但是，如前所述，这些社会中占主导地位的阶层并没有因为对"社会优越者"的偏执和不加批判的态度而团结在一起。内部辩论的问题是，应从文明世界引进什么，以及如何与地方传统交织在一起，努力把现有的信仰和做法结合在一起，使自身前景获得改善，并尽量减少外部的统治。印度、日本以及奥斯曼帝国的几个团体都拒绝承认欧洲列强可以与他们所取得的精神成就相匹配，无论前者在技术领域有多么先进。因而在这方面，他们声称自己拥有道德和文化优势。

因此，文明进程的全球化远非直截了当和自动发生的，而是常常遭到憎恨，造成内部出现严重分歧和权力斗争，而且这种分歧和斗争远未结束。足以说明问题的是，俄语中"文明"（*tsivilizatsia*）

一词不是由欧洲化的拥护者杜撰的，而是由反对者杜撰的。亲俄罗斯者坚决反对让他们的生活方式贬值的做法，也不接受他们在文化和政治上低人一等。此外，当第一批欧洲人访问中国时，他们非常清楚，执政的中国统治阶层成员认为自己处于一个被野蛮人包围的文明世界的中心。对欧洲侵蚀的反应引出了这样一个问题，即欧洲人关于文明状态的印象，与古典时代民族或早在文明概念进入全球政治词典之前就自认为优于野蛮人的非欧洲社会有多么的不同。

在这方面有两点需要说明。第一，埃利亚斯（2012 [1939]: 445）指出，欧洲的文明进程不存在"零点"——既没有分水岭的时刻，也没有与过去彻底决裂或脱离。古典时期的希腊人和罗马人有关他们优于野蛮人的看法给未来礼仪和文明话语的构建留下了明显的印记。更近的文章则通过分析"西方文明的东方起源"，以及挑战欧洲文明在一个孤岛发展起来的传统设想，扩大了讨论的范畴（Hobson, 2004；另见 Go, 2017）。第二，现代欧洲关于文明优越感的概念与同样具有民族中心主义的非欧洲国家世界观之间存在广泛的相似之处，但这不应掩盖欧洲"文明自我形象"的鲜明特征，无论这些特点在多大程度上归因于古典主义或非欧洲地区的社会实践。启蒙运动对线性历史的信仰概括了它们截然不同的特点，这种历史把人类社会的所谓进步从原始时代追溯到欧洲峰会。至关重要的是，这些叙述支撑了"世俗上层阶级"独特的全球政治计划（或者说这些叙述具体概括了其因传统贵族群体与现代化资产阶级力量对比发生变化而变得更加强有力的承诺），即重塑欧洲社会并相应地塑造全球秩序。埃利亚斯对文明进程分析的核心使其认识到，这些看待世界的倾向是独特的社会和政治群体的组成部分。

引进文明思想的日本和中国知识分子都非常清楚，西方文化和政治的发展使他们的社会的自治变得多么危险。他们认识到，他们的统治阶层无力阻止自己的国家被暴力地纳入西方人主导的国际秩序中。这个国际秩序由主权民族国家组成，这些国家为它们的对外扩张辩护，称这是为了促进人类进步，并扩大所谓的普世道德和政治原则的影响范围，而这些原则象征着文明民族的优越性。"文明"这一表述的国际化和动荡国际秩序内的受迫吸收现象同时发生，在这种秩序中，争夺国家权力和声望的传统斗争是在全球范围内进行的。重塑国家结构和改造社会的迫切性体现了一种雄心——就日本而言，是进行广泛的改革，以便与拥有前所未有的军事实力和全球影响力的对手进行尽可能有效的竞争。这些民族自身就构成了文明，这一点不应受到质疑。但是，认为人类由多个文明构成的观点直到19世纪60年代才得到西方的支持，当时距离人类文明作为单数形式占据突出地位已经过去大约90年（详见Thomas, 2018: 266-7，有关世界是由多种文明组成的概念是如何自我维护，并与以下信念联系在一起：与其他被监禁在狭隘文化视野中的民族相比，欧洲人无疑要"心胸开阔"得多，或者说思想不那么"狭隘"）。

虽说19世纪60年代出现的关于文明的技术概念承认中东地区古代帝国的先进程度，或者远东地区国家组织型社会的成就，但这些概念并没有动摇欧洲人对现代社会和政治组织形式的进步成就的印象。非欧洲社会必须对西方列强的侵蚀迅速做出反应，并对不同形式的社会和政治发展以及文明的独特概念达成和解——如上文所讨论的，一个外国概念已被翻译并吸收进许多地方语言。理解欧洲国家建设、帝国和国际社会之间的关系至关重要，后续章节中将涉及这些在欧洲文明进程中相互交织的部分。

我们有必要在这里停下来思考一下有关文明概念惊人传播速度的早期观点。在相对较短的时期内——大约100多年间——它从法国的宫廷社会迁移到西欧的其他精英圈子，再向下进入中产阶级社会阶层，后来又进入这些社会中的工薪阶层。由于帝国主义时期对非欧洲社会的精英进行现代化改造的相关倡议，其全球影响力得到了进一步扩大。总之，它成为具有普遍意义和共鸣的核心政治概念。如果最近的政府声明、媒体报道和日常话语是可靠的指南，那么它在公共话语中以及在社会和政治世界的主流趋势中的核心地位似乎是有保证的。事实上，文明话语不仅在西方圈子里重新变得活跃起来（见第1章有关"反恐战争"和酷刑辩论的讨论），而且在俄罗斯和中国有关自由主义全球秩序的评论中也变得活跃起来（Coker, 2019）。由此带来的挑战是如何解释一种由概念、情感、社会态度、行为模式和政治结构组合而成的，同时能把世界各地的日常讨论与过去大约两个世纪中无可匹敌的全球调整结合在一起的独特集合体的出现。而这正是埃利亚斯在对欧洲文明进程进行开拓性分析时想要实现的目标。

▶ 埃利亚斯对文明进程研究的重要性

几十年来，文明的理念在社会学文献中占有突出地位（Durkheim and Mauss, 1971 [1913]; Nelson, 1973; Melko and Scott, 1987；另见 Braudel, 1993; Smith, 2018）。在国际关系研究中，这一概念一直很突出，尤其是在亨廷顿对即将到来的文明冲突（Huntington, 1996）进行颇具争议的深入思考之后。在这两个学科中，很少有研究考虑到埃利亚斯对欧洲文明进程的分析。这种疏漏并非没有引起注意。具有讽刺意味的是，斯蒂芬·平克（2011: 59）在他对暴力的分析中把埃利亚斯描述为"你从未听说过的最重要的思想家"。最近一项关于宗教和文明的研究发现，埃利亚斯的著作在国际关系的主流研究中几乎没有被讨论（Cesari, 2019: 25; 另见 Steele, 2019，尤其是序言和第 1 章）。鉴于对文明进程的解释格外强调在过去两个世纪、甚至是上千年时间里，社会之间的关系是如何影响人类社会根本性重组（包括相互联系网络的不断拉长和加深），并受到这种重组的影响，这种疏忽就更加令人惊讶。但是，在历史社会学和国际关系研究之间搭建桥梁的努力很少从埃利亚斯的角度来探讨。

造成这种忽视的原因很多，包括埃利亚斯被逐出德国，以及他相对大器晚成的壮阔人生。即使在 20 世纪 90 年代之前，他的著作在学科内也不怎么为人所知（Mennell, 1998: ch1）。在这一时期的大部分时间里，埃利亚斯为社会和政治的长远视角进行辩护的做法已经过时。在该领域占主导地位的引导者对长期的调查基本无动于衷，他们怀疑这是对充斥于 19 世纪宏大叙事中的目的论和进步主义的抱残守缺。埃利亚斯对他所称"退回到现在"（Elias, 2009）或国际关系研究中所称的"现代主义"（Buzam and Little, 2000: 18–19）提出了严厉批评。埃利亚斯赞同对 19 世纪进步主义宏大叙事的摒弃，但哀叹社会学家越来越倾向于关注相对短期且多少有些武断的时间线。由于"退回到现在"的原因，"婴儿和洗澡水一同被倒掉了"（Elias, 2012 [1939]: 512）。直到最近，随着宏大叙事的回归（谢拉特，1995），发展趋势才转向埃利亚斯的方式（Linklater, 2011a）。

据报道，埃利亚斯认为，他的过程式研究法在社会科学的主要观点中具有优先权（Kilminster, 1987: 215）。但他的著作很少讨论当代文学。埃利亚斯也不愿意把他的方法定位于古典的社会学传统（参见埃利亚斯 2012a 和埃利亚斯 2014 中关于马克思和弗洛伊德的文章）。原因很复杂（Mennell, 1998: ch1; 另见 Mennell, 2006）。正如一位著名的过程社会学家一针见血指出的那样，其结果是，许多首次接触埃利亚斯作品的人可能会发现很难弄清"埃利亚斯在谈论什么"。其他人则需要详细介绍埃利亚斯的方法（Mennell, 1998），解释他独特的社会观的演变（Kilminster, 2007），并将他的方法与帕森斯、福柯和鲍曼等思想家的观点进行比较（Smith, 2001: 4–6 章）。

其余部分从两个方面补充了这些文献。它解释了为什么对现代全球秩序构建感兴趣的国际关系专业的学生可以从对埃利亚斯著作的批判式接触中获益。它还概述了对埃利亚斯的文明的过程研究方式感兴趣的社会学家，在反思埃利亚斯关于国家间关系的著作的重要性时，会对长期全球变化的分析有什么样的收获。为此，讨论简短地评论了过程社会学与古典社会学传统之间的关系、与英国学派对国际社会看法的联系，以及埃利亚斯研究中对主流社会学后殖民时期挑战的重视。上文指出，埃利亚斯的社会学研究概念对于理解全球政治秩序的主要变革方向是非常宝贵的。但是，他对文明进程的解释可以通过探索国家建构、殖民扩张和欧洲国际社会之间的复杂关系来扩充。此项研究可以用来支持埃利亚斯的愿望之一，即促进社会科学更高水平的融合。这一愿望决定之后讨论的主要内容。

诺贝特·埃利亚斯的作品所属的古典社会学传统试图解释现代社会的典型特征，包括资本主义工业化、民主化和官僚机构的扩大。由康特、马克思、托克维尔和韦伯等人进行的开创性分析研究了他们所认为的欧洲或西方社会的社会和政治变革的主要进程。埃利亚斯的贡献是把重点放在西欧统治精英乃至全体民众都认为自己是最为文明的过程之上。核心的论点是，文明概念在生活的不同领域显而易见，包括日常礼仪的变化、对人际暴力的态度、惩罚的方式和现代国家制度，以及殖民心态和更广泛意义上的对外关系行为。

为了解释这些领域的发展，埃利亚斯坚持认为，调查在过去五个世纪大部分时间里不断加速的社会趋势至关重要，其中特别强调国家的形成是如何主导现代社会的。在专制主义的宫廷社会中如何出现关于公民行为和文明行为的概念被予以特别关注。在当时的社会学家中不常见的是，埃利亚斯拒绝将国内政治和国际政治分开，并专注于那些被认为大部分或全部是内部或内生发展的社会学做法。在埃利亚斯的研究路线中，权力斗争、安全和生存斗争占有突出地位，但他思想的全部基调都反对将国际社会与更广泛的社会和政治力量隔离开来——或者用华尔兹（Waltz, 1979）的语言说，视国际政治为一个"分离"的领域。20 世纪 30 年代，埃利亚斯已经拒绝了他视为失败的努力，即将社会世界划分为所谓的相互独立的人类互动区域。

埃利亚斯对国家间关系的思考，是他为社会科学构建更全面地分析框架这一目标的关键方面之一。这种雄心最为明显的地方莫过于试图将对人类情绪的研究编入长远发展的研究中。如果说埃利亚斯对国家形成的分析在很大程度上要归功于韦伯的著作，那么他对情感的研究则揭示了弗洛伊德对其的影响，即对心理冲动和驱动的先驱性审视。造成的结果是对通过追踪羞耻和尴尬等基本的情绪结构，来对超越了最有影响力的社会学观点的总体变化模式做出解释。对集体情感的关注已经在社会学中站稳脚跟，但埃利亚斯的相关思考早于其他人，对国际关系研究比以往更加引人关注（Hutchison, 2016）。可以说，为了预见这一讨论的后期，埃利亚斯通过关注文明群体形成严苛的社会标准，以及这些标准在多大程度上扎根于个人"良心"，来为研究情感和社会提供形式和方向。特别恰当的是对人与人之间关系中什么是允许的、什么是禁止的不断变化的概念的调查。与此同时，他还研究了不同社会阶层之间和不同社会之间的情感认同的范围。埃利亚斯对古典社会学传统的贡献体现在他的雄心抱负和分析范围。他试图表明日常经历的情感层面如何与包括国家形成和国际关系在内的大规模结构变化联系在一起。埃利亚斯没有对这一学术贡献做出详细解释。或许他认为在 20 世纪 30 年代末，这对其他社会学家是显而易见的。虽然事实并非如此，但他对经典社会学的贡献可以支持对近几十年和几百年全球政治变革的更详细的调查（Linklater, 2016）。

这是一个留意埃利亚斯评论的恰当时机（详见第 5 章的进一步讨论），即国家的形成和文明的话语不仅重塑了欧洲，而且对整个人类产生了根本性的影响。通过这些发展，越来越多的人以越来越错综复杂的方式相互关联，甚至更加密切。他们被拖入更长的相互依赖的网络，这反映出特定的权力关系和不平等现象，引发了争夺权力、自治和声望的新斗争。埃利亚斯认为，融合与分裂力量所形成的张力，决定了社会在多大程度上能够就指导它们关系的约束标准达成一致，或者，在多大程度上会沿着完全相反的道路分道扬镳。长期的问题是，日益相互依存的社会在全球文明进程中会在多大程度上找到共同点，或者纠缠于相互竞争的去文明化进程中，在后者进程中，对行动的限制削弱了，人类群体之间的情感认同范围也缩小了。

埃利亚斯写了大量关于国家间关系的文章，但很少关注国际政治的学术研究。他的主要观点强调了权力斗争，在这种权力斗争中，集体情感往往促成发展失控的对抗关系，并最终导致破坏性暴力。这种对情绪驱动的分析是他对国际关系地缘政治层面解释的主要贡献。但研究世界政治的学生很快会强调，按照当代标准，他的观点是狭隘的。例如，没有讨论国际社会或对英国学派著述（和对建构主义学术研究）极为重要的全球规范。考虑到埃利亚斯较晚才开始对国际社会进行研究，这种疏忽并不令人惊讶。由于开始太晚，他无法将这种研究放在促进社会科学更高水平的融合和对抗日渐强烈的专业化趋势的目标框架下进行评估[2]。

最重要的分歧点是，英国学派针对国际社会的分析对现实主义关注"强权政治"的统治地位提出异议，因此对埃利亚斯关于国家间关系的核心观念提出了含蓄的质疑。为了解释这种对比，我可以明确地说，研究国际社会的学生已经探索了促进国家间秩序的基本制度和信仰。核心机构包括外交和国际法以及促进解决重大争端和编纂共同原则的知名国际组织。具有影响力的全球信仰和规范包括传统的假设，即国际社会是欧洲文明的产物。关于国际社会的核心著述集中于"文明标准"，即将世界分为文明、半文明和野蛮社会的19世纪法律原则。总之，英国学派的著述强调了殖民主义与国际社会的关系。他们强调，国际社会是在殖民了世界大部分地区的欧洲发展起来的。他们还解释了"国际社会的扩张"或其基本做法和原则（包括主权和不干涉的思想）赢得非欧洲人民支持的过程。这是对不断变化的全球秩序的经典描述。最近的学术研究对传统假设提出了质疑。它质疑的是一种本质上是"扩散主义"的模式，在这种模式下，非西方社会吸收西方的信仰和做法在很大程度上是被动效仿和自愿接受全球准则的结果（Dunne and Reus-Smit, 2017；另见 Go, 2017: 633 关于传统社会学中"扩散主义"的内容；Hobson, 2020）。这种变化模式被指责忽视了伴随被纳入国际社会而来的政治紧张关系和权力斗争。在第5章的导言中，将评估埃利亚斯在推进类似扩散模式方面的过错。

英国学派的著述凸显了两种不属于埃利亚斯调查范畴的现象——在经典"文明标准"中所表述的国际社会的崛起及其与欧洲殖民扩张的相互依存。他们没有提供关于文明概念如何影响国际社会发展的详细说明。埃利亚斯关于文明进程的著作补充和论证了英国学派的研究，这反过来又进一步加深了埃利亚斯对这一现象的解释。这些研究对埃利亚斯的社会科学调查目标有明确的影响，该目标从而达到了新的综合水平。他们认为，对文明进程的解释需要考虑国家形成、殖民主义和国际社会之间的相互依存关系。

英国学派对世界政治的反思不仅承认殖民主义与国际社会之间的关系，也承认反殖民主义斗争和"反抗西方"的起义对后殖民时代全球秩序的有力影响。但是，这些分析远非调查研究的核心。这里有必要考虑后殖民时期对主流社会学的批评，这些批评对当代关于埃利亚斯观点的评价具有重要意义。同样值得考虑的是，在某些方面，后者可以促进后殖民时期的调查研究。

大量的文献与这一讨论有关，因此对于文献的选择需要高度严谨。Go（2013）为核心问题提供了清晰而有见地的指导。有关后殖民调查的定义，他说，他们拒绝接受有关欧洲内部发展的说法，这些说法在很大程度上忽视了欧洲与更广泛世界的关系，以及非欧洲地区对欧洲社会的影响（Go, 2013: 29）。我们找到了新马克思主义依赖理论和世界体系方法的相似之处，但有观点认为，将后殖民时期的观点与这些观点区分开来，是对支撑欧洲殖民主义的"文化、意识形态、认识论甚至心理结构"的强调。在这一论点上，调查种族和民族概念等文化力量在"现代帝国经验"中的特权地位是后殖民时代思想的重要贡献，传统社会学家可以有效地挖掘这种思想，以避免传统观念上以欧洲为中心的偏见（Go, 2013: 27, 29）。这里还突出的一点是，有一种观点认为，在殖民统治时期发展起来的古典社会学传统，无一例外地反映了帝国主义对"先进的"和"落后的"人民之间所存在的巨大鸿沟的大量设想（Go, 2009: 782）。

这些观点支持了以下看法：埃利亚斯对文明进程的调查认为，欧洲是一个与非欧洲世界相隔离、几乎没有被非欧洲世界触动的大陆（Go, 2017）。分析欧洲和非欧洲社会之间关系的更广泛和更全面的方法，将凸显海地奴隶革命对法国革命的激进人权观念的影响（Go

2013: 46-7；另见 Go, 2017; Laws, 2017）。对以欧洲为中心的社会科学的另一种批评也针对福柯的著作，这种批评与对埃利亚斯社会学的一种评估相关。这种观点指出，福柯对西欧暴力惩罚公开现象减少的描述，未能指出在殖民地持续存在的残酷惩罚措施。这一点也适用于埃利亚斯对公共处决在文明进程中消亡的分析。对殖民地暴力惩罚的忽视"随意切断了'欧洲'与殖民地的联系——就如同帝国主义和殖民历史不是欧洲历史的一部分一样"（Go, 2013: 29-30）。

这些反思强调了帝国在塑造不断密切的联系方面的作用，埃利亚斯在其关于文明进程的叙述中对此予以强调。追踪"现代性的形成和改造中不同但相互关联空间之间的进程和关系"将是逃脱"文明孤立主义"的重要突破（Go, 2013: 41; Go, 2017: 613；另见 Capan，2017）。在为埃利亚斯辩护时，可以说他的作品没有努力解释"现代性"或西方的崛起，而是解释了欧洲关于文明条件和人类进步相关观念的更具体的现象（Linklater, 2017）。这些文明的自我形象无疑受到了殖民征服浪潮的影响（因此，认为埃利亚斯对全球相互联系的研究还不够深入的观点是正确的），但我们并不清楚非欧洲的信仰和做法给特定的文明概念留下了多少印象。或许最好补充一点，那就是需要进一步研究来解释什么是隐藏的联系（Hobson, 2017: 598-9，关于可能的研究方向）。

确切来说，埃利亚斯对文明的分析与后殖民时期的社会学有直接的关联，后殖民时期的社会学认为与帝国有关的"文化逻辑"包括那些"包含在日常话语、小说、艺术作品、科学论著或人种学中的逻辑"（Go, 2013: 29-30）。当然，后殖民思想家在殖民话语中也没有忽视文明理念的力量（Shilliam, 2012）。但是，后殖民时期的社会学家和国际关系学生并未讨论埃利亚斯关于文明进程的分析对理解全球政治重新结盟的重要性。尤其重要的是，埃利亚斯关于国家形成、宫廷社会、文明观念和日常行为不断变化的情感层面之间的关系如何影响最强大的欧洲社会和更广泛世界的主要社会轨迹的分析。这些问题后续将被更详细的讨论，后殖民时期的方法和过程社会学解释其中的某种密切关系也将被讨论，尤其与有关文明思想如何影响全球秩序的这一调查密切相关。

▶ 埃利亚斯的研究方法：八个主题

解释埃利亚斯的实质性调查对古典社会学传统有哪些贡献，以及如何按照上文提到的内容对其进行强化，还需要对他的工作方法或分析方式做一概述。在对文明进程研究所做的序言中，埃利亚斯（2012 [1939]: 7-8）声称有一种方法，而非固定的方法论，可以用公式的方式应用于不同历史事件或案例研究的分析。但他的著作都没有详细解释他的操作方法（Elias, 2012 [1939]: 493ff 是部分例外）。所以，此处需要其他人提供详细的阐述（Dunning and Hughes, 2013）。在实证研究之前或是脱离实证研究而构建方法论的想法与埃利亚斯的观点背道而驰。从研究理论化的观点捕捉到埃利亚斯的分析模式，这种模式通过具体探索、概念创新和理论合成之间的不断互动和相互作用而发展（Dunning and Hughes, 2013: 188；另见 Landini, 2013）。在埃利亚斯的著述中，一种指导实证研究的变化且发展的方法与一种有先决条件的、具有静态而不是主观特质的束缚型方法论之间形成了鲜明对比。

这一区别为埃利亚斯社会学调查概念八大主题中第一个主题的评论提供了联系，这些评论与文明思想对现代全球秩序的影响的联系较强。想要了解这种区别,最好的方法可能是注意到被描述为实质主义调查模式和关系论模式之间存在的一种直接平行关系。实质主义方法的核心是假设基本社会单位是静态实体,如具有因果权力的系统。关系论的核心有这样一个前提,即这些单位并非独立于人与人之间的关系而存在,而是事实上由它们所构成(见 Dépeltan,2013 年用过程-社会学对关系论的解释)。埃利亚斯的研究也具有类似的关联性,他谴责了两种倾向,即认为系统或结构是人类行为的关键决定因素,以及将"变量"转换成带有"相关不可变性概念"的"恒量"(Elias, 2012 [1939]: 497)。埃利亚斯的目标是帕森斯的社会学(Elias, 2012 [1939]: 500–1),但此论证也可应用于国际关系中的新现实主义系统理论化(Waltz, 1979; Lacassagne, 2012)。在这两种情况下,从埃利亚斯的角度来看,社会科学的抽象或统一掩盖了人与人之间不断变化的关系,无论这种变化对参与者而言进程多么缓慢和多么难以察觉;反之,则是以人为中心的调查。例如,对不断演变的社会相互依存性的复杂情感层面的调查,而系统理论研究常常忽视这些层面。

第二个主题是用过程分析的方法补充了相关性——换言之,就是对发展出特定社会关系的过程予以解释。埃利亚斯在谈到文明观念时说明了这一点。他说,"在日常使用中","文明的概念往往被剥夺了最初的过程特性(作为法语中'文明教化'一词的发展)"(Elias, 2008: 3)。它已经与一个永久或不变的条件相关联。以那种方式使用这一概念的人犯了把"过程简化为状态"的错误(Elias, 2012 [1939]: 500)。关系主义论点后来要求分析模式的进一步转向,即脱离"减少过程"这样一种态度的束缚(Elias, 2012 [1939]: 501)。

第三个主题是把社会进程错认为可能会使社会暴露在意想不到的危险之中的固定条件。埃利亚斯认为,主要是在 20 世纪二三十年代，欧洲人民没有为国家社会主义时期发生的暴力和残酷，为堕入理应在欧洲不复存在的野蛮行径中做好准备。大多数人对欧洲大陆上发生的"文明的崩溃"和"重回野蛮状态"的可能性视而不见（Elias, 2013: 223ff）。他们的失败与一种未经检验的假设有密切关系，即"文明"是一种自然条件或生物禀赋，而不是基本没有计划的长期变化所导致的脆弱结果。大多数人对国家形成与礼仪、礼貌和文明概念之间的关系知之甚少。他们没有意识到，相对稳定的国家组织社会的建立并非必要条件。长期以来，对暴力和税收手段的垄断控制向来容易遭遇衰败和逆转，但这些手段并没有出现在公众对世界的理解中。

埃利亚斯认为，这对社会科学的影响是显而易见的。至关重要的是，要用过程术语来理解文明，并理解改变的模式是如何在千百万人的心中变成固定条件的。同样恰当的是认识到，诸如文明等发展，在这一进程中，对暴力产生了更严格的限制，人们之间的情感认同范围扩大，但这并没有消除对立或抵抗力量。埃利亚斯倾向于强调权力制衡在社会中是如何变化的，因此，就欧洲而言，相比去文明化的倾向，文明推动力在极不平衡和非线性的方式中占据了上风。而去文明的倾向削弱了对暴力的控制并缩小了身份识别范围（进一步讨论见 Fletcher, 1997: 82；另见 Mennell，1990）。简而言之，在埃利亚斯的社会调查方法中，相关论述与过程思维相结合，过程思维用于研究支配社会和政治变革总进程的相互竞争力量之间的平衡变化。

第四个主题以"重回野蛮状态"为例，即社会进程不仅常常不可预测，而且基本上是无计划的。这一点是埃利亚斯对几千年来社会关系的破坏性进行思考的核心。各国始终认为，在同一个国家组织的社会中被禁止的暴力行为在对待敌人时是值得赞扬且合法的。

在很大程度上，当文明民族被卷入他们所认为的生死斗争时，他们与祖先没有什么不同。付诸武力以解决重大政治分歧，是各社会经常发现自己会为了安全和生存而陷入无法控制的暴力斗争的原因之一。埃利亚斯说，如果历史证据有任何指导意义的话，那么人类社会可能永远也无法成功控制国家间的权力斗争或消除使用武力。

有人怀疑埃利亚斯对文明进程的分析是"辉格党人对历史的解读"的一个最新例子，是19世纪有缺陷的线性发展理论的古怪残留；这些理论将欧洲描绘为人类发展巅峰（Bauman, 1989）。不过，上述几则观点应该可以打消这些顾虑。此外，在第五个主题中，埃利亚斯明确表示，文明是一个需要解决的问题。他在调查文明进程的开头几页中指出，他观察到研究中涉及的问题与其说是"学术传统中的问题"，不如说是"我们共同生活其中的""西方文明的危机和转变"的经历（Elias, 2012 [1939]: 8）。目睹了20世纪上半叶国家内部和国家间暴力水平的不断上升，埃利亚斯以如同时代人的"悲观"语气说，文明是一个"需要进行社会遗传学和心理遗传学调查的问题"——对现代社会结构转变（包括国家建设和不断延长的相互依存网络）的相互关联性以及人的情绪水平的变化（包括人与人之间情感认同水平的波动）进行的全面考察（Goudsblom, 1994: 13）。正如后面的评论所表明的那样，埃利亚斯认为，分析长期发展而不是为现存问题开出解决方案是社会学家面临的首要任务。

于是有一个问题会不可避免地产生，即全球文明进程的概念（对国家间暴力的更大限制和对其他民族的更多认同），是否应该在建立过程社会学和国际关系研究更密切联系的过程中占据特别地位。更准确地说，问题在于，对文明进程与去文明进程之间力量对比变化的关注，能否揭示全球政治方向的变化。与此相关的一个问题是，是否应该以产生知识的雄心来激励社会科学，从而改善整个人类层面上文明动态的前景。

这些观察引向过程社会学中的第六个主题，这个主题最好是通过考虑文明进程的主客位概念的区分来加以处理（Mennell, 2015）。鉴于埃利亚斯著述中的这两种观点之间的转换是造成令人混乱的持续根源，这种区分至关重要。主位视角试图以一种非评价的方式解释欧洲人是如何把自己视为文明的。其目的是要了解文明的理念是如何有意识地向世界通报了他们的基本信仰，包括对死刑等"野蛮"做法的共同信念，以及对无可匹敌的技术实力等优越性象征的集体自豪感。

埃利亚斯用第二种意义上的文明进程概念，即客位意义，描述在不同的生活方式中具体的社会和政治条件，无论是欧洲的还是非欧洲的。这一表述指的是所有社会都面临的事实：

> 在寻求满足感的过程中，人们如何在不互相毁灭、挫败、贬低或以其他方式反复伤害对方的情况下，设法满足自己的基本的动物性需要？换句话说，不以牺牲另一个人或一群人的利益为代价，来满足一个人或一群人的基本需要。（Elias, 2013: 35–6）

如定义所示，用文明进程的概念以技术性方式来描述所有社会的基本现实，包括对暴力进行控制的需求。

在此基础上，埃利亚斯认为，文明进程的概念可以用来比较"同一社会的不同阶段"或"不同社会"，而无须对人类群体或任何生活方式的特定发展阶段是否优于其他而做出道德判断（Elias, 2008a: 59）。埃利亚斯在提到中国时说，那里曾出现过"驯服武夫"的文明进程，比欧洲的类似做法早很多年。19世纪的日本，有关武士从"一个半自主的勇士阶层"突变成"驯化的官僚体系"的近期调查，也使用了客位意义上的文明概念（Ikegami, 1995: 12）。

例如，当埃利亚斯指出"多党议会制度"依赖于"比君主专制或独裁政权更高程度的自我约束，并在这个意义上代表更高程度的文明"时，就产生了混乱。读者可能会认为，道德立场支撑了"更高级别"的概念。但事实恰恰相反，这些术语被用来描述那些以增强对暴力的控制和对人类行为的内部而非外部限制的影响为中心的社会特征。[3] 这些标准有助于开展前一段中提到的比较研究（包括对世界政治组织的不同模式以及各自历史中的不同阶段的分析）。埃利亚斯认识到，用文明概念达成社会科学目的可能会遇到困难。在他1990年去世前不久，他沉思着这样一个事实：

> [我]本来可以寻找不那么带有意识形态色彩的术语，来描述行为标准的长期变化，或者试图让文明概念摆脱意识形态负担，在适当的文献的帮助下将其转变成意识形态上中立的名词。我也曾想过其他可能的表达方式，但没有发现更合适的。最后，我决定将文明的概念发展为一个意识形态上中立的、基于事实的并结合丰富经验文献的术语。与此同时，我想把它发展成为一个有关文明进程理论的关键概念。（Elias, 2008b: 8-9；另见 Goudsblom, 2006）。

但由此产生的问题是，读者并不总是清楚埃利亚斯是否以非评价的方式调动了这个词。人们很容易想当然地认为，埃利亚斯仍然抱着进步的观念不放，而进步是19世纪不光彩的历史理论的核心。[4]

如果埃利亚斯在他的注意力从主位分析转向客位分析时发出明确信号，这种误解本来是可以避免的。正如一种解释所声称的，"在谨慎的读者看来，埃利亚斯对'文明'一词的'主位'和'客位'

使用之间的区别始终是明确的",但如果他"持续使用引号来表示这个词的'主位意义',——也就是说,确保他不被认为在对那些声称自己是特殊文明的人表示道义上的支持"(Liston and Mennell, 2009: 55),那么被误解的风险就会降低。在这里也是一样,如果文中含义从上下文不易看得出来,就遵循以上做法。简而言之,讨论采用了埃利亚斯的方法,即用客位意义上的教化或去文明过程的概念,来描述关于控制暴力的程度、关于侵略行为的内部和外部限制之间的平衡,以及人与人之间感情认同程度的变化等方面的趋势和发展。

  这些观察产生了第七个主题,即埃利亚斯如何利用已确定的外来者关系的概念来追踪任何人类群体或结构的变化方向。[5] 对埃利亚斯工作方法的简要描述强调了在任何结构(或相互依存的人群)中分析权力平衡变化的重要性,以便发现占主导地位的结构化发展。在埃利亚斯著述中的以下段落抓住了研究理论方法的核心要素,在本书中介绍了有关文明思想与不断变化的全球秩序之间关系的讨论:

> 在研究人与人之间的关系时,首先要考虑人与人之间相互依存的方式。这将直接导致各集团在一起形成时的权力中心平衡。在评估力量对比向一边或另一边倾斜的程度以及它们的稳定或波动程度时,要看双方实际追求的目标和目的,以及每一方追求的是哪些人类需求。问一问在多大程度上一方能够垄断另一方在实现这些要求时需要的条件。如果权力制衡极不平衡,要警惕关于集团魅力和集团耻辱的运作、污名化的过程、外来者的良知和自我意识中对既定集团世界观的吸引,这会产生极高的顺从感,即使紧张局势依然存在。在力量对比日趋均等的场合,还是会在外来者中发现反叛、反抗、解放的迹象。与这一切相关的将是回顾过去,研究一个群体如何影响另一个群体,

以及研究他们如何通过彼此的关系来实现他们实际追求的目标和人类需求。(Mennell, 1998: 138; Dunning and Hughes, 2013; Van Krieken, 1998: 进一步讨论的第3章)

其中一些问题与以后的讨论特别相关。埃利亚斯认为,每个社会群体都能观察到占主导地位的阶层控制正确行为标准的倾向,从而在与较为弱势的群体关系中,赋予自己很高的地位。他们常常把更大的权力视为天然优势的证据,而天然优势是他们"群体魅力"的基础。他们常常把较低阶层的缺陷视为天然劣势的标志,认为是"群体耻辱"的根源。他们不仅一次又一次地污蔑他人,还鼓励这些人将低人一等的感觉植入他们的集体心理。如埃利亚斯(2008c: 6–7)曾指出:

> 给另一个人类群体贴上(较低人类价值)的标签,是优势群体在权力斗争中用来维持其社会优势的武器之一。在这种情况下,一个更强大的群体对一个不那么强大的群体的社会毁谤,通常会进入后者的自我形象,从而削弱和解除他们的武装。(Elias, 2008c)

他还说,"对外来者无所顾忌的公然蔑视和一边倒的侮辱,例如印度较高种姓对贱民的侮辱,以及在美国的非洲奴隶或他们的后代被污名化"是现有群体保持不对称权力关系的明显例子(Elias, 2008c: 6–7)。

虽然社会群体之间的权力平衡可以改变,但会产生极端后果。例如:

当一个群体不再能够保持其对社会中可用的主要权力资源的垄断，并将其他相互依存的群体——先前的外来者——排除参与这些资源之外时，情势就会出现反转。一旦实力悬殊，换句话说，力量对比的不均等性减弱，之前的外来者集团就会倾向于报复。(Elias, 2008c: 6–7)

例子包括"以前受欧洲统治的民族"(Elias, 2008c: 6–7)。当权力梯度变得不那么陡峭时，传统的遵守既定阶层的形式，往往为公开的反叛和外部集团的抵制所取代。因此，埃利亚斯的研究方法汇集了关系分析和过程分析，以确定人类构建中相互关联的文明和去文明化运动。

第八个主题引出了一些最复杂的问题，涉及对埃利亚斯关于社会科学实践的独特观点的解释，这些问题为下面的研究提供了信息。埃利亚斯对非评价性解释的坚持可能表明对规范化社会科学研究的反对或漠不关心，其中各种形式的批判或解放理论就是例证。当然，埃利亚斯认为在现有对抗和紧张关系的实际结果中加入道德和政治参与，必然会使社会学分析更加贫乏，并以此为由拒绝了党派社会学。马克思是一位被单独挑出来的理论学家，因为他在理解不同社会阶层之间的冲突以及垄断经济权力和资源的斗争方面取得了巨大突破，但他对无产阶级组织在塑造人类未来方面发挥的独特历史作用的确定性上有所偏差(Elias, 2012a)。埃利亚斯(2007: ch73, 169–170)是"通过脱离而绕行"的坚定倡导者，他把社会学从神话或意识形态倾向中解放出来。这并不是说，在社会科学中，完全中立或完全客观是可以实现的。他也没有贬低或拒绝"通过社会学研究的结果影响政治事件进程"的"可能性"或目标；其实，"事实恰恰相反"(Elias, 2012 [1939]: 12)。

然而，关键的一点是，如果研究者不自欺欺人，不将自己期望是什么样的以及相信应该是什么样的，投射到他对"什么是"以及"曾经是什么"之类问题的研究中，那么社会学研究作为社会实践工具的效用就会增加（Elias, 2012 [1939]: 512）。对提高社会科学实际效用至关重要的，不是为了完全抽离出去而放弃参与（这在任何情况下都是不可能的），而是彻底改变所有社会群体和所有研究者的两大主要特征之间的权力平衡——内部和外部权力斗争中的情绪化参与，以及疏离的程度促进了科学知识和人类对自然力量控制方面的重大突破。埃利亚斯多次强调社会科学相对于实验性自然科学分析方式的落后。由于疏离的显著进步，自然科学在获得更多的"现实一致性"知识方面取得了长足进步，这些知识似乎与外部现实相符，但不可被认为是绝对真实或最终的（Elias, 2007：导言）。直到最近，随着向世界的科学倾向逐渐占优势地位，人类才对宇宙及其在宇宙中的位置有了更深入的理解——包括在哥白尼革命和达尔文革命中，许多人发现由于发生了与人类处于上帝造物中的特权地位这一深刻信仰的痛苦冲突，这些革命在情感上令人不安并遭到强烈抵制。以地球为中心的宇宙概念造成的社会分裂并不是"新发现"，也不是突然发生的"知识累积性增长"；具有决定性意义的是以增强"自我超脱能力"的形式对人类自我概念进行了彻底的改造，以及在与既有群体的确定性相矛盾的世界观中所表达的更强的情绪自我控制能力和天资（Elias, 2012 [1939]: 520-1）。为了从长远角度获取与现实一致性的社会知识方面取得类似进展，社会学家不得不打破允许参与实际社会冲突的做法，以扼杀或压制不相关的研究途径。

可以说，缺乏对规范性驱动研究的直接投入是在"批判"圈子里消极接受过程社会学，或者对看似不属于"我们一方"观点持怀疑态度的一个原因（Brincat, 2013; Dunne, 2009; Kilminster, 2011）。

但是，这些观点之间的共同点很容易被忽视。必须强调，疏离本身并不是埃利亚斯的目的，而是一种方法，来处理人类由于相互依存而不断受制于无法控制的进程，这些进程是造成巨大苦难和不幸的根本原因。埃利亚斯关于社会学职业的形象基于这样的判断，即更为疏离的研究有可能"帮助人类确定自己对所形成架构的定位，并帮助他们控制可能升级为大规模杀戮和战争等破坏性事件的意外社会纠葛"（Kilminster, 2011: 96）。这种表述揭示了作为过程社会学基础的"强烈的人类责任"（Kilminster, 2011: 96; Kilminster, 2014；另见 Elias, 2008d）。他们似乎证实了以下说法，即埃利亚斯的方法是对启蒙运动信念的坚信，即对社会世界的更多了解将导致对社会进程的更高控制。但实际情况要复杂得多。

需要详细说明的是，我们有必要考虑后殖民时期对社会学观点的反对，这种认识模式"假定社会世界是完全可知的，仅凭理性就能理解这种知识，随后的知识是客观和普遍的，因此可以用来控制世界"（Go, 2013: 33）。据说，渗透到古典社会学传统中的那些总体目标被认为是"与西方帝国主义同流合污"以及与"后殖民计划格格不入"（见 Go, 2013: 33ff 里的进一步讨论）。但这些并不是激发过程社会学的动因。过程社会学的核心是对认识世界的一些倾向的批判，这种批判使人们对有关自己及其社会相互依存的基本现实视而不见，并使他们更加从属违背其意愿的进程。一个反复出现的问题是存在缺陷的信念（这种信念支撑了经典的马克思主义探索），即对世界的了解将使人类能够控制自然和社会进程，并以极大的精确性规划未来的变化。为了重新表述这一观点，对意识形态扭曲的思维方式所做的批判——理论分析，与埃利亚斯为作为"神话毁灭者"（Elias, 2012b: ch2）的社会学家进行辩护之间存在某些相似之处。但埃利亚斯并不是从规范性的说法开始的，他也不认为，所谓社会将有可能获得一种"普遍"的知识，从而使人们能够得以控制社会世界的假设是合理的。然而他们所希望的，是至少达到有助于减少不受控制力量的理解水平——或者，更具体地说，权力平衡在不受监管和受监管的过程之间的转变。

埃利亚斯坚持认为独立的社会学调查应该处理控制问题，这个问题无法通过假设其源自良好社会的哲学立场来回答（Saramago, 2015）。这种方法基于一种经验观点，即如果人类想和睦相处，除了设法控制个人和集体生活的方方面面之外别无选择。埃利亚斯发明了"控制三要素"一词，以捕捉所有时代的基本社会现实（Elias, 2012b: 151–2）。这一概念首先提到的事实是，从婴儿期起，每个人都必须掌握管理基本冲动的方法，才能成为相关社会群体的有效成员。其次，报告描述了一个可观察的事实，即在成年人的一生中，人们都要按照现行的社会克制标准，来约束暴力、威胁和其他形式的有害行为。最后，它反映了这样的现实，即社会必须对自然过程实行一定程度的控制，以满足基本的物质需求，而且在现代社会中，对自然开发的限制越来越多（Elias, 2009c: 255–7）。在一个耐人寻味的段落中，埃利亚斯（2007: 140–1）指出，如果在一种文明中，人们是因为良心的强制而不是因为害怕惩罚或社会不赞成才遵守社会的限制，这可能看起来是天真的乌托邦。他还说，原则上，这样的条件是可能的，也值得努力。但是，他认为，如果没有人类群体当前所无法获取的知识水平，就不可能朝这个方向迈出步子（见本书247–8 关于生态文明进程的讨论）。

他们为更独立的社会学研究模式进行了辩护，理由是为改善人类状况而进行的善意干预，这往往加深了造成人类苦难的计划之外的社会进程。支撑这一说法的是埃利亚斯的人文主义，他在关于法兰克福学院的批判理论家西奥多·阿多诺（Theordor Adorno）的一次演讲中，将人文主义表述为"没那么强势、被压迫、外来者和被剥削者的一方"（Elias, 2009d: 84）。[6] 正如其他学者所认为的，埃利亚斯的社会学观点之所以引人入胜，是因为它把分析社会的一种极具独创性的方法，与强大的人道主义承诺结合起来，后者通常与法兰克福学院批判理论（Linklater, 2019）的解放性目标联系在一起。但埃利亚斯拒绝了将社会组织的伦理问题置于研究核心的批评－理论调查中。他的论点是，人类对社会进程或对能够促进知识储备增加的最基本概念和概念框架知之甚少，而这些知识对改变失败和成功的实际干预之间的平衡是必要的。根据这一论点，我们迫切需要更多地了解人类构建，这就要求与社会目标有关的"应当性问题"或"意识形态信念"放在"次要地位"上（Kilminster, 2011: 111）。批判理论观点的拥护者可能不会为搁置伦理审议买账。但是，如前所述，埃利亚斯认为，高度参与的社会学观点的拥护者可能不愿面对有关人类构建的令人不快的真相（Kilminster, 2007: 59）。鉴于他们在学术组织中纠缠于权力和地位的竞争，他们可能同样不愿意承认，他们各自的立场存在严重缺陷和不足（Kilminster, 2011: 112–13）。危险在于，与自然科学领域相比，社会科学获取更多与现实一致知识的协作水平长期偏低。因为在自然科学领域，通过独立的实验技术逐步积累知识的承诺牢牢地植根于专家研究和社群里（Kilminster, 2013; Kilminster, 2014）。

这些关切反映了埃利亚斯拒绝接受在一个全球联系日趋频繁的时期，国家观点对社会科学的持续影响。埃利亚斯提出了"一个服务于热情的世俗人文主义的研究项目"——"为全人类服务"，与任何"单一部分、阶级或派别"没有联系（Kilminster, 2014: 97–8）。这一论据的核心是通过与民族主义方法论的彻底决裂，以及从以社会为中心的调查模式向以人类为中心的调查模式的转变，从而使得社会科学变得更加独立。埃利亚斯指出，社会对于在全球政治秩序中普遍存在的不安全感和猜疑的高度敏感性，与公认社科分析和评论中存在的民族狭隘主义亦步亦趋。

必须重申，埃利亚斯的论点并非基于道德主张，而是基于经验观点，即在特定对抗的结果中高度的情感参与意味着，要求采取协作措施以减少暴力冲突的危险并通过外交手段和平解决重大分歧的声音往往被置之不理，因为它与关键的战略利益相冲突。他们常常被嘲笑为愚蠢的乌托邦抱负。不受控制的对抗和战争风险往往因为有影响力的民族神话而加剧，这些神话把集体的自恋同对对手的妖魔化或污名化结合在一起。社会学家作为"神话的破坏者"所面临的挑战之一是揭露集体信仰体系的片面性和破坏性，而这种信仰体系往往在各自的社会中赢得广泛支持。埃利亚斯反对党派性社会学，他坚决捍卫"脱离路线"，他支持以人性为中心的分析，而这反映了他对有关社会科学尚未理解国家间关系和全球相互依存复杂性的假设。

由于这些原因，埃利亚斯认为，规范性承诺应该放在它们无法**"用来塑造研究"**的一边（Kilminster, 2011: 112）。但他还强调，如果"理论-实证研究"的结果显著超越当前水平，社会科学家就可以**"以一种新的形式回归规范性承诺"**（Kilminster, 2011: 111）。由于这种突破，社会学家可以转向"次要参与"（与主要参与和参与社会实践形成对比，而不像复杂的社会科学调查那样具有超脱性）。他们可以直接处理人与人之间具体的相互依存关系所造成的问题（Kilminster, 2011: 111）。次要参与不是以某种具有绝对和最终状态内涵的"美好生活"（这种状态可以引发无限的辩论）为指导的，而是基于同早期阶段（Elias, 2008a: 58–9）相比较的，经检验的"更好的生活"的概念。具备了对人类相互依存性的更切合实际的理解，社会就可以在有更大成功可能性的情况下进行干预，以减少它们对不受控制和不可预见力量的依赖。正如一项研究所指出的，通过疏离而成功地绕道而行可能会导致如下情形：与真实情况更一致的知识使几代具备必要专长的政治组织在"干预社会世界"的过程中，能够较少遭遇曾经困扰人类的"意外后果"所蕴藏的危险（Dunning and Hughes, 2013: 14）。与此相关的争论是，埃利亚斯和受其著述启发的人，与重要的社会学家一样，都渴望"在社会世界中有所作为"，而且最重要的是，对具有异常强大约束性的，或者本质上具有剥削性、去人性化，或者在其他方面不能令人满意的社会关系加以抗议（Dunning and Hughes, 2013: 1414）。

埃利亚斯倾向于认为，转向间接介入为时过早。过程社会学的最新发展支持稍有不同的"介入式超脱"战略，即对社会中弱势群体有负面影响的公共政策进行批判性分析（Lever and Powell, 2017; Linklater, 2019）。他们指出了新的研究途径，在这些途径中，超脱与更多地参与有关政府政策的辩论结合在一起。这里强调的是，它们旨在引起人们对依托和发展埃利亚斯社会学的独特方法这些新观点的关注，并指出与更熟悉的批判性理论研究方向的联系。后续的讨论是基于以下信念进行的：在国际关系、社会学和认知领域的研究中，基于世俗人文主义的更超脱的分析方法，可以对社会和政治关键理论的未来发展做出重大贡献。

▶ 结　论

这个序言提供了许多非西方政府对西方殖民扩张做出反应的文明语言全球化的例子。它认为，埃利亚斯对欧洲文明进程的分析，是了解一个在18世纪末在欧洲宫廷社会中占据突出地位的具体概念是如何获得全球共鸣的必要起点。为了解释过程社会学的贡献，序言简要论述了其与古典社会学的传统联系，以及其在英国学派对国际社会和后殖民社会学研究中的地位。它确定了在目前的工作中进一步采用过程社会学的方法。一个核心观点是，埃利亚斯的分析可以通过调查国家形成、殖民主义和欧洲国家社会发展之间的相互依存如何在文明进程中留下印记来加以扩展。埃利亚斯研究方法的八个核心主题得到凸显。在分析文明观念对现代全球秩序发展的影响时，它们具有特别突出的意义。

这一论点用了7个章节来阐述。第1章探讨了"9·11"事件后文明和野蛮话语在美国公共话语中的作用，并描述了这一话题在"反恐战争"讨论以及随后有关酷刑的公开辩论中的地位。后者反映了埃利亚斯所说的人类文明的特殊纠葛。了解埃利亚斯对文明进程的研究，解释了相关的道德挑战如何出现在欧洲社会的长期改革过程中。第2章对埃利亚斯的研究进行了概述。第3章讨论了埃利亚斯对国家间关系分析中的主要观点，其中包括有关"民族国家规范准则的二重性"的新见解——关于民族主义者马基雅维利对外交政策行为的态度与重视所有人的平等权利的道德观点之间的紧张关系。由此产生的纠缠在"酷刑辩论"中表现得尤为明显。

第3章的结尾是在埃利亚斯对国家间关系的分析中提出了一个基本主题，即"文明内部存在深刻的分裂"。这种表述说明了一种看法，即在文明社会成员之间的互动中主要被禁止的行为，在与对手的暴力斗争中被认为是完全允许的。有关"文明内部的分裂"在欧洲殖民社会与假定"野蛮人和野蛮人"之间关系中尤为明显的观察为后续3章提供了基础，这3章探讨了国家形成、殖民主义和国际社会发展之间的联系是如何定义全球秩序的。

第4章指出，埃利亚斯的调查很少提及殖民主义，并忽视了在欧洲文明自我形象形成过程中，有关征服和发现的各种叙述所处的位置。这种讨论与后殖民时期的论断是一致的，即古典社会学传统的成员犯有忽视帝国主义对现代社会发展影响的错误。它借鉴了过程社会学对"使攻击者文明化"的思考，以解释欧洲的"文明标准"思想是如何被用来为那些改变非欧洲社会的殖民行为进行辩解。这一法律原则比其他任何原则都更能说明，国家组成、海外征服和国际社会的主要做法之间的相互依存关系是如何毁掉一种全球秩序的，而这种秩序曾被预测是欧洲概念下的文明安排。

欧洲各国政府并非文明进程主要特征全球化的唯一代表。第5章讨论了几个非欧洲国家驱动的"使攻击者文明化"，其目的是赢得帝国的尊重，并构建出被允许进入国际社会的理由。这样做的过程中，借鉴了早些时候对埃利亚斯关于当权派-外来者形象更综合反思的讨论，在这种形象中，占主导地位的集团迫使较低的阶层接受他们的劣势。这并不是说，非欧洲国家听从了来自上层的要求，也不是说整个进程是在这些社会不存在严重内部紧张和斗争的情况下进行的。第5章的一个关键论断是，文明进程的全球化不仅仅是西方文化传播论的产物，而是受到非西方统治阶层以及他们自己的政治目标和关于如何将"国家"和"文明"结合起来的有关想象的影响。此外，正如将在第6章中讨论的那样，传统的全球殖民当权派和外来者之间力量对比的变化伴随对古典文明标准有组织的抵抗——这是令人厌恶的殖民压迫的国际象征。这一章最后对第二次世界大战后的全球秩序进行了分析，这些分析显示，文明标准的修订版在当代全球时代依然持续。

第4章、第5章和第6章讨论了一系列"使攻击者文明化"的问题，这些问题的目的是促进体现欧洲或西方的道德和政治倾向与偏好的全球文明。它们表明，欧洲的文明进程是如何在19世纪和20世纪给世界秩序留下印记的。重点是对文明的主位认识。这些章节对全球文明进程在其客位意义上的前景提出了复杂的问题。第7章提出了在整个人类层面确定变革主要方向的标准。它把亨廷顿关于文明冲突即将到来的想象以及英国学派对就文明全球原则达成共识的前景的讨论，解释为试图理解全球文明进程和非文明进程之间力量对比的变化。本章最后考虑了两个事态发展——国家-民粹主义起义和对气候变化有组织的应对措施"气候紧急状态"——对全球文明进程的现有前景产生了巨大影响，而这一进程影响了整个人类社会。这些力量提出了一些大问题，即如果没有强有力的共同标志的情况下，这一进程能在多大程度上发生。在本书完成之时，主导公众讨论的新冠病毒肺炎引发全球卫生危机也是如此。在这里，本书只能对这些现象进行初步评论。在今后对世界政治象征性层面的研究中，我们将更详细地讨论这些问题。

第 1 章

回归关于文明与野蛮的讨论

对西方公民发动的恐怖袭击多会引发政府立即发表声明或媒体报道，谴责这种对文明社会和珍贵的自由民主原则的野蛮攻击。几个例子或许足以证明这一点。在2017年1月20日的就职演讲中，唐纳德·特朗普（Donald J. Trump）总统宣布了他"团结文明世界反对激进的伊斯兰恐怖主义，并将其彻底从地球上消除"的意图。2015年11月15日，奥巴马（Barack Obama）总统在对两天前发生在巴黎的袭击和当年10月10日发生在安卡拉的袭击发表评论时说，"基于扭曲的意识形态对无辜人民的杀害，不仅是对法国的袭击，或是对土耳其的袭击，而是……对文明世界的攻击"。2014年9月13日，美国全球妇女问题无任所大使凯茜·拉塞尔（Cathy Russel）在一份声明中提及"伊斯兰国"的绑架、奴役、强奸和强迫婚姻等政策，宣称"对无辜者的邪恶暴露出，'伊斯兰国'组织公然拒绝我们作为国际社会所取得的基本进步和约束文明的普世价值"。在巴尔米拉的古代庙宇等主要文化遗迹遭到破坏后，人们对"伊斯兰国"组织做出了类似的反应。

2015年9月1日，联合国教科文组织总干事伊琳娜·博科娃宣布，这些破坏性行为是"不可容忍的反文明罪行"。这种说法并不局限于美国和更广泛的西方社会。以色列总理本雅明·内塔尼亚胡在2015年10月2日向联合国大会发表讲话时，把以色列说成是"文明在反对野蛮行径和'伊斯兰国'组织狂热行径的战斗中的前线"。他利用中世纪世界与现代世界之间人们所熟悉的反差，警告说，拥有大规模杀伤性武器的恐怖组织有可能重现"9世纪的野蛮行径"。

这些评论重复了布什政府在"反恐战争"期间使用的有关文明和野蛮的语言。它们说明，长期存在的关于文明的论述重新成为政府官方声明和更广泛的公众讨论的中心。"回归"的概念指的是，关于"西方"和"西方价值观"的概念，曾作为"冷战"两极时代强有力的思想，在今天的地位没那么重要了（O'Hagan, 2002），它们在很大程度上为殖民时代占主导地位的重叠话语所取代。在这个时代，文明人同野蛮人和未开化的人是区别开的。"文明冲突"的概念是在后两极时代被认为是新断层线的背景下重点转移的最明显例子。"9·11"事件后，人们援引了古老的关于文明和野蛮的殖民话语，来影响公开辩论的结果，使外交政策措施合法化，并为全球秩序的具体形象争取国内和国际支持。

  本章第一部分简要概述了这一论述。它在阐述最近对"反恐战争"的过程社会学解释之前，研究了对世界政治的文明层面进行学术分析的一些关键主题。第二部分将"酷刑辩论"描述为埃利亚斯所称的文明人反复陷入的独特纠葛的一个有趣例子，从而扩大了讨论范围。从这一观点出发，只有从长远角度才能理解关于酷刑的辩论和更广泛的文明话语——通过分析将在第 2 章中进一步讨论文明进程。只需补充一句，对"反恐战争"和刑讯辩论的大多数分析都没有理解它们与文明进程的关系。他们没有利用埃利亚斯对绵延 5 个世纪大部分时间的社会和政治发展的调查来解释最近或当前的事件。他的调查所指向的道路超越了在国家外交政策和全球政治研究中司空见惯的先知立场和道路。

▶ 反恐战争

  "9·11"事件后，美国总统关于"反恐战争"的声明多次提到文明的敌人和为文明而斗争。例如，乔治·沃克·布什总统 2002 年 9 月 12 日在联合国大会发言时说：

> 最重要的是，我们的原则和我们的安全今天受到非法团体和政权的挑战，这些团体和政权不接受任何道德法律，也不限制其暴力野心。在对美国的攻击中……我们看到了我们敌人的破坏性意图。这一威胁隐藏在包括我国在内的许多国家内。在牢房和营地，恐怖分子正在密谋进一步破坏，并为他们的反文明战争建立新的基地。

在2001年11月10日对联合国的讲话（"9·11"袭击事件两个月之后）中，布什坚称：

> 很少有国家达到其严苛的野蛮和压迫标准。其他所有国家都是其潜在目标，全世界都面临着最可怕的前景：即使这些恐怖分子也在寻找大规模毁灭性武器，寻找工具来将他们的仇恨变成大屠杀。一旦有能力，他们就会使用化学武器、生物武器和核武器。任何良知的暗示都无法阻止它。这一威胁不容忽视，这一威胁不能被纵容，我们共同的文明正在遭受威胁。

2001年10月20日，布什在上海举行的亚太经合组织首脑会议上发表的讲话也发出了同样的论调，他指出："因为他们的残忍，恐怖分子选择成为被人追捕的少数群体。因为他们的仇恨，他们选择脱离定义文明的价值观。"在同一篇演讲中，他为美国领导的"反恐战争"进行辩护，说这是一场为战胜无情的"仇视所有文明、文化以及进步的敌人"而进行的斗争。2001年9月21日，布什总统在国会联席会议上的讲话中宣布："这不仅仅只是美国的战斗，这是文明的斗争，这是所有相信进步和多元化、宽容和自由的人的斗争。"

不到 6 个星期，他在 2001 年 11 月 9 日发表的全国讲话中声称，"我们发动了一场拯救文明的战争"。2001 年（12 月 7 日）在美国海军"企业号"航空母舰上发表讲话时，他再次坚称，"我们时代的巨大分歧"不是"宗教或文化之间的分歧"，而是"文明与野蛮之间的分歧"。早些时候，2001 年 9 月 20 日，他将野蛮敌人描绘成"20 世纪所有残忍意识形态的继承者"，类似于"法西斯主义、纳粹主义和极权主义""为了服务于其激进愿景而牺牲人类生命"和"放弃除赋予权力的意愿以外的一切价值"——一个如此邪恶的恶魔般的敌人，以致于"文明"只能保护自己。因此从 2002 年初开始就有人认为，传统的战争法则不适用于塔利班和"基地"组织成员。后者被描述为"非法敌方战斗人员"，他们可以合法地不受《日内瓦公约》或通常被视为文明战争法公约的保护（McKeown, 2009）。

在转向对恐怖主义和文明进行过程社会学思考之前，需要先考虑关于文明的文献中涉及的四个主题。第一，有人指出，把文明话语纳入美国总统的讲话，产生了一种戏剧性的放大效应，利用了人们对应受谴责的暴力的深刻看法，从而动员人们支持对野蛮敌人采取军事行动（Collet, 2009）。另一种可能性是，它有助于表达公众对针对无辜平民的恐怖袭击的愤怒，以使政府所称"必要性战争"而不是"选择性战争"（Freedman, 2017）的合法化。同样的主题也为"文明集结"的理念或"民粹主义政治家"的实践所采用，后者利用"文明共性"来赢得国内支持，或说服"犹豫不决的政府"加入那些致力于用武力来征服对手的联盟（Huntington, 1993: 35, 38）。

第二，这种对"文明共性"的提及重新开启了关于如何描绘文明特征的长期讨论。一种说法是，"文明是……人的最高文化群体和人们所拥有的最广泛的文化认同。……它是由共同的客观因素，例如……历史、宗教、习俗、机构以及人们的主观自我认同来定义的"（Huntington, 1993: 24）。这一定义与杰出的文明分析历史里一个反复出现的主题大体一致，即文明是社会交往的中间领域，是对民族国家和整个人类的忠诚之间的确认（Durkheim and Mauss, 1971 [1913]; Nelson, 1973; Braudel, 1993; Smith, 2018）。但这种认同的程度——其情感深度——远非直截了当。正如一位分析世界政治的文明组织层面的人士所指出的那样，大多数"人在从事正常生活行为时，并不认为自己属于某种文明"（Cox, 2000: 217）。文明意识通常"远远落后于自我意识特征的程度"（Cox, 2000: 217）。我们需要解释的是，群体看待文明和文明认同如同具有真正情感意义的"社会事实"的过程。

第三，毋庸置疑，文明的理念与现代的个人和集体身份形成相互影响，但正如引证所表明的，人们与处在同一国家的公民或同一种文明的其他人并非有着同样强烈的认同。他们很可能认为，诸如死刑等做法在文明社会中没有一席之地，这是一个共同的参照点。尤其是，国家形象和文明思想往往是如何在官方话语和面向世界的更广泛的社会取向中交织在一起的。美国政府为在阿富汗采取军事行动辩解的言论，不仅迎合了狭隘的国家安全目标，而且唤起了维护遭到野蛮因素袭击的全球文明精神的道德承诺。将民族主义和文明思维重叠起来是这种公开叙事的一个显著特点，即将"国家政策"目标与把捍卫人类利益置于世界秩序理想形象中心的全球领导者主张相结合。

但是，国家和文明的统一是不稳定的，正如以下观察所表明的那样，在"民族国家的时代"，文明典故必须同时实现"超越和服务于领土国家"（Duara, 2001: 107）。在古代文明中，占主导地位的意识形态是"内在的"（加强凝聚力、信心以及由此带来的现有社会群体的力量）而不是"超然的"（拥有被认为凌驾于政治"权威结构"

之上的"强大的自主角色",并有可能成为针对他们的强有力的武器)(Mann, 1986: 22ff)。相比之下,任何现代国家都不可能获得对文明意义的垄断控制权,也不可能在争夺国家目标时消除政治对手使用的对立解释。对各国政府,尤其是对那些有全球领导野心的政府来说,产生的问题是,如何使文明关系的概念屈服于国家事业,或者如何将文明关系的概念包装成具有普遍效力的道德原则。各国政府都在引用文明的语言,以避免外界批评其完全自私自利的行为;然而,它们可能会发现,很难避免别人的指责,指责的内容是文明的话语在战略上被用来以"宽宏大量的伪装"(Connolly, 1998)来掩盖自身利益。现实情况是,文明的超然意义不仅可以用来代表作为人类原则守护者的政治共同体,而且可以用来推动"对民族的批判",其结果可能是关于最终忠诚的内部激烈冲突,或者关于正确平衡和组合充满仇恨的争端(Duara, 2001: 107)。如下一节显示的,主要的分歧存在两个阵营,一个认为文明概念意味着对适度和克制的坚定承诺,另一个认为它为野蛮对手发动正义战争提供了许可证,尽管这场战争总是伴随着国家对国际法的支持声明。

　　沃尔特·本杰明关于"文明的文件必然同属于野蛮主义文件"的令人难忘的声明预见了"反恐战争"语言中的第四个主题,即近代的国家宣言与早期的西方殖民话语之间的相似之处,后者宣布,管理文明国家关系的战争法则不适用于与残忍野蛮人的冲突(Benjamin, 1999: 248)。最近一些源于殖民时代的例子包括 2005 年 6 月 28 日布什总统在北卡罗来纳州发表的讲话,他在讲话中谴责了对平民人质毫无内疚的恐怖主义组织(野蛮的暴力行为),并向世界广播了这些组织的暴行。[14] 其他许多美国总统的声明中,我们都能找到殖民战争的话语,证明暴力保护文明免受无法无天的野蛮行为的影响。值得注意的是,布什总统关于"反恐战争"中"没有规则"

的论点与阿瑟·麦克阿瑟将军 1900 年 12 月 20 日在菲律宾与美国冲突期间发表的声明有相似之处。麦克阿瑟坚持认为游击战与一般战争规则截然不同。言外之意是，那些从事这种作战方式的人努力使自己摆脱士兵，如果被俘，则无权享有战俘的特权，（1974 年《世界报》引述：237）。殖民遗产的另一个例证是布什主义，该政策申明美国有权凌驾于被指控犯有为恐怖组织提供避难所罪的暴戾国家的领土主权之上。这一外交政策的立场被比作 18 世纪末的帝国主义观点，后者认为，以有效治安为支撑的公共秩序是殖民地走向文明治理的第一步。不用说，这一学说受到了一些社会的谴责，在这些社会中，对殖民统治的记忆仍然很强，而且外部企图削弱主权原则的做法很快被谴责，并经常被谴责为是新殖民主义的表现。

最近的过程社会学文献以三种方式对此进行了讨论。一是通过追踪 18 世纪后半叶恐怖和文明思想之间不断演变的关系，分析文明等概念在国家项目中的作用，以确定主体或公民如何定位或适应社会世界，以及通过解释文明和野蛮/恐怖主义的话语如何能够使社会陷入他们无法控制的力量——埃利亚斯将其描绘成危险的"进退两难的过程"。

关于第一个主题，对恐怖主义的过程社会学调查解释说，在法国大革命的早期阶段，"恐怖"一词的概念具有积极的含义，雅各宾（Jacobins）用这个词来庆祝民众武装叛乱结束暴政（Dunning，2017）。这一概念的负面含义在今天依然盛行，这对"文明的"人民来说可能是完全自然和永恒的。它最早在 1794 年前后出现——当罗伯斯庇尔（Robespierre）统治刚结束——有组织提出"恐怖主义"这个新概念，把受到鄙视的革命精英及其欧洲盟友说成文明的敌人。埃德蒙·伯克（Edmund Burk）把法国革命者说成那些在疯狂摧毁欧洲政治秩序的过程中，发动了与传统的军事交战规则背道而驰的残酷战争的人（2017年的邓宁援引伯克1999年的讲话[1975]: 359）。作为趋势的一部分，英国统治阶层的成员开始把恐怖观念作为文明的对立面，在爱尔兰妖魔化政治对手（Dunning, 2017）。

从那时起，文明的概念就变成了一个"赞美词"（Elias, 2007a: 6ff），被既定集团用来宣布其社会在控制暴力方面所取得的成就，并使自己与那些"过度"诉诸武力来促进"非法"目标的恐怖主义运动等外来者区分开来。文明话语一直是通过"集体诋毁他人"来创造、维持或增强"群体魅力"的有力手段（Elias, 2009: 76）。从污名化外来者到对他们使用武力，这中间往往只有一小步，这表明文明的理念可以成为"释放者的符号"（releaser symbols）之一，为在与野蛮人的斗争中解除对暴力的文明限制提供理由（Elias, 2013: 172；另见2019年领英）。关于"反恐战争"，"9·11"事件后，文明叙事被用来将公众的愤怒和愤慨引导到国内外对军事行动的支持上。但是，很难用这样的话语来支持这样一个原则，即在与根本的局外人——恐怖主义组织——发生冲突时，"任何事都可能发生"。自我定义为文明的人类群体通常以他们在与敌人的冲突中表现出的自我克制程度而自豪，从而宣称他们对蔑视这种克制的外来者具有无可争议的优势。前者可能坚持认为，他们在保护自己不受非常现实的危险方面所使用的暴力是有节制、相称和克制的，这是他们对文明原则的集体承诺所要求的。在文明的道德和政治上的模棱两可或内部矛盾（下一节将更详细地讨论）之所以出现，是因为这个概念可以用两种对立的方式来拉扯——既要证明对敌人使用武力的正当性，又要让国家领导人对卓越的道德原则负责。

这些观察引发了另外两个主题的讨论——过程社会学对现存体制如何应对全球恐怖主义的调查。首先，它们是控制社会中的"定向手段"而进行的斗争之间的关系，这些斗争将使得相互竞争的群

第 1 章 回归关于文明与野蛮的讨论

体获得相对的权力资源（或"权力机会"）；其次，文明社会会释放他们无法控制的"双重约束过程"的危险。[1] 提供第一点的说明，然后考虑其对过程社会学探索的重要性，可能是有用的。《2002 年保卫文明基金的报告（保卫文明：我们的大学如何让美国失望以及我们该怎么做）》对于"9·11"事件的主流公众反应与学术精英的温和回应之间存在的鸿沟表示担忧，这些精英拒绝对恐怖袭击进行无条件谴责，理由是美国对中东的外交政策干预导致了伊斯兰恐怖主义的崛起。两位作者认为，"道德相对主义"和"政治正确性"调合成的有毒鸡尾酒支撑了一种假设，即"西方文明是世界弊病的主要源头"——即使它给了我们对民主、人权、个人自由和相互容忍的理想"（Martin and Neal, 2002: 4–5）。他们表达了对极具讽刺现象出现的巨大懊恼，即"大学没有确保学生去理解这个正在遭受攻击的美国和西方文明的独特贡献——而是争相增加有关伊斯兰和亚洲文化的课程"（Martin and Neal, 2002: 6–7；刘大伟，2002；另见古欣和沃岑 2013 年对更广泛的历史背景的后殖民反思）。

在过程社会学术语中，对不爱国"知识精英"的公开谴责是更大范围权力斗争的一部分，在这场权力斗争中，各群体竞相控制社会和政治世界的定向手段，从而改变文明的约束与释放维度之间的平衡。回答为什么这些管制很重要的问题，埃利亚斯（2009e:135ff）注意到，"能够垄断一个社会定向手段的监护、传递和发展的一群人掌握着相当大的'权力机会'，这些机会不对其他社会成员开放，尤其是如果这种垄断是集中组织的话"。他还说，在现代民族国家出现之前，这种权力关系在欧洲最突出的表现是天主教会，其权力和权威是建立在有效的"对最基本的定向手段的垄断"基础上的，即在欧洲大部分地区对"天启教"进行管理（Elias, 2009e: 135–6）。此案证明了既定阶层是如何试图"维持并在可能的情况下增加其外部群体对他们的高度依赖比率,从而扩大这些群体与他们自己之间的权力差异"(Elias, 2009e: 138)。由于神学和世俗化的自然科学视角的相对影响力发生了整体变化,这种垄断力量及其相关的依赖性受到削弱;各国在这些变化中发挥了决定性作用,它们努力建立对定向手段的控制。以韦伯的国家理论为基础,埃利亚斯认为,为垄断对暴力工具的控制而进行的斗争,显然影响了欧洲社会和政治的发展进程。他认为,必须加上国家果断获取税收的垄断权力。同样重要的是,政府试图通过控制定向手段来巩固自己的权力,特别是对民族主义和文明的混杂话语予以强化。

从法国大革命开始,"当权者"每当赞许或增加与他们结成的(国家)单位的荣耀(Elias, 2007: 8),就能够"获得民众的认可,并经常得到同胞们的喜爱或爱戴"。从那时起,国家为构建国家认同而采取的行动养成了必要的"性格倾向",这样人们就会为国家利益和理想而战斗和牺牲(Elias, 2013: 172)。"9·11"事件后的事态发展都说明了这两个问题。美国国内强烈的愤怒情绪导致民众支持恢复民族自豪感,支持通过对阿富汗政府和"基地"组织发动战争来降低民族屈辱感。这对文明和野蛮的叙述产生了强化作用。通过与文明理想的联系来提升国家的要求,确保了布什政府获得"热烈响应",其收获的回报就是增强军事行动能力。

通过利用"文明"的情感力量来影响的定向手段的相关努力在公开讨论和辩论中很突出,这毫不奇怪。对于《保卫文明》的作者(Martin and Neal, 2002)来说,这个概念是一个褒义词,用来申明被野蛮势力拒绝的民主、人权和容忍理想的集体自豪感。这种思想被用来进行权力斗争,以削弱被认为不爱国的"知识精英们"的地位,他们认为西方文明值得批评的多,值得赞扬的少,同时反对捍卫文明人民的崇高理想和利益的国家政策。有关文明思想超越但也可以被动员起来为民族国家服务的观察，在这一点上可以被有益地回顾。在重大权力斗争中，对政府行为持批评态度的人可以利用"文明"来捍卫他们认为完全合理的国家战略。政府及其支持者可以接受这一概念，抹黑政治对手并试图减少他们的权力资源。从过程社会学的角度来看，美国最近的辩论明确把"文明"引入用于控制定向手段的斗争、影响对政府行动的态度以及影响公众对使用武力的容忍程度。

对竞争管理定向手段的过程社会学分析，同参与和脱离两者之间的权力平衡的研究密切相关——在高度紧张、情绪激动的立场与对社会矛盾和冲突不那么热情、更加克制的看法之间。相关调查强调，在恐惧和不安全感加剧的背景下，这些观点之间的力量对比如何以惊人的速度发生改变。这种观点认为，增加对特定冲突的情感参与，会严重削弱对冲突原因或起因持有更超脱观点的能力，包括与自己的社会在多大程度上导致敌对关系这一问题进行诚实的对抗。在高度参与的立场下，将责任归咎于对手的情绪化承诺往往会排挤有关对抗关系如何发展起来的更充满激情的考量（van Benthem van den Bergh, 1978）。对当前目的尤其有价值的是，过程社会学中强调，不同名义上的权力不平等会使既有群体无视外界对其特权地位的看法（Mennell, 2007: ch12）。据称，占主导地位的阶层完全独立于其他阶层人群，以至于他们几乎没有面临从自己的角度思考问题的外部压力或冲动，也没有以较超然的方式考虑那些弱势阶层如何看待他们以及他们的行动，也没有思考外来者为何要让当权者为他们的困境承担主要责任。

20世纪90年代末美国围绕"后坐效应"展开的辩论表明，既有阶层中如何形成对较高水平超脱行为的阻挠。根据这一有争议的论点，美国外交政策帮助创造了在东非形成反美恐怖组织的政治条件，在当地的"基地"组织的分支袭击了美国使馆。批评者谴责了他们认为不爱国的断言,即这种暴力是"后坐效应"的体现而不是未经挑衅的恐怖主义(Johnson, 2000: 10–11;见 Johnson, 2001)。"9·11"事件后出现了类似的争端,当时布什政府及其支持者认为,恐怖袭击是根深蒂固的邪恶和野蛮的产物;反对者则拒绝那些使美国免于对创造恐怖主义组织蓬勃发展的环境负有责任的企图(Johnson, 2000)。

"后坐效应"的论点是否正确以及在多大程度上是正确的,我们不必在此纠缠。现在应该强调早先的观点,即恐怖主义是如何获得作为一个既有阶层用来谴责外来者集团暴力术语的当代意义。正如文明是一个"赞美词",恐怖主义则是一个"指责词",经常被用来诋毁对手。那些确信自己事业的正确性占支配地位的团体利用这一概念诋毁暴力的外来者。同样,局外人被激励采取了反污名化战略。用埃利亚斯的话说,其结果是,敌对双方通过将自己的"最出色的少数群体"与对方的"最糟的少数群体"相比较(Elias, 2008c: 5; Elias and Scotson, 2008: 33ff;另见 Sutton and Vertigans, 2005: 151ff),使得敌对情绪加剧,政治分歧加深。在随之而来的社会紧张局势中,具有高度幻想的自我形象的既定群体和局外人群体可能会驱使自己和彼此走向暴力升级,从而形成污名化和反污名化不断交替的死循环。它们可能会发现自己被困在一个"进退两难的处境"中,很难被打断,而且可能被证明是无法控制的(Sutton and Vertigans, 2005: 129ff; Vertigans, 2010; Dunning, 2016, 2016a; Dunning, 2017)。敌对势力随后陷入"去殖民化"或"野蛮化进程"的网络之中,对各方产生意想不到的后果。就美国而言,放宽对酷刑的传统道义和法律限制会产生一种结果,促使分析人士对文明进程进行耐人寻味的辩论——关于文明社会对"野蛮"敌人的暴力行为所做的反应中,哪些是被允许的、哪些是被禁止的辩论。

酷刑辩论与文明人民的特殊纠葛

这场讨论描述了过程社会学在现有的解释基础上,如何进一步发展"反恐战争"以使文明话语死灰复燃的解释。人们特别注意到"文明"作为"赞美词"的出现(第 2 章提供了进一步的细节),这是外来者集团"恐怖主义"的对立面。文明的理念被对立的组织采用,因为他们明白,"权力机会"不仅取决于物质资源,而且取决于成功地对定向手段进行最大限度的控制。前一节考虑了各国政府使国家与文明结盟的努力在多大程度上会受到争议。在这种情况下,发酵的政治紧张局势要求讨论埃利亚斯所说的文明人民的特殊煎熬和"纠缠"(Elias, 2012 [1939]: 8)。在关于酷刑的辩论中,后者不同寻常的程度是显而易见的。主要争端是人们对文明、外交政策与全球秩序理想结构之间的关系产生了很大疑问,这些问题似乎很可能会延续到未来。

与后续讨论相关的是埃利亚斯对文明社会内部两种伦理道德之间紧张关系的分析——最高价值是国家或民族的"马基亚维利主义"法典(个人隶属于国家),同"个人"的尊严凌驾于"所有他人"(包括对国家的忠诚)之上的"人人皆为平等"法典(Elias, 2013, 169ff)。第 3 章将更详细地思考这一冲突。就酷刑辩论而言,值得注意的是埃利亚斯的经验论断,即这两种道德主要以相对和谐但不稳定的方式共存。基本上,相互竞争的原则之间没有产生冲突;人们在国家利益和普遍道德原则之间没有分裂感,也没有被迫要在这些原则之间做出选择。然而,紧急状况可能会暴露存在于内在矛盾的道德信念中潜在的紧张关系（Elias, 2013: 172-3）。两种道德之间的冲突可能成为"国家人口不同群体之间"争夺主导权的斗争，以及"他们中间的个体"就"理想伦理观点"而引发的斗争（Elias, 2013: 173）。奇特的纠葛之所以会出现，是因为文明的理念虽然与国家的目的相一致，却可能完全针对他们。由此产生的冲突表明，文明社会的成员有可能面对独特的——即使不是唯一的——道德选择。但是，正如关于酷刑的辩论所揭示的那样，事情不仅仅如此。争夺公众支持的团体的实力可能在一定程度上取决于它们能在多大程度上构建文明话语，从而令人信服地阐述国家安全目标、合法的外交政策措施和高尚的全球秩序之间的关系。

在"9·11"之前，禁止酷刑的全球法律规范被广泛视为对"文明"准则做出共同承诺的突出表现之一，并被公认为文明的积极象征。有人争辩说，"虽然酷刑的做法曾经很普遍，但直到最近，人们才逐渐认识到，没有任何国家代表可以公开承认，他们会使用酷刑，因为担心被赶下台，或者担心他们的国家被'文明'国家排斥"。（Foot, 2006: 132）。关于酷刑应受谴责性质的广泛共识解释了为什么很少有人为"9·11"事件之后发生的对国际法律原则的攻击而准备。

从程序性的观点来看，必须从长远的视角考虑"酷刑规范"，并把其放在它所属的文明进程中。对以司法酷刑作为逼供手段的态度转变值得关注。这种长期存在的做法被视为更广泛的文明攻势的一部分，旨在废除中世纪遗留的"残忍且不同寻常的惩罚"。它反映了可允许的和不允许的伤害之间的边界变更，也是18世纪中叶对暴力惩罚观念变化的不可或缺的组成部分。贝卡里亚1764年的专著《论犯罪和刑罚》一书或许就是最好的例证（Foot, 2006）。第二次世界大战后时代力量平衡的重大变化，促进了以下政治项目的全球化，即结束违反自由文明道德原则的国家胁迫行为（Clark, 2007: ch6）。

第 1 章 回归关于文明与野蛮的讨论

随着普遍人权文化的发展，现代酷刑手段被谴责为可憎和不文明的，正如司法酷刑因其野蛮行径而遭到反对一样。1984 年 12 月 10 日通过的《联合国禁止酷刑和其他残忍、不人道或有辱人格的待遇或处罚公约》是最主要的纪念碑。

酷刑规范反映了早些时候所讨论的民族国家道德准则的两个层面的相对影响力发生了重大改变，它代表了比较乐观的自由主义圈子中的一个永久进步。"9·11"事件后的事态发展表明，在民主政治制度中，背离诸如已确立的反酷刑规范等文明原则的行为是如何以始料未及的方式出现的；这证明了禁止酷刑的社会禁忌是多么脆弱。小布什政府暗地里重新定义酷刑的努力，体现了埃利亚斯的经验主义的观察，即在欧洲文明进程中，任何引起厌恶或反感的行为，包括国家施加的暴力惩罚，都会逐渐隐藏在幕后[2]。推翻或重新定义酷刑规范的决定，证实了埃利亚斯对此类社会中统治精英的评论，即：

> 无论其他的职能运作如何，文明的行为准则只有在强大的统治集团仍保持为自身权力的象征和工具的情况下，才对其具有意义，因此，大国精英、优越阶级或国家常常以他们的优越价值观和优越文明的名义，通过与他们声称代表的价值观截然相反的方式进行斗争。在陷于困境的情境下，文明的维护者往往会成为文明的主要破坏者。他们往往会成为野蛮人。（Elias, 2013: 284）

正如埃利亚斯指出的那样，这种回归并非不受到挑战。进一步说，在美国政界和更广泛的美国社会里，围绕酷刑的争论表明，文明社会的成员在大量的问题上往往有着不同意见，从对酷刑的无条件道德谴责，到基于严重名誉受损和全球地位削弱而产生焦虑所导致的反对，再到在"必要"条件下对胁迫技术的务实接受，直到出于战略考虑支持对国家力量的展示，以恐吓和摧毁对手（Barnes, 2016）。与会者的争议表明，文明社会的成员往往会有着不寻常的痛苦和折磨，而其他社会则很大程度上对此毫无反应。

审视在应对这些困难时使用的语言可以开始于"酷刑备忘录"——2002年8月发布的《总统会议备忘录》（阿尔韦托·R.戈萨雷斯备忘录，Greenberg and Dratel, 2005: 174ff），为从被拘留的恐怖主义嫌疑人（或非法敌方战斗人员）获取情报的方法的合法性进行了辩护。其作者承认，这不是第一次审议此类问题。2002年备忘录援引了欧洲人权法院1978年的裁决（Greenberg and Dratel, 2005: 196-8），推翻了1976年欧洲人权委员会的决定，即英国对"头戴兜帽的男子"犯有酷刑罪。来自共和党家庭的12人曾受到"深度审讯"，手段包括头戴面罩、长时间遭受压力、白噪声、睡眠剥夺以及不让他们吃东西和喝东西（Gallagher, 2015）。欧洲人权法院驳回了这一判决，理由是虽然"五项手段"是"不人道和有辱人格的待遇"，但它们没有达到构成酷刑的精神和身体痛苦的程度（Gallagher, 2015）。

在评论《酷刑备忘录》之前，有必要强调《联合国禁止酷刑公约》（以下简称《公约》，美国于1994年批准）的核心原则，这些原则与随后的辩论尤其相关。第1条将酷刑定义为"任何为获取某人或第三方的资料或供词等目的，而故意造成的身体或生理的严重痛苦或痛苦的行为"，包括"恐吓"和"胁迫"被拘留者的规定。根据第2条第2款，"不得援引任何特殊情况，如'战争状态或战争威胁、国内政治不稳定或任何其他公共紧急状况'作为使用酷刑的理由"。根据第2条第3款，"上级官员或公共当局的命令"也不能成为背离国际法的理由。《公约》还责成第16条的签署国，"防止……其他残忍、不人道或有辱人格的待遇或处罚行为……构成第1条所界定的酷刑"。在批准该《公约》时，有人争辩说，当时在比尔·克林顿总统领导下的美国政府赞成比《公约》所确认的定义"更保护国家"（Levinson, 2004: 29）。从这一观点出发，2002年备忘录反映了早些时候的官方立场，即国际法律禁止酷刑，可能会对负有保护公民安全主要责任的国家机构造成不合理的限制。有人建议，2002年备忘录与以前在官方圈子里得到支持的观点之间存在着重大的连续性，那就是，只要在履行国家义务过程中，审讯方法不使用野蛮"手段"如剥夺睡眠正常化，美国政府就会继续忠实于文明原则（Elshtain, 2004）。

在此背景下，2002年备忘录指出，审讯方法可能造成严重的痛苦和"不人道和有辱人格的"，但没有达到与酷刑有关的痛苦限度，这等同于公然违反文明准则。关于如何区分酷刑和"不人道"或"有辱人格的"行为这一具体问题，2002年备忘录认为，这一概念应仅限于描述造成以下严重疼痛或苦难的审讯手段，相当于严重身体伤害造成的痛苦，以致很可能导致死亡、器官衰竭或重大身体功能丧失的永久损害（Greenberg and Dratel, 2005: 183）。有人提出，酷刑的概念应限于指代"极端"行为，如模拟处决、强奸或性攻击，这些行为毫无保留地被谴责为野蛮行为（Greenberg and Dratel, 2005: 193）。

可能导致"可持续数月甚至数年的创伤后应激综合征等精神疾病的发展"的审讯手段，也被认为越过了与文明标准相符的强制行为和完全属于野蛮状态的有害技术之间的道德界限（Greenberg and Dratel, 2005: 177）。将被拘留者推向自杀边缘的手段，被视为造成不可接受的人格扰乱的原因（Greenberg and Dratel, 2005: 182）。对被拘留者的文化出身有一定程度的敏感性能够获知，来自有"强烈的自杀禁忌"社会的人所进行的自残行为是深刻"人格扰乱"的证据（Greenberg and Dratel, 2005: 182）。没有造成肉体疼痛或精神痛苦的"必要强度"的审讯技术不同于酷刑的残忍做法。(Greenberg and Dratel, 2005: 173）。

2002年备忘录试图从两个方面来克服普世道德原则与国家安全考虑之间的紧张关系所造成的文明纠葛。首先，它确认了在"必要"条件下的"自卫权"（Greenberg and Dratel, 2005: 211），并补充，与"可能夺去数百或数千人生命的"恐怖袭击造成的伤害相比，审讯技术造成的伤害是"微不足道的"（Greenberg and Dratel, 2005: 208–9；另见Luban, 2005）。其次，《联合国公约》第2条第3款在此是主要的参照，2002年备忘录宣布，授权采取紧急措施的官员——从总统和其他行政当局成员到直接指挥审讯者——免于"刑事责任"（Greenberg and Dratel, 2005: 207）。这些立场因文明与野蛮之间的区别而得到加强，这种区别令人想起殖民主义学说。这些学说指出，对武力的道义和法律限制不能束缚文明人民，因为这些限制给不尊重战争中互惠基本原则的敌人带来了明显的政治-军事利益。

前美国司法部部长兼国家安全顾问康多莉扎·赖斯（Condoleezza Rice）附和了有关既有组织和外来者之间关系的帝国话语，对参议院试图对审讯技术加以限制（并迫使政府就情报人员使用的手段向国会报告）的做法做出回应，声称布什政府不会对"无权获得保护的人"予以保护（Foot, 2006: 138）。但是，正如讨论所表明的那样，2002年备忘录并没有放弃对暴力所施加的文明限制。无论人们对文件内容的道德立场如何，这份文件的编写本身就反映了官方对审讯技术合法性的担忧，这种技术将把布什政府与将酷刑制度化的专制政权区分开来。对《联合国公约》所界定的关于将酷刑与文明戒律协调的官方立场的有益总结是，主席声明，对"不法战斗人员"予以人道待遇的决定是"政策问题"，而不是具有约束力的国际法律义务的结果，因为《日内瓦公约》不适用于"基地"组织或塔利班被拘留者（Foot, 2006: 138）。布什总统在 2002 年 2 月 7 日的另一份总统备忘录中指出，即使在紧急情况下，也必须遵守基本的文明自我约束，必须遵守"适当和符合军事需要"的方式（Strasser, 2004: 4）。

对"酷刑备忘录"的一些公开答复也提供了关于文明人民如何处理前面提到的困难情况的洞见。有关可以对审讯手段创造司法控制的法律框架的思考值得详细说明。应结合 2002 年备忘录中宣布努力援引《联合国禁止酷刑公约》或美国现有法律，以防止总统获取必要情报以战胜恐怖主义威胁的一节来考虑这些法律框架，可能构成对"总统最高统帅权力的违宪式侵犯"（Greenberg and Dratel, 2005: 207）。努力使这一判断与对政府其他部门和广大公众的行政问责制的期望相协调，包括以下论点，即事后公开调查可以对情报人员采用的审讯技术的合法性做出裁决。还有人掷出了"酷刑逮捕令"的论点，该逮捕令规定有关官员应事先获得对拟审讯工具"司法批准"（Dershowitz, 2004; Gross, 2004）。这些机制在此被视为如何将审讯操作置于限制性宪法框架内的形象，该框架试图将文明习俗和公约与特殊暴力进行调和（Elshtain, 2004; Linklater, 2007）。美国民众中的大部分人是否会为这种对过度暴力的司法控制的审议所说服，仍是一个争议点，这至少给现有的纠葛增添了新的复杂性。

许多内部和外部批评布什政府立场的人认为，将酷刑的含义限制在所谓的"极端行为"损害和败坏了的文明价值观（Greenberg and Dratel, 2005: 183）。2006 年 6 月 29 日最高法院的多数裁决宣布，与"非法敌方战斗人员"的关系应遵守《日内瓦公约》所认为的对文明行为至关重要的保障（Birdsall, 2010）。本着同样的精神，最高法院于 2008 年 6 月 12 日裁定，关塔那摩湾的外国被拘留者确实拥有人身保护权。2014年12月19日,参议院情报特别委员会审查中央情报局拘留和审讯计划的报告得出结论说,所采用的方法对美国"在人权问题上,尤其是在防止酷刑方面的长期全球领导地位"造成了无法估量的损失……(参议院情报委员会2014年报告:xii, xxv)。言外之意,文明与野蛮的分界线变模糊,这是危险的。由于事态发展,原先重新界定酷刑的倡议被推翻。2002年备忘录于2014年被撤回,被2004年12月30日对副总检察长的备忘录意见取代,并不同于之前的定义(Barnes, 2016: 114)。新意见谴责2002年备忘录允许的审讯方式是"位于人权行为不端金字塔顶端的野蛮残忍行为"。对酷刑的文明态度被予以重申,这是道德守则不同内容之间的权力平衡进一步转变的一部分。

"9·11"事件后出现的特殊煎熬可能已经暂时解决或被湮没了,但认为这是永久性的中止则是不明智的(Cox, 2018)。也不能排除其他国家政策会导致类似的牵连,从而导致政府决定放宽禁止酷刑的规定。[3] 今后,使政治团体和外交政策与文明普遍原则相结合的努力很可能会与作为国家道德批判基础的"超然"文明形象发生冲突。

▶ 结　　论

这一章提出了一个关于文明和野蛮主义话语的过程社会学的观点,"9·11"事件后布什政府恢复了这种观点。它突出了过程社会学中的几个概念,扩大了对最近时代文明层面的其他分析:既有的局外人形象包括努力控制主导的定向手段、污名化和反污名化模式、在不安全条件下改变参与和疏离之间的力量对比、双重约束过程以及对交叉伤害进行的教化和疏离。这些概念是分析近期全球秩序历史上一个戏剧性事件的宝贵资源。在接下来的讨论中，这些概念将每隔一段时间重新提出。这一章还借鉴了埃利亚斯对文明社会特殊纠葛的提法。在此背景下审议了在文明进程中出现的民族主义和普遍性道德立场之间的紧张关系。对"9·11"事件后政治发展的讨论也强调了文明思想的不同功能。正如有关放松酷刑标准的辩论所阐明的那样，政府利用文明的自我形象来证明对所谓的野蛮人使用武力是合理的，而反对者则利用其非凡的品质来谴责被认为与更高的原则相冲突的政府行为。

一个概念，直到18世纪末才成为法国法院界讨论内容一部分的已经如此彻底地渗透进日常语言，同时面向欧洲乃至全世界不同的社会阶层，这一点值得注意，但人们并非总能意识到这一点。一个最初局限于小精英圈子的想法被纳入现代人的自我形象，并逐渐形成了对暴力的习惯性态度，这是不同寻常的。如果说文明和野蛮的话语产生了已经注意到的放大效应，那是因为它与主流社会对人与人之间关系中允许或禁止的暴力形式的看法产生了强烈共鸣。文明的概念是一个"赞美词"，它主要把国家的自私形象与跨越许多社会的动武倾向联系在一起，但认为"文明"代表了与处于民族国家与人类中间地带的一个社会群体的情感认同，这是荒谬的。对武力的共同态度与同一种文明对他人的强烈依恋并不相同。相反，共同的文明信条通常在复杂、不断变化以及某些时期不可预测的组合中与强大的国家忠诚结合在一起。

根据过程社会学的方法，本章强调有必要从长期角度审查"反恐战争"和"酷刑辩论"。各种问题随之而来。在什么样的条件下，文明话语成为日常社会和政治观点的焦点？文明的理念是如何被纳入（Elias, 2012 [1939]: 7）人称"社会习惯者"——在（第二本质）

对暴力和残忍的态度，这是他们精神生活的核心部分？它是如何影响对其他民族、外交政策行为和世界秩序愿景的定向的？这些问题都是过程社会学倡导者所关注的问题，在社会科学中这一问题仍然微不足道，而且在全球时代或社会学和国际关系的全球化研究中很少遇到。

现在，讨论转向埃利亚斯的社会遗传学和心理遗传学调查，调查欧洲人是如何在基本上没有计划、也绝非在大约5个世纪里必然发生的过程中获得对社会和政治的独特文明倾向的。

第 2 章

埃利亚斯对欧洲文明进程的解释

第 2 章 埃利亚斯对欧洲文明进程的解释

埃利亚斯著作的主旨在于解释欧洲文明自我表述的出现；这种文明自我表述体现在人们对暴力及非暴力危害的"嫌恶界限"的变化之中，同时也体现在社会对日常礼节及自我克制的新期待之中（Elias, 2021 [1939]）。该研究想要理解出现在社会与政治组织中的大规模变化，这些变化与公众对于暴力刑罚日渐强烈的反感，和社会对于餐桌礼仪以及对于基本生理机能的自我控制级别的期待交织而生。埃利亚斯认为，社会科学更高阶的融合对于理解过去几个世纪中紧密相连的公共机构和集体情感重建是至关重要的。他的论点是，主要欧洲国家内部发生的根本性变化，导致全球形成了局内群体-局外群体的局面，而这改变了整个人类社会。之后的章节将通过进一步分析序言部分中关于"欧洲国家形成、海外殖民扩张和国际社会的发展是如何定义全球政治秩序"的评论，来尝试对埃利亚斯的融合理论进行补充。现在的首要任务是，概述埃利亚斯对欧洲文明进程的解释。

在对"文明的情感和感受力是如何从国家垄断权力形成、社会阶级竞争、内部绥靖、经济独立性增长和社会分工复杂化之间的关系中产生的"这一议题的分析中，能够明显看出埃利亚斯社会学研究的规模与原创性。序言部分有一些关于埃利亚斯在古典社会学传统中所处地位的简短评论。此处，笔者将通过对比他的方法和马克思对资本主义工业社会中垄断过程的历史唯物主义的分析，来进一步扩展上述评论。这样做的目的在于，解释埃利亚斯对提升社会科学研究全面性所做的突破。埃利亚斯认为，马克思对争夺垄断生产控制权的阶级斗争的解释为研究权力斗争和社会冲突如何塑造前资本主义社会和资本主义现代社会提供了新的视角。通过反思韦伯关于国家的定义所带来的影响后，埃利亚斯补充道，马克思研究中所大量缺少的是关于社会群体争夺暴力工具垄断控制权的分析。与此相关的论点是,在马克思对现代工业资本主义的分析中,经济垄断逻辑是其核心内容,这种经济垄断主要依赖于对物理力量的稳定垄断以及对以国家为组织形式的社会的绥靖化。然而,这并不是说我们不需要分析不断变化的权力平衡和社会阶层之间的对立,如在18、19世纪欧洲宫廷社会中贵族阶级和资产阶级的对立,就能解释国家权力的诞生和巩固(Elias, 2012a)。

  埃利亚斯对马克思著作的批判不仅仅在于后者忽视了现代社会对武力工具控制权的争夺,同时还在于其对资本主义垄断化的分析没有关注到国际层面的相关进程,或者更确切地说,马克思的著作没有解释,"垄断机制"是如何通过"淘汰赛"产生的,这种淘汰赛催生了现代国家,还导致了占主导地位的欧洲强权向全球扩张。比起马克思,埃利亚斯更加关注欧洲国家形成过程中的国内维度和国际维度。同样,这两方面也是埃利亚斯从文明维度研究欧洲社会政治发展的关键内容。埃利亚斯的主要论点在于,一个更具概括性的社会学视角必须能够解释如下现象:文明礼貌的观念是如何在专制主义宫廷社会出现的?宫廷社会对于文明举止的主流理解是如何作为一种有意识地模仿"社会上流人士"的结果而下传至资产阶级群体的?这些理念又是如何通过后续为提升"底层秩序"所进行的"文明攻势"而被作为一个整体扩散到全社会的?特定的文明化仪式和模式是如何通过自发效仿"先进"群体的行为而从法国宫廷礼会传播至欧洲其他国家的政治精英的?以及欧洲人如何从拿破仑时代就通过坚信自己担负教化非欧洲民族之使命而为殖民扩张"正名"?在埃利亚斯关于19世纪晚期到20世纪中期德国社会、政治的主要发展的研究中——实际上,在他关于文明力量研究的每一个阶段中——他都坚持认为,"国家内部与国家之间的进程是紧密交织在一起的"(Elias, 2013: 193)[1]。可以说,相较于马克思对工业资本主义

第 2 章 埃利亚斯对欧洲文明进程的解释

的研究，埃利亚斯对欧洲文明进程的研究更加看重国际维度，或者说，国家间维度。

通过审视社会联系和人际关系巨变之中相互关联的情感维度，埃利亚斯对欧洲文明进程的解释超越了马克思主义以及其他非马克思主义对阶级分化或国家主导社会的研究。凭借弗洛伊德的著作，埃利亚斯超越了马克思和韦伯对欧洲社会发展的分析；与此同时，他对上述理论的方法论和个人主义均有批判。埃利亚斯坚信，不考虑人类相互依赖的心理特征，我们就无法理解社会结构和政治结构的重组，而这也是他在社会科学领域的一项主要成就。就像上述几段中提到的国内和国际政治力量一样，这些心理特征也是"紧密交织在一起的"。社会政治生活中的一些维度是密不可分或相互关联的，这样一种高度原创性的概念，是埃利亚斯研究欧洲文明进程方法中不可或缺的一部分。埃利亚斯对于经济-政治这一错误二分法持批判态度，而这样一种二分法恰恰是马克思对于国家，以及对于社会科学领域中同样对立的个人与社会、物质与意识、理性与情感以及国内与国际的化约主义解释的中心思想。

这一系列的二分法造成了两个后果。第一，不少学科围绕这样一种假设成长起来，即它们各自的研究对象，不论是经济、政治或者心理，都对应人类生存中互不相关的领域。第二，这些区别把社会学引向了歧路：不同学科为了本以为互不相关、但实际上密不可分的现象的相对因果力争辩不休。想要提倡多因果分析，重点不在于增加变量[2]。真正的任务在于，为了从长远视角分析相互关联的社会进程，就要实现社会科学更高阶的融合。这正是埃利亚斯有关欧洲文明进程研究的根本特征，本章将详细展开讨论。

本章的结构与埃利亚斯主要著作的架构（Elias, 2021 [1939]）相呼应。埃利亚斯研究的第一部分讨论了文明这一概念在法国的出现，以及其与德国文化（Kulture）理念的对比。第二部分集合了典范礼仪书籍中的摘录，以此来追溯在生理机能控制和餐桌礼仪的礼节概念中产生的变化。通过反思弗洛伊德著作的影响，为该研究提供了自我约束和情感控制方面的例证，用于揭示新兴文明进程的本质和根本路径。第二部分提出了关于国家形成和日常生活转型之间关系的复杂解释。作为总结的第四部分讨论了对行为的内部限制和外部限制之间不断变化的力量平衡。它解释了能够施加更强的全方位自我约束力的社会压力，是如何通过如羞愧、尴尬等强大的情感驱动变成个人心理的一部分。性格特点的变化确保了个人高度服从在复杂的国家组织社会中施行的文明标准。各国家组织社会在规模不断扩展的国际权力斗争中被捆绑在一起。贯穿埃利亚斯研究的论点是，只有致力于达到十分高阶的融合状态，社会科学家才可能有希望去精准地解释上述这些现象是如何在这样一个改变整个人类群体的漫长文明进程中被结合在一起的。埃利亚斯称，自己的研究不过是向这个方向前进所迈出的"第一步"（Elias, 2021 [1939]: 7）。如上述内容所示，埃利亚斯的研究以古典社会学传统的主要观点为基础，并且超越了这些观点。

在接下来的讨论中，笔者将首先考量埃利亚斯对文明这一理念源起的分析，并提供例证来说明文明理念在18—19世纪的政治话语中所占据的显赫地位。之后，笔者将总结构成埃利亚斯文明进程解释的主要元素：国家形成过程、有关礼仪这一概念的变化，以及集体和个人对于武力的情感回应的重组；而这种回应对于文明社会内部从长期和整体层面降低人际暴力水平是必不可少的。本章最后将概述埃利亚斯对文明的弱点和可逆性的反思。这一主题在埃利亚斯对出现在纳粹时代的"去文明化进程"的分析中得到了充分阐释，而这也进一步说明了，有关长期变化的分析明显反驳了对于许多

18—19世纪世界史而言至关重要的进步理念。

▶ 概念的起源

讨论开始前我们必须回顾的一点是，埃利亚斯的研究并非意在为某个理念背书，而是致力于为一种独特的社会政治发展模式提供相对独立的分析方法，该发展模式包含了有关欧洲文化优越性的集体信念与错觉。同样，这也并非针对在20世纪二三十年代处于衰退状态的"文明"的一种处心积虑的攻击。简而言之，该研究理念并非"由'我们的文明行为模式是所有人类可能行为模式中最为先进的'这样一种思想所指引，也并非由'文明'是注定失败的最坏生命模式这样一种观点所指引"（Elias, 2021 [1939]: 8）。该研究的首要目标是，理解欧洲社会在近5个世纪的时间里所经历的过程，包括现代出现的"文明危机"和"纠结"（Elias, 2021 [1939]: 8）。由此产生的陷阱与困苦，对"不甚开化的民族"而言，基本是"闻所未闻的"。这些民族往往饱受"困难与恐惧"的折磨，如毁灭性的自然灾害，而现代"文明"社会大多都幸免于难（Elias, 2021 [1939]: 8）。此处，我们需要重点强调序言部分中提到的埃利亚斯研究的第八个主题。该研究并不是在关于"文明民族应如何处理不同问题"的道德争论中站队，而是去"理解我们为什么要以这样的方式折磨自己"，或者说，去获取更多的有关"文明进程"是如何发生的知识，从而"我们某天能够成功实现更有意识的控制……我们所面对的进程……就像中世纪的人们面对自然力量那样"（Elias, 2021 [1939]: 8）。

埃利亚斯研究的目标之一就是，为文明民族的集体错觉和自我欺骗提供阐释。一个核心主题就是，现代民族之所以被暴露在危险和困境中，是因为他们鲜少了解其先辈逐渐将自己视作文明人的过程。许多人假定"作为文明人"是他们的天然本质，他们的"文明"状态是理所当然的，这是无可改变的生活事实。社会现实文明取向中的扭曲或神秘元素，有助于解释为何人们普遍缺乏远见，认为人类社会不太可能重回野蛮状态，就像纳粹主义时期出现的情况那样。几乎没人预见种族屠杀这般暴行，因为人们以为这样的野蛮行径早已在欧洲大陆不复存在。事实证明，认为如此暴力之举是非欧洲地区"落后民族"的专属是一种危险的错觉。神化色彩浓厚的进步概念促使人们产生一种错觉，即现代理性社会不可能出现远超所谓"野蛮人"疯狂杀戮那样级别的大屠杀（Mennell, 1998: 248–9）。解释上述误解是分析国家形成与文明感知之间关系的根本目的之一。

　　埃利亚斯的研究解释了稳定国家垄断权力的出现是如何对行为施加外部限制的。而后来，这种外部限制在很大程度上被内部限制补充和取代，后者源于想要遵循文明规范这一根深蒂固的心理驱动和倾向。在"驯服勇士"以及历史上其他许多实践的过程中，相较于外部限制和对暴力惩罚的恐惧，自我约束和自我控制的机制变得越发强大。社会关系的和谐化过程中出现的更强的自我管控，成了社会融合中越发必要的组成部分，而这种社会融合指的是在越发复杂的社会分工中从事高度专业化工作。这些自我控制在日常交往中逐渐被认为是完全自然或正常的（Elias, 2012 [1939]: 405ff）[3]。对于总体趋势更为细致的概括解释了"随着国家形成、劳动分化、经济增长和其他'结构性'进程而产生并不断扩展的相互依存网络"，如何施加压力以增加恰当的自我控制，而这种自我控制变得"更加自动"（人们变得越来越习惯于在不需要过多思考的情况下做某事）、"更加平和"（人们的行为变得更加稳定、更加不容易受到极端情绪变化的影响），以及"更加全面"（更加一致地应用于生活的各个方面以及所有需要与自己打交道的人）(Liston and Mennell, 2009: 60-1)。但是，埃利亚斯（2013：第4—5章）详细描述了在社会与政治动荡的背景下，内外限制之间平衡被打破的情况。比如，在纳粹时期，内部强制被证明，其无法阻止一个由挣脱国家垄断权力而被文明限制的政权所引发的"文明崩溃"。这里所说的文明限制在任何情况下都是羸弱的。与多数人的期望相反，文明民族高度自制的本性反倒成了嗜血杀戮的精英可以用来策划和执行大规模杀戮的政治资源。分析文明化和去文明化进程之间的平衡变化不仅有利于解释过去的事件，同时，它也是理解"文明"调停的脆弱性以及上述分裂与"倒退"可能再度爆发这一现实的关键。

埃利亚斯的非评价性研究从比较两种概念开始：一种是出现在18世纪晚期的文明概念，另一种是德国的文化（kulture）理念。后者的关注点较为狭隘，在某种程度上，出于对肤浅奢华的法国宫廷的鄙视与厌恶，德国人试图构建一个独特的民族身份。相比之下，文明的理念"弱化了不同民族之间的区别；它强调的是，人类所共有的东西，或者说在该观点持有者看来具有如此特征的东西，应该是什么样的"(Elias, 2021 [1939]: 17)。渐渐地，"文明"这一理念取代了上层阶级曾经用来表达自己相对于下层阶级所体会到的优越感的名词。courtoisie（礼貌）和civilité（礼仪）曾在过去几个时代担任过这样的功能。courtoisie一词盛行于中世纪宫廷，之后在17世纪的法国逐渐被civilité取代。而后，从18世纪70年代开始，courtoisie又大量地被"文明"这一概念替换，后者提早20年左右就出现在了对刑法的专业反思中 (Elias, 2012 [1939]: 105ff; Bowden, 2009: 26ff)。这一理念成了宫廷社会中资产阶级改革话语，包括重农主义者说理的一个核心部分。此处的重农主义者是某一经济领域研究者的前身，他们的明确目标在于，说服统治者接受与进步主义和社会改良主义相符的启蒙政府智慧，这种进步主义与社会改良主义是他们眼中构成本民族身份不可或缺的一部分（Elias, 2021 [1939]: 25ff; Mazlish, 2004：第 1 章）。这样一种新的理念把统治阶级与生俱来并且得到强化的优越感与资产阶级的主要信念，即必须把文明带给落后社会和粗野下层阶级这样一种信念结合在一起。与欧洲历史的早期阶段，即贵族精英不辞辛劳地把一切让他们想起"低俗"下层阶级的事物"拒之千里"的阶段相比，此时发生的变化，其本质显而易见（Elias, 2021 [1939]: 464）。这一变化的特性在其与德国文化（kulture）理念的对比中被凸显出来，因为后者拒绝构想任何一种试图提升人类整体的普世性政治计划。

研究初期，埃利亚斯回顾了占据殖民者集体自我意识中心的文明理念。在他们心中，文明这一概念是普世通用的"褒义词"。其地位的提升令人震惊，如果考虑到几十年前文化（kulture）理念的支持者还对文明理念嗤之以鼻的话。埃利亚斯坚信文明这一概念：

> 总结了一切让西方社会在过去 2—3 个世纪里相信自身比早期社会或同时代中"更原始的"社会更加优越的东西。利用这一名词，西方社会试图去描述塑造其特性以及让其自豪的东西，比如，西方的科技水平、礼貌本质、科学知识和世界观的发展等（Elias, 2021 [1939]: 15）。

这一概念表达了帝国主义社会的自信以及其"不断发展的扩张主义倾向"（Elias, 2012 [1939]: 17）。考虑到人们对于埃利亚斯的目标一直存在误解，上述言论值得进一步剖析。反对埃利亚斯的一个主要观点是，他的著作中提出了"一个纯欧洲的学习与文化谱系";这种谱系忽视了欧洲以外地区对欧洲大陆主要社会发展的影响(Goody, 2010: 4, 58),同时,用更近的后殖民主义者的话来说,该谱系对漏洞百出的"文明孤立主义"深信不疑(Go, 2017; Çapan, 2017)。该观点与对欧洲中心主义社会政治阐释的批判相呼应,后者强调欧洲中心主义从未成功追溯到"西方文明的东方源起"(Hobson, 2004;另见 Hobson, 2021; Bowden, 2007)。

这一论点存在几个基本问题。上述批判假定埃利亚斯研究特定的文明话语是为了解释欧洲或西方的崛起,以及其最终实现的全球政治、军事统治。如果事实如此,那的确需要详细分析文明话语对欧洲以外地区的影响(Hobson, 2010; Linklater, 2017)。但是,埃利亚斯旨在理解欧洲人是如何产生有关文明(civilized arrangements)的概念的(Mennell, 1996)。他的主要著作并非旨在解释欧洲人,除去他们获得的其他东西以外,是如何得到可能已超越非欧洲民族成就的科学知识和科技应用的。埃利亚斯的目标并不是评估欧洲人在多大程度上单凭自身创意与智慧而不靠外界帮助就取得了自己的科技实力,或者说认定他们的成就在多大程度上来源于长期的文化借用和对他人的集中学习。正如笔者上文中提到的那样,埃利亚斯研究的真正目标远比上述目标更为明确。不过,它依旧需要深入研究非欧洲社会对于规矩的理解,是否,或者说在多大程度上,影响了欧洲文明的自我形象。

尽管笔者为埃利亚斯的立场做了辩护,但是,人们对殖民冲突与文明优越感的出现这二者之间的关系仍然存疑。奇怪的是,埃利亚斯的研究没有提及全球互联所带来的影响,同时,他对帝国主义的评论也绝大部分局限在欧洲殖民扩张是如何改变了非欧洲国家政府精英的传统世界观这一方面。他强调欧洲社会内部发展模式的全球化,即相对较弱的群体将精英阶层对于他们的次等印象内化,与此同时，局内群体开展攻势来转变下等阶层的行为，或者潜移默化地去改变他们对于世界的看法（见本书第 5 章）。埃利亚斯并未尝试解释西方的崛起。即便如此，他的研究也很少关注文明理念是如何在海外扩张和殖民统治的背景下得以构建的。此时，我们需要回顾一下与后殖民主义有关的古典社会学局限性的评论。

埃利亚斯（2012 [1939]: 46ff）写道：法国思想家，或者说像米拉波（Mirabeau）那样的哲学家是新的文明话语的主要缔造者。1756 年，米拉波谈及用民法替换军队法，以及有关美德和礼仪改良的相应变化时，就提到过这一全新打造的概念（Mazlish, 2001）。在相对较短的时间内，它便成了欧洲政治和学术精英词汇中的一部分，并且在一个世纪之后进入非欧洲地区精英阶级的词汇体系。重要的一点是，通过考察英国政治思想中的特定概念转变，我们可以举例说明"文明"这一概念在迅速进入其他欧洲国家语言的过程中，所出现的一些有趣阶段。1767 年，苏格兰启蒙思想家亚当·弗格森（Adam Ferguson）似乎使用过文明的概念，或许其他作家在更早些年就已经提到过该概念了（Frbvre, 1973; Pagden, 1988; Bowden, 2009: 32; 另见 Thomas, 2018: 5ff 关于文明理念在 17 世纪晚期和 18 世纪早期应用的论述）。然而，发生在塞缪尔·约翰逊博士身上的某一事件为文明理念如何能够迅速在法国官廷社会之外得到青睐提供了生动例证。詹姆斯·鲍斯韦尔（James Boswell）提到了他与约翰逊博士在 1772 年 3 月 23 日的一次谈话，内容是关于应不应当把"文明"加入《约翰逊字典》的第四版。起初，约翰逊博士并不想在词典中加入"文明"一词，并宣称他更喜欢已经处于使用中的"礼貌"（civility）一词。与他持不同观点的鲍斯韦尔则认为，从"教化"（civilize）一词而来的"文明"（civilization）在与"野蛮"（barbarity）一词相对立的意义上，比"礼貌"（civility）一词"更佳"。鲍斯韦尔的观点占了上风。

第 2 章 埃利亚斯对欧洲文明进程的解释

大概是因为还有许多类似的争辩，都在讨论传统词汇和新词汇各自的优点，因此"文明"一词也被吸收进其他欧洲语言中。这种发展趋势出现在这样一个时期，即根据法语中通过以"-iser"结尾的动词创造出一些新的以"-ation"结尾的名词，比如，centralisation（中心化）、democratisation（民主化）以及 fraternisation（亲善）（Starobinski, 1993: 1-2，他补充说"文明"一词最早出现在 16 世纪描述殖民行为给墨西哥人带去礼貌的话语中；另见 Yurdusev 2003: 第 4 章）。很快英国和其他地区的思想家便针对词语的标准呈现形式做了恰当调整。埃德蒙·伯克的两份书面文件之间的对比就能说明当时他们所经历的转型。伯克在 1777 年 6 月 9 日写给威廉·罗伯逊的信中所使用的是"礼貌"（civility）一词。他在信中说，随着欧洲的扩张，"伟大的人类地图立刻铺展开来"。他还补充到，这幅地图展现了"欧洲与中国截然不同的礼貌"，同时，他还将这种"礼貌"与其他民族的"野蛮"和"未开化"状态相比较（Mansfield, 1984: 102）。在 1790 年出版的《对法国大革命的反思》（*Reflections on the French Revolution*）一书中，伯克使用"文明"（civilization）而非"礼貌"（civility）一词来批驳革命主义者，称他们"破坏……我们欧洲世界的礼仪、文明，以及所有跟礼仪和文明有关的美好事物"（Burke 1889 [1790], vol 3: 335–6）。在 1791 年《致国民大会代表的一封信》（*Letter to a Member of the National Assembly*）中，伯克哀叹说，法国军事政策"毁灭了……除此之外一切使欧洲文明化的礼仪和原则"。而由此导致的结果是，"文明的战争模式无法实现，而法国也没有资格期盼它的到来"（Burke, 1889 [1791], vol 4: 34–5）。

上述引语的最后一部分并非第一个来提醒人们的警示语，生活在进步世界之外的人们面临暴力的危险，而这种暴力则是文明民族相互打交道时所大肆谴责的行为。法国作家在描述七年战争

（1756—1763）和18世纪90年代革命战争时期英国人的"野蛮"行径时也使用了类似的语言。两种情形下，法国的"战争暴行"文学无一例外地将英国人比作野蛮民族，并辅以贬义性警告，称他们在任何情况下都不能与欧洲文明相提并论；而英国人则任性地脱离了"世界校长"法国所代表的"文明"人类群体（Bell, 2001: ch3）。这一主题的其他变体形式贯穿于19世纪欧洲政治思想。根据本书的总体论点，笔者选取了一些例证来说明国家形成、海外扩张和国际社会进化之间的关系如何造就了文明进程。一个例子就是大卫·休谟的宣言，"如果文明民族遇上了不遵循任何规则、甚至战争规则的野蛮人，那么前者必须同样停止遵循这些规则，因为此时这些规则已毫无意义可言；同时，他们也必须把自己与第一批进犯者之间的交锋变得尽可能血腥与致命"（Hume, 1975 [1777]: 187–8）。约翰·穆勒（2002 [1859]: 487）在自己有关不干涉行为的文章中有过类似表达，他在文章中旗帜鲜明地为殖民主义的"文明化"角色做辩护。他坚称：

> 认为同样的国际道德规则能够同时在文明国家之间和文明国家与野蛮人之间实现的假设是大错特错的。首先，日常道德规则意味着相互性，但是野蛮人不懂回应。我们不能指望他们会遵守任何规则。其次，野蛮民族还没有走出这样一个时期，即被外界征服或驯服对于他们来说可能有利无害（Mill 2002 [1859]）[4]。

本书的后半段将考量类似的观点对建立以欧洲为主导的国际秩序的影响。

在伯克的观察中，法国革命主义者显而易见地实现了从"礼貌"

(civility)到"文明"(civilization)的转变；而后者，正如鲍斯韦尔所说的那样，与"野蛮"(barbarity)一词有着更强烈的对比。革命群体在对抗英国统治阶级的战争中，首先使用了这一新的政治词汇。作为"释放信号"，这一话语显示出法国革命军队没有义务遵循施加于武力之上的传统文明禁令。在伯克的著作中，这一概念变成了上层群体挞伐被妖魔化的、大逆不道的外来者实施暴力行径的武器。它被用作支持这样一种观点，即文明之敌没有资格享受文明的对待方式。在休谟的著作中，他将文明和野蛮的论述用在阐释欧洲殖民行为和不懂回应的野蛮人之间的关系上。在之前引用的约翰·穆勒的文章中（2002 [1859]: 487），"文明"拥有了一个新的维度，即"野蛮人"能够从长期的温和殖民规则中获利。通过这些论述，文明理念成了欧洲国家体系内部以及欧洲社会与外部世界互动中，新的局内群体-局外群体关系里不可或缺的一部分。

埃利亚斯在其对"文明进程"的分析中，将"文明"追溯到了拿破仑在1798年殖民埃及前夕准备对自己军队所讲的一番话。拿破仑自夸说他们即将"踏上能够对文明产生不可估量影响的征途"（Elias, 2012 [1939]: 57；另见 Conklin 1997: ch1 关于与在法国第三共和国时期盛行的"文明教化使命"的关系）。与其他任何概念相比，"文明"这一概念给予"殖民征服者"一个现成的"统治合法化论调"（Elias, 2012 [1939]: 57）。它变成了整个"殖民运动"的"口号"（Elias, 2012 [1939]: 474）；它是新的全球权势集团赋予自己的优越性的标志，就像"礼貌"（civility）对过去的"宫廷贵族上流阶级"而言那样（Elias, 2012 [1939]: 57）。埃利亚斯（Elias, 2012 [1939]: 52ff）还补充到，这一概念诞生之始就天然包含一种模糊感，因此它既能指代一种"状态"，也能指代一种"过程"；或者说，它既能指代一种不变的社会环境，也能指代一种运动的发展过程。哲学家曾经所论的文明是"只有通过不断努力维护才能防止其衰退的复杂历史进程",而拿破仑的话语标志着文明的内涵从此转向一种简化的认知,即它描述了一种能够证明欧洲民族具有"更高天赋"的自然状态。埃利亚斯(2012 [1939]: 52ff)注意到了文明概念的模糊感是如何被剥夺的,因为:

> 不同于这一概念形成时的情况,从现在开始,各民族认为文明进程是在自己的社会中完成的;他们把自己看作将现存或者已完成的文明带给他人的使者,看作扩展文明的旗手。曾经的文明进程在他们的意识中不过是一个模糊的残影,文明进程的结果也仅仅被他们当作自己更高天赋的表达,至于文明行为是多少个世纪才形成的结晶这一事实或问题,对他们来说无关紧要。

人们坚信欧洲世界是文明的,因此法国在埃及的殖民统治目的也得以美化。正如被委任编纂《埃及概览》(*Description de l'Égypte*)[5]一书的傅里叶所说,殖民目的在于"弱化当地人的基本法律,并为他们带去完美文明的所有优势"(Godlewska, 1995: 8)。与之或多或少类似的观点,即关于文明的完成属性的观点,在殖民时代欧洲人看待文明人与野蛮人之间关系的视角中随处可见。

将埃利亚斯的观点展开来说,即"拿破仑时刻"标志着欧洲社会与非欧洲社会之间权力平衡的一次重大转变。由此导致的结果之一,是形成了颇具影响力的"东方主义"观点,即贬低东亚和南亚社会所取得的成就。欧洲独特成就的起源被认为是完全内生或自发的。早期非欧洲社会对于欧洲的影响,如科技方面的影响,很大程度上在殖民统治者的"群体魅力"和被殖民者的"群体耻辱"的相互作用中被弃置不顾了（Hobson, 2012）。在此过程中，倍受敬仰的社会沦落到了次等阶级。比如，伏尔泰和其他启蒙思想家曾给予中国稳定政府的正面评价，而在18世纪末期，这种正面评价却为越来越多关于东方专制主义的负面描述所取代（Marshall, 1993; Israel, 2006）。对于殖民地原住民的行为，如对印度寡妇自焚习俗的厌恶，正是贬低"未开化"民族的实例。它贯穿殖民话语体系，并强化了欧洲人关于帝国主义统治合法性的信念。用英国政府在1828年11月10日发给军队长官的通知中的话来说，这种习俗在任何一个"理性且文明的人"眼中都是绝对"让人憎恶的"。该立场在官方不干涉原住民宗教文化习俗的政策和想要通过慈善殖民政府来保护无辜受害者的高尚责任感之间制造了对立（Tschurenev, 2004）。

各方几乎一致同意印度缺少能够扮演仁慈文明化角色的原始国家制度。欧洲殖民话语（以及最近的"文明攻势"）的中心思想就是，坚信现代国家组织社会是文明的熔炉，或者说是文明生活能够出现并繁荣的唯一环境。还有一个观点同样具有影响力，即认为欧洲的多国家体系拥有一种躁动不安的心态，这是远东停滞不前、死气沉沉的帝国所不具有的对于变化和进步的渴望。潜台词就是，非欧洲民族在被动地等待外部刺激以经历文明进程，等待能够带来"文明帝国奇迹"的契机（Bowden, 2009）。与"优雅存在"相关的理念首先出现于18世纪的贵族宫廷社会，而所有类似的关于非欧洲社会的看法都强化了这些理念。自我标榜的文明阶层将这些理念从国家的限制中解放出来，然后将他们转变成殖民国际社会的核心原则。

▶ 国家形成

埃利亚斯对于欧洲文明进程的解释集中在现代国家源起的革命性影响及其对于暴力手段的垄断管控上,这一点跟韦伯所强调的一样;除此之外,埃利亚斯补充了国家对税收的垄断控制。虽说几个世纪中发生的社会政治变化是埃利亚斯研究的中心,但是他没有把这些变化看作与过去的完全脱离。没有什么关键时刻标志着文明进程突然开始,而"野蛮"被抛之脑后,同样,也没有一个特定的历史决裂来毁灭野蛮行径并保证它们不会再度出现在社会政治生活中。权力的平衡在早期趋势加速时就已经改变了。

不用说,有了近期关于中世纪和意大利文艺复兴的研究后,我们有必要对欧洲文明进程的研究做出重要的修正(Linklater, 2016:第3—4章)。在埃利亚斯对暴力中世纪夸大其词的形容中,中世纪历史专家经常能发现更多令人反感而不是骄傲的东西(Linklater, 2016: ch3)。然而,从长远角度来看,埃利亚斯坚信,中世纪官廷社会中礼节与礼貌的规范作用在欧洲文明理念的诞生中立下了功劳。他没有忽视早在动荡的中世纪末期就已经发生的社会、政治变化所衍生的长期后果。重点需要强调的是封建政权之间你死我活的较量所导致的对于暴力越来越强烈的领土性垄断。在无止境的"淘汰赛"中,落败者不是被消灭就是被纳入新的权力集合。"垄断机制"导致了对胁迫手段的集中控制,并强化了中世纪时期一个重要的过程,即统治者越来越依赖于有能力的官员来管理高贵宫廷中的烦琐事务。在过去几个世纪里,随着传统意义上作为暴力存在的显贵被纳入官廷社会并接受领主的监视,勇士逐渐被驯服或"宫廷化"

（Elias, 2012 [1939]: 428ff）。他们被要求控制自己的暴力情绪和攻击倾向，同时还要规范自己的言行举止以符合宫廷行为准则。他们被期待通过外交方式来承担"非战争性质的行政和文职"职务，而这些职务对于有效力的政府以及在未来淘汰赛中获胜是至关重要的（Elias, 2012 [1939]: 281; Elias, 2006: 118）。这一解释主要针对发生在路易十四时期凡尔赛宫廷的剧变。在引领潮流的法国宫廷中出现的繁杂仪式和礼仪传统为其他朝圣的欧洲统治阶级提供了可复制的社会理想模版。新的行为准则和"社会自我控制标准"作为一种新兴的文化身份认同感的一部分，从法国专制主义社会流向了其他欧洲宫廷社会（Duindam, 2003 关于极具影响力的维也纳宫廷的叙述）。这种认同感的基础是对同一个超国家宫廷社会的归属感（Elias, 2010a: 4）。

专制国家拥有对臣民施加外部限制的胁迫能力，为人口重镇的复兴提供了便利。罗马帝国衰落后，人口重镇曾遭遇大量毁灭。随着社会越来越和平，人际交往也变得频繁。人们变得比以前任何时期都更加依赖彼此以满足基本需求。人们有了更强的压力和动力去控制暴力攻击倾向、避免冒犯他人以及为他人利益着想。新的社会自我控制标准渐渐变成了许多人的"后天本能"。对身处变化过程缓慢的社会中的人来说，类似的变化往往是难以觉察的。用埃利亚斯的话来说，这些变化例证了发展缓慢且毫无规划的转型模式。通过自我激励和相互激励，人们沿着未经规划的路途前行。但是，回望过去，研究者可以发现，最初看起来像是"混乱无章的事件"，实际上属于一个"有架构的长期过程"；看起来散乱的现象，实际上塑造了社会变化的主要轨迹，即共享的礼节观念管理着上流阶级之间的交往（Elias, 2009f: 87）。事件整体过程的实证数据包括"礼仪书籍"数量的增加，自由社会阶级成员在寻求有关文明举止的可靠指导时，会参考这些书籍。这种文明进程背后的推动力是有关得体行为的不确定感和焦虑感以及与之相关的想要避免诸如尴尬和羞耻这类挫败情绪的忧虑。这种忧虑与一种普遍的渴望有关，即想要模仿社会上层阶级，同时避免因在他们面前违反文明准则而受到鄙视和轻蔑。正如前文所说，并不是贵族官廷社会倾向于开展"文明攻势"以提升次等阶级的态度和行为。相反，它强烈地倾向于通过不停升级礼仪规则来强化和巩固社会分化（见 Elias, 2021 [1939]: 472 关于上层阶级行为对下层阶级的"吸引"和统治群体对于他们模仿行为的"反感"之间相互作用的叙述）。即便如此，几十年来，对于礼仪以及更广泛的行为准则的共通理解依旧传遍了社会各阶层以及整个西欧，越来越多的人开始通过响应共同的文明语言来引导自己的行为。解释这些"社会进化"和"心理进化"力量之间的相互依存是埃利亚斯对于古典社会学传统所做的首要贡献。

礼仪之书

礼仪书籍或行为指南为社会交往形式提供了详细的建议，虽然这些交往形式乍一看跟社会间关系研究并无明显相关性。就局内群体–局外群体的局面是如何塑造全球秩序的这一问题，之后我们将考量一些联系以解释它们对理解该问题的重要性。本部分讨论将强调欧洲国家社会中礼仪文明、"超国家"官廷社会以及外交准则之间的联系，并关注这些相互依存的关系是如何与相关两个外部群体文明和野蛮程度的评判捆绑在一起。此处两个外部群体指欧洲国际社会中的边缘国家和外部非欧洲政府。

14 世纪和 18 世纪之间出现的有影响力的指导书籍为人们对基本生理机能的恰当管控提供了建议。这些书籍包含了对如排泄、擤鼻涕、吐痰等基本生理需要的指导。而随着刀叉在精英圈层中的广泛使用，它们还提供了有关餐桌礼仪和进食礼仪的正确信息。得体行为指南为观察日常行为中的变化提供了一扇窗，而这些变化则根植于个人对羞耻和尴尬情绪不断增长的恐惧[6]。它们证明了人们的取向发生了决定性变化，越来越趋于"个体化"：人们变得越来越内省和自觉，严格反思自己的行为在他人看起来是怎样的，以及自己的行为会不会招致他人的负面评价。随着这些个性倾向方面的变化，控制行为的内外部相对力量也渐渐地发生了重大转变（Elias, 2012 [1939]: 522ff）。

在探索文明进程时，有大量例子证明，人与人之间出现了新的保护性屏障，而这些屏障与人们对于人类所具有的"动物性"特征的厌恶有关。其中一个例子就是在 16 世纪，越来越多的精英圈层人士开始使用叉子。这一习惯从意大利扩散到法国，然后再到英国和德国，由此可以看出，人们越来越反感"仅仅是接近与他人手口有接触的东西"（Elias, 2012 [1939]: 77）。与之平行出现的变化还有同过去中世纪习俗的决裂，比如，人们以前"用手从同一个盘子里抓肉"，"用同一个酒杯喝酒"，或者"用同一个汤锅喝汤"（Elias, 2012 [1939]: 77；另见 Thomas, 2018: 50ff）。据埃利亚斯所说，直到很久以后，人们才会出于对卫生的考虑而反感这些日常习惯（见 Goudsblom, 1986 对后来出现的如洗手等特定自我控制形式的评论，该评论在目前新冠全球健康危机的语境下具有重要意义）[7]。不断进化的行为模式与在人们之间树立新的屏障以"阻挡和分隔"人类躯体的行为相联系；而之后对于不卫生行为的恐惧将会进一步巩固这一举动（Elias, 2012 [1939]: 77）。同样的整体趋势还体现在高贵的社会精英成员对裸体的态度的转变。中世纪的人们不会因为赤身裸体被看到而感到羞耻。但是，作为文明进程的一部分，人们开始对裸体感到羞窘，尤其是当"动物性"自然功能无意间暴露于"他人的视线之中"时（Elias, 2012 [1939]: 129ff, 162）。按照埃利亚斯对这些事件的解释，中世纪人们对于个人隐私的期望不同于之后越来越"个体化"的文明阶级对于个人隐私的期望。不过这一观点在最近的文献中已经受到了质疑（见 Thomas, 2018; 53）。

相关的行动还包括与基本生理机能，如擤鼻涕、吐痰等行为有关的新礼仪标准。中世纪时人们通常把鼻涕擤在手里，而在公共场合吐痰则是随处可见。从 16 世纪末开始，手帕成为精英阶层精致主义的象征。就像叉子的使用一样，手帕最初也只是最有权势和最为富有群体的专属，然而，他们的文明社交方式被新兴社会阶层模仿，并在随后引发整个社会的效仿。在以前人类之间的互动特征暴露在公众眼里，人们不会感到羞耻或窘迫，而如今人们倾向于隐藏这些互动特征，包括对于公开谈论性话题施加更严格的禁忌。针对自我"动物性"一面所"扩大的嫌恶界限"体现在保护性屏障的出现上，它的作用是防止人们直接接触逐渐被视作血腥且残暴的行为。一个例子就是将"令人反感的"行为，如切割（以及其隐晦的意味，屠杀）动物，转移到"社会生活的幕后"，以防止它们冒犯或扰乱文明知觉（Elias, 2012 [1939]: 122）。类似的行为变动还出现在许多不同领域中，包括对死亡和临终的管控，这是中世纪的大人与小孩经常遭遇的状况，而如今则变得越来越模糊不可见了（Elias, 2010）。

人们相互依赖的程度与日俱增，与之相关的压力也开始激增，要求人们通过新的方式管控自身行为，由此产生了行为指南。这些指南对埃利亚斯揭示"历史变化的根本秩序"这一任务至关重要（Elias, 2012 [1939]: 6），但是，行为指南并不只是具有历史意义。如今一些关于自我限制标准降低的讨论只有放在长远视角下考量，即与它们参与其中的文明进程放在一起考量才容易理解。目前对于社交媒体所创造的特殊"折磨"的反思恰恰印证了这一点。想要理解这些行为指南，我们可以回顾20世纪的一项规定，即人们不应当像过去的社会精英一样公开展现自己相对于他人的优越感。文明社会的成员应当实现更高水平的自我约束，避免自身举止羞辱他人，或者引发他人的恐惧和焦虑。他们有义务对他人表示更多的体谅，并将后者视作与自己平等的社会存在（Wouters, 1998）。

埃利亚斯在论述礼仪书籍的影响时，只解释了主要欧洲社会中各种关系的文明化。一个值得玩味的问题是，文明礼仪的出现是否与社会关系之间存在相关性。近期关于社交媒体上的互动如何造成公共领域感知力钝化的讨论应该能够消解有关"看似毫不相干领域的发展之间存在深层联系"的疑虑了。一个有用的出发点就是"网络松绑效应"，即人们能够放松来之不易的自我约束标准，而在面对面交往中人们通常需要遵守这一标准（Suler, 2004）。躲在幕后，并且在知晓自己可以免受传统社交境遇中耻感压力影响的情况下，人们可以随意地发表与近几十年文明趋势相背离的观点。厌女和恐同观点就明显是与文明社会惩治仇恨犯罪行为背道而驰的例子。这就是文明礼仪削弱的体现，即抓住机会辱骂或鄙视他人的行为已经发展到了前所未见的地步。

显然，人们更多的是对类似的行为感到厌恶，而不是注意到这样一个赤裸裸的事实，即某些个人或群体利用新科技来羞辱他人，并以此为乐，不惜触犯文明人士有责任进行自我约束的主流观点。公开带有种族色彩、极端恐伊斯兰主义以及敌视移民的民粹主义话语，已经和"松绑效应"联系在一起了。当人们重申当代民族身份时，当人们对全球自由秩序做出反应时，以及当人们尝试改变国内和国际权力分配格局时，人们的用语和感官都变得更为强硬，而"松绑效应"则被视为导致上述结果的罪魁祸首。用过程社会学的话来说，近期局内群体-局外群体的格局至少已经暂时改变了文明和去文明进程之间的平衡。

从长远角度来看，曾经看似牢固的行为管控出现了始料未及且令人震惊的松动，人们目前对此产生的焦虑来源于早已被大肆遗忘的负责标准设定的礼仪书籍。越来越多的人以一种意想不到的方式聚到了一起，而在这一持续性过程的早期阶段，上述礼仪书籍对行为内部约束的培养产生了影响。相关行动指南不仅塑造了文明社会的行为准则，还影响了管理欧洲专制主义宫廷社会之间关系的外交准则和仪式。从这些行动指南中可以看出，国际秩序里的局内群体是如何看待局外群体的。其中的关键就是，欧洲统治阶级成员坚信这些准则以及自身所属的国家社会是文明的象征或标志，而低等民族有理由被排除在这样的文明之外。

国际法律师亨利·惠顿（Henry Wheaton, 1936 [1886]: 243, 251）认为，"没有任何东西比国家间永久外交任务的制度更能明显标志现代文明的进步"，这里表达了一个由来已久的偏见；他补充到，"文明民族建立起了某种礼节制度"，它属于"行为准则"而非正式法律，并且能够指导"同一外交团体成员和同一宫廷中特派代表"的行为。局外群体，如东欧统治精英需要调整自己的行为以契合相关礼仪标准。许多人对于遵循超国家宫廷社会中贵族礼仪的外部压力的回应是，为外交官提供有关正确行为准则的建议。1601年提供给波兰大使的皇家指导就是很恰切的一个例子。皇家指导强调外交官的举止必须"具有男子气概且庄严得当，而非阴柔、幼稚、恐惧、羞涩、易怒或轻浮"（引自Bogucka, 1991: 201）。"一动不动看着接见你的人"这一要求就印证了这一点；外交官被告知"双手要平稳，没有一丝颤抖"，还被要求做到"眼睛不乱瞟，脑袋不乱晃"，或者"不捋胡须"（引自Bogucka, 1991: 201）。十分有趣的是，在西欧礼仪书籍之后出现了"避免咳嗽、吐痰、擤鼻涕、抓挠头部或身体其他部位"以及相伴而生的禁止"挖鼻孔、剔牙或咬嘴唇"的命令（引自 Bogucka, 1991: 201；另见 Elias, 2012 [1939]: 142ff）。这样的发展需要放在更广阔的局内群体-局外群体关系语境中理解，毕竟4年前，也就是1597年7月25日那天，伊丽莎白一世惩戒了波兰大使，原因是他不敬君主并违反外交礼仪，从而没有做到理解并尊重自然法和民族法（Green, 2000）。波兰人对于正确遵守外交准则的忧虑极有可能反映了之前的痛苦经历，即"身份降级仪式"，也就是英国贵族群体似乎想要通过公开惩戒和羞辱外来者来确认自己的优越性（Garfinkel, 1956；另见 Adler-Nissen, 2014 和 Zarakol, 2011：第2章关于世界政治中广泛存在的污名化现象的叙述）。

从1601年的皇家指导中可以看出，欧洲国际社会中的局外群体是如何通过遵循局内群体的风俗习惯来努力提升自己的身份地位的。之后更晚的一个例子则展示了19世纪末期欧洲人是如何污名化出逃至里约热内卢的葡萄牙宫廷的。葡萄牙宫廷成员对待身体的态度具有中世纪特征，就像16世纪访问日本的基督教传教士的态度一样。虽然人们对于身体清洁的关注让他们感到震惊，但是，出于罗马人对身体清洁态度的负面印象，他们仍旧不愿意遵循当地每日沐浴的习俗（Boxer, 1951: 83–4, 214）[8]。流亡的葡萄牙宫廷成员坚持"不清洗是一种荣耀"的观点震惊了来访的奥地利宫廷贵族（Wilcken, 2004: 180–1）。在另一个同样生动的例子里，一位德国特使将葡萄牙宫廷描述为欧洲版的"君士坦丁堡半亚洲宫廷"，并抱怨说葡萄牙国王把没倒干净的夜壶放在本应该用来会见贵客的房间里；还有，王储的裸泳吓到了贵族女眷，并且他在自己的军队面前排泄让欧洲军官们连连作呕（Wilcken, 2004: 211ff）。

随着全球联系的增加，国际建制派早已将非欧洲精英的行为判定为远远未及文明标准（Zarakol, 2011: ch2）。在欧洲关于其周边区域缺少文明的各种评估中，惠顿的"礼仪准则"（1936 [1866]）的影响清晰可见。

大约一个世纪之后，即将启程前往美国的中国特使收到了官方关于如何避免遭受东道主的谴责以及如何避免不必要的尴尬的指南，这一点十分具有启发意义。这本 1881 年为特使准备的手册由一名在华盛顿生活过数月的中国官员 Cai Jun 编纂而成，它详细说明了美国家庭和公共场所中所遵循的礼仪规则。手册说道，"如果你非要咳嗽，就必须用手帕捂住嘴，而且一定不能让鼻涕流得到处都是，也不能随地吐痰"（引自 Arkush and Lee, 1989: 53ff）[9]。该手册还提供了关于问候礼的建议，包括握手礼等；同时，它还指导应如何处理在正式和非正式场合与女士互动等新的社交行为（Arkush and Lee, 1989: 53ff）。

最后一个关于礼仪文明准则如何影响局内群体-局外群体关系的例子是对 1871—1873 年间日本大臣岩仓具视出访西方的反应。毫无疑问，对出访美国的代表来说，要想被文明社会接受就得把和服换成文明民族所穿的西式服装。与时任总统格兰特会面后，使团认为在以后的外交集会中不穿传统日本服饰是比较谨慎的做法（Gong, 1984: 20, 179）。等到 1872 年日本出访英国时，在 8 月由英国外交大臣格兰维尔勋爵举办的晚宴之后，瑞典大使馆的一名成员对日本贵客们所表现出的对"东方人"来说"异常之高的文明水平"感到惊讶（Kayaoğlu, 2010: 87–8）。使团成员因为之前决定穿着欧洲服饰而为自己打造了一个良好形象。然而，西方人对于到访的日本贵客的行为也不是没有负面评价。1860 年访问旧金山的使团就因为在公共场合裸体沐浴而引起公愤。随后，沐浴场所都挂了帘子以维护有关隐藏裸体做法的文明观点（Miyoshi, 1979: 78; Henning, 2000: 23ff）。

在那一时期，日本代表团似乎对公共场合允许摆放裸体雕像和画作以及正式着装准则中允许美国女士裸露肩膀的规定感到震惊（Miyoshi, 1979: ch2; Beasley, 1995: ch4; Kunitake, 2009: ch13 和 ch29）[10]。不同文明进程相会的客位意义，也就是本书序言部分中的第六项主题，在上述例证中表现得尤为明显。各方并不是以平等的社会身份相处的。在日本明治时期，政府政策出台新的有关基本礼仪的约束标准，为的是逐渐摒除在许多西方人看来是象征落后的行为。他们还通过立法来禁止如公共场合裸露身体、混浴、在公共场合小便等有损日本名声的野蛮行为（Benesch, 2015: 255–6）。在明治维新早期阶段，天皇象征着该"文明努力"的本质，他在穿着西式服装、食用西式食物、采用西式发型的过程中设立了新的社会标准（Benesch, 2015: 254）。改变日常行为的努力反映出西方政治权势集团和非西方外来者之间的权力不平衡，以及西方"文明标准"势不可当的全球统治，而这种"文明标准"反映了早已被人遗忘的礼仪书籍的影响。笔者将在第5章讨论文明行为的全球化时提供更多的实例。

许多学者宣称，对礼仪、礼貌的管控远远没有那么单纯或仅仅起装饰作用，相反，这是通过坚持自我优越性来支配权力的有效手段（Ranum, 1980）。虽说在理解国家形成的过程时，对礼仪、礼貌的管控看起来没有对武力和税收的管控那么重要，但其在塑造社会倾向中的作用则不可小觑。埃利亚斯对礼仪、局内群体–局外群体关系、污名化行为以及接受社会次等群体的压力之间的关系进行了分析，这种分析模式把握住了上述权力关系，为欧洲社会专项的古典社会学分析做出了原创性贡献。这一小节展示的是，对于礼仪礼貌的管控，不仅影响了文明国家成员之间关系的权力配比，还影响了他们对于不属于文明国际社会的外来者的态度。

最后一项评论是关于上述结构之中权力根源之间的关系。在其对欧洲国家结构形成和巩固的分析中，埃利亚斯（2006: 151）观察到，在某种领域的能力（如对礼仪和仪式的掌控）不仅依赖于与武力和税收垄断控制权有关的权力和威望等级，还可以对后者产生影响。也应据此理解那些为了管控人们适应社会的基本方式而做出的努力，正是由于上述逻辑，专制主义宫廷社会的统治者，如法国国王路易十四，在该领域进行了巨大投资。他们的努力不仅仅局限于国内，而且还试图通过控制文明行为的含义和增加政治军事权力这两者之间的相互作用来影响全球秩序。礼仪、礼貌的国际权术手段也应该放在该语境中考量。

暴　力

礼仪书籍反映并鼓励了文明人际关系中对于使用武力的倾向修正。这些修正后的倾向显示出，"此时的社会开始越来越限制威胁人类的真正危险了"（Elias, 2012 [1939]: 124）。对于刀具的态度变化就能说明问题。这些变化印证了这样一种情况，即与宏大的国家事务相比看起来"微不足道"或"不足为奇"的现象，实际上是更大规模社会与政治重组的一部分（Elias, 2012 [1939]: 118ff）。随着"社会内部绥靖化的演进"，长期以来被视作"攻击性武器"和"死亡与危险象征"的刀具变成了平平无奇的餐具（Elias, 2012 [1939]: 123–4）。在刀具仍旧属于"作恶工具"以及"威胁象征"的时代，行为指南力劝读者不要像"山里人"一样拿握刀具。他们强烈地警告用刀尖指人的行为，毕竟要考虑到依旧鲜明的"战争威胁记忆"，以及人们对于迫在眉睫的攻击所体会到的完全"合理的"恐惧（Elias, 2012 [1939]: 123ff）。在过渡时期，许多人感到荣誉受辱时，依旧

第 2 章 埃利亚斯对欧洲文明进程的解释

会快速诉诸武力来做出回应,在这一时期,新的自我约束形式对避免做出引发恐惧或愤怒的行为是至关重要的。相关礼仪书籍所要求的行为准则展示了人们是如何学习管控攻击性冲动的,尤其包括更加注意他人对自身行为的解读,以及自己的行为如何会无意间引发暴力行为,而占主导地位的群体对这些暴力行为的厌恶程度与日俱增。

正如先前所讨论过的那样,该分析强调了类似发展轨迹的非计划性本质。但是,意识到统治阶级后续为废除包括贵族决斗在内的传统暴力行为所做攻势的影响是非常重要的(Elias, 2012 [1939]: 439)。一开始,相关攻势在贵族群体中引发了强烈的反抗,因为对于他们来说,运用武力去捍卫荣誉是一种神圣的权利。在他们眼中,决斗是一种古老的贵族身份象征,是其相对于下层阶级优越感的一种永恒标志。然而,传统武力使用权首先被逐渐消解,之后则随着国家垄断权力的巩固以及与其同时进行的武士驯服行动的发展而被禁止(Elias, 2012 [1939]: 222, 409ff;另见 Elias, 2013: ch2)。

在诸如法国宫廷庆典等活动中,公共暴力行为曾被视为珍贵的组成元素,然而随着社会内部的绥靖化,人们渐渐认为这些行为是残忍且野蛮的。为证实当时所发生的变动,埃利亚斯(2012 [1939]: 197-8)提到了 16 世纪巴黎焚烧猫的习俗,而这种行为经常需要有国王和王后在场。对于类似行为的厌恶,以及从维多利亚时代起到现在,人们对于"猎兽活动"中虐待动物行为的容忍度不断降低,这些都代表了文明进程的总体路线(Elias and Dunning, 2008;另见 Thomas, 1984)。人们在展示动物的时候,采用了更加文明的方式,例如,1662 年路易十四在凡尔赛宫中建造了珍兽园,过程社会学可以通过关注这一点来加深对上述行为变化的研究。展示被驯服的野生动物不仅象征着王权对于自然的驾驭;在鎏金笼中展示因其优雅姿态而被挑选的非掠食性鸟类，为的也是让它们与宫廷名流的高贵姿态和文明举止交相辉映。在这一过程中，文森斯的古老血腥斗兽传统被取代。类似的暴力场景对于更看重"礼仪之景"而非"野性之景"的宫廷社会而言变得可憎起来（Sahlins, 2012: 250）。凡尔赛宫的珍兽园不仅仅是为了法国贵族精英的教育或娱乐而设计的，其功能更多在于向下等阶层以及到访的该国贵宾传递法国宫廷的权力与恢弘。

惩罚性措施的重建同样反映了暴力形式是如何逐渐被文明社会视作令人反感且格格不入的存在的。早期现代国家毫无愧疚之意地使用令人极度痛苦的刑罚，如焚烧、斩首、致盲和截肢等来折磨和侮辱罪犯，痛苦的刑罚能够持续好几天。这些刑罚经由精心设计，展示了公共折磨和国家权力，为的是将恐惧植入臣民心中。具有同样效果的还有公开处刑罪犯和政敌。那一时期，人们经常大批聚集在城镇中心来观看囚犯的暴力死刑现场。过程社会学的研究展示了后来人们对于包括死刑在内的"残酷公众刑罚"的态度转变对文明进程方向的预示（Pratt, 2004）。许多涉及文明趋势但未采用埃利亚斯式立场的研究阐明了这样一种总体趋势。这些研究展示了在19世纪的英国及其他国家，愈加强大的中产阶级群体表达了其对于下层阶级"狂欢式"聚集的麻木无情之嫌恶，以及他们漠视受害者所遭遇的创伤性经历之反感。改革机构实施极具影响力的"文明攻势"以将囚犯处刑移至"幕后"（Gatrell, 1994）。其他研究则展示了死刑与文明社会不相符合这一道德信念是如何从20世纪中期开始收获大批公众支持的（Taïeb, 2014）。随着文明进程的发展，人们对受害者所遭遇的苦难有了更深的担忧，埃利亚斯对此进行了讨论，并得到了其他研究的广泛肯定。埃利亚斯认为，由国家领导的社会组织新形式造就了复杂的相互依存关系网，随着人们加入这张关系网，人与人之间的情感认同程度有了提高的趋势，但并不是以一种均衡或单一线性的方式，其他研究强化了这一观点。

由于人们对于暴力的态度发生了变化，公开反对死刑以及其他被视作残忍的行为，不人道且具有侮辱性的刑罚成了文明民族的"第二本能"或习惯使然。类似的变化进一步佐证了埃利亚斯文明进程分析的主要论点，就像在人们日常生活中所产生的"纠结"那样。这些"纠结"的出现与死刑和"酷刑辩论"有关。美国社会反复争论的议题就是：死刑是否符合"不必要苦难"这一文明理念。声称通过不会引发痛苦的注射手段来人性化死刑的方式被认为是违反了1791年美国宪法第八修正案，因为该法案认定"残忍且不寻常的刑罚"是违法的（Gatrell, 1994; Banner, 2002）。美国司法系统中专家的法律考量和公众辩论的中心议题是，"医学式"杀戮会不会不可避免地造成无法接受的身体疼痛和精神痛苦。就如第 1 章所提到的那样，有关计算痛苦等级的类似争议，出现在对于小布什政府企图将酷刑定义限制在引发极度痛苦的审讯手段这一做法的考量之中。2004 年12 月的《列文备忘录》反驳了这一基本前提，并称，目前并不存在"精准、客观且科学的疼痛衡量指标"（Greeberg and Dratel, 2005: 2340–2340a）。与早些时期，即国家权力限制几乎不存在的时期的对比，反映出有关暴力和苦难的文明感知的独特性。

伯克和米尔著作中的话语曾经被用来描述欧洲文明进程的关键特征。出自米尔著作中的一句引言有效概括了文明自我形象的元素。在其关于文明的论述中，米尔（1977 [1836]: 130–1）提到了旧时人们"对于人类苦难的漠然"，并补充道，"他们所引发的痛苦……在他们看来并没有像其在我们看来以及真的对我们来说那样邪恶，同时，这种痛苦也没有损害他们的心灵"。他观察到，现代时期，施加痛苦的行为"越发被排除在享受文明福利阶级的视野之外"。确实，这种行为已经"在普遍认同的情况下被分配给了一小部分特定阶级：如法官、士兵、外科医生、屠夫以及行刑者"（Mill, 1977 [1836]: 130–1）。他写道，"教化的很大一部分"在于"不仅要避免真实苦痛的出现，还要避免任何具有冒犯和另类想法的出现"（Mill, 1977 [1936]: 130–1）。

该引言的第一部分印证了埃利亚斯关于暴力行为"不断升高的嫌恶界限"的讨论，即人们对于"侵入"社会交往的暴力感到越来越震惊和厌恶；同时，与中世纪的先辈相比，近代民族很少在公共场合目睹暴力行为，因此，这更加重了他们对于暴力的反感（Elias, 2012 [1939]: 90; Mennell, 1998: 106）。简而言之，随着国家对胁迫手段的垄断控制的出现，以及人们一方面因为害怕外部制裁，另一方面出于自我控制或良知，从而遵循社会准则，由于这二者之间的力量平衡发生了变化，人际暴力的水平总体下降了，即便不是十分均衡（Pinker, 2011: ch3 有关该文明进程分析所做的详细文献综述）。从这一立场来看，文明民族害怕如 IS（伊斯兰国）等组织的"中世纪野蛮行径"也就不足为奇了。而此处的"野蛮行径"不仅仅指斩首俘虏，还有将这些野蛮举动放在网上传播以恐吓文明民族并灌输恐惧的行为（Steele, 2019: ch5）。

米尔言论的第二部分，也就是描述士兵在文明社会中所处地位的那一部分，反映了埃利亚斯的论题，即随着内部绥靖化的趋势，国家控制的武力手段被局限在远离公众的"营地"中。一般而言，这些人只有在"战争或社会动荡"等紧急情况发生时才从隐蔽的"仓库"中现身（Elias, 2012 [1939]: 411）。更进一步的观点是，社会已经习惯于将血腥暴力行为分派给诸如屠夫之类的专业人士来进行，而他们通常都是在不会冒犯文明感知的隐蔽场所执行自己的工作。埃利亚斯巧妙地说明了这一点，他声称大多数人都认为像警察，或

第 2 章 埃利亚斯对欧洲文明进程的解释

是米尔例子中的行刑者等国家官员应该遵循管控武力的社会规则。人们期望这些国家官员遵循禁止不必要暴力和残忍行为的现有法律和道德准则。此时，我们有必要回顾近期酷刑辩论的关键特征。公众对国家以文明方式行使胁迫权力的期待解释了为什么西方政府"因惧怕被免职"或"被文明民族排挤"而不能公开承认使用酷刑或考虑使用酷刑。同样能够说明问题的是，就如之前提到的那样，官方对酷刑定义的考量发生在幕后，并且要规避公众争议和近距离审视。对于武力使用限制的放松只存在于"营地内部"。通过把"非法战斗人员"送至关塔那摩监狱，以及采用"非常规引渡"将恐怖犯罪嫌疑人送去同盟国的隐秘"黑牢"，政府回避了关于诉诸深度审讯技巧的限制（Barnes, 2016a）。果不其然，2004 年流出的照片显示，阿布格莱布监狱囚犯遭受了痛苦和侮辱性对待，而这种公开与文明理解冲突的暴力行为引发了人们的反感。这些例子提供了令人不悦的信号，即文明化的军队人员可以迅速沦落到像战争时期的野蛮敌人那般残暴的境地；而之所以如此并不仅仅是因为文明与野蛮话语是具有影响力的"释放信号"。此处，我们有必要回想起埃利亚斯强调过的两点：文明与去文明进程总是共存于同一个社会；文明对于暴力的约束在缺乏安全感的情况下会"迅速崩溃"，而这种速度比许多民众所意识到的要快得多（Elias, 2012 [1939]: 576）。

米尔有关文明所做评论的第三部分识别出一个可能引起文明民族不快的主题，即在很大程度上，教化体现在避免"冒犯性"或"不和"之物；或者用埃利亚斯的话来说，教化体现在将这些东西隐藏在"幕后"。特别重要的证据是，当他们担心自己的安全时，大部分人似乎都愿意对一小部分违反文明准则的行为视而不见；同时，许多人会支持更加严重的违反行为，前提是它们要在暗处进行，而且不会公开地与所宣称的道德信念背道而驰。可以说，文明进程的影响经常展现在国家对于违反文明准则所造成的名誉损失的担忧中。阿布格莱布监狱的虐囚照片就能说明问题：这些照片引发了针对军事人员中"少数行为可憎之人"的谴责；而军事人员，用米尔的话来说，则是被"委任"为了整个社会的福祉而使用胁迫工具的人（Tucker and Triantafyllos, 2008）。这其中所暗含的意思便是，美国武装力量中的"少数精英"没有成功履行文明民族的责任。通过类似的手段，国家政权成功保住了本国尊重文明惯例的名声，包括对于残忍和过度暴力行为毫不留情的谴责。埃利亚斯对于文明社会中存在的这些潜能再了解不过了。与认为他提出了美化过的文明之景的猜想不同，埃利亚斯的分析意识到了让文明民族的生活复杂化的紧张与矛盾。

在即将结束此部分研究之时，回想一下礼仪书籍是如何区别欧洲社会中文明化程度更高和更低群体，以及将全球秩序中局内群体-局外群体之间类似的比对联系在一起的，或许会对我们有所帮助。社会内部对于暴力行为的态度变化具有类似效果。对于更大程度的人类个性化，即一个逐渐分化或分离的过程，或者用埃利亚斯（2010c: part 3）的话来说，一种"集体-个人平衡"（见本书关于人权的讨论）的总体重建来说，有两条相互交织的路径是必不可少的。第一，埃利亚斯对于文明礼仪出现的分析强调了，在针对身体的情感态度得到修正的背景之下，人与人之间竖立起的屏障。在"集体-个人平衡"重建中，后来被叫作隐私权的概念体现了个体化的不断深化。第二，作为同一过程的一部分，人们要求身体完整性，或者说要求对自己的身体拥有控制权，而这与国家权威思想背道而驰；后者认为，对臣民的伤害是合法的惩罚措施，是绝对权力的象征符号。中产阶级废除司法酷刑和停止残忍及侮辱性惩罚形式的文明运动并不止局限在国家内部。在全球实现禁止酷刑和废除死刑的努力进一步体现了欧洲文明进程的发展历程，在该阶段中，普世平等道德原则开始对社会和政治组织的塑造产生影响（Schabas, 1997；另见 Manners, 2002; Hobson, 2013）。所有这些发展都必须被看作一个长期趋势的一部分，埃利亚斯（2012 [1939]: 89）对此趋势进行了总结，他引用了卡克斯顿（Caxton）1477 年《礼仪之书》中的关键段落，即"曾经被允许的事情现在都被禁止了"。这一观点明确了一个事实，即许多人意识到社会标准正在发生变化。对于"整项运动"，也就是对即将到来的文明进程而言，这句话是有用的"格言"（Elias, 2012 [1939]: 89）。但文明进程并不是注定要无限延续的运动，无论在国家组织社会内部还是在其外部关系中。

▶ 去文明化进程，欧洲中心主义和进步

过程社会学家一向很难摆脱研究文献中反复出现的猜想，即认为埃利亚斯的文明进程分析重组了一些 19 世纪宏大叙事中的进步理论。有观点认为，大屠杀否定了一切有关欧洲曾经历过"文明进程"的信念，这种论点印证了对于埃利亚斯研究方法长期存在的误解（Bauman, 1989；另见 Dunning and Mennell, 1998）。然而，在其主要研究的前言部分，埃利亚斯（2012 [1939]）再清晰不过地陈述道，他的目的之一就是理解"笼罩我们生活的"欧洲社会和政治动荡。在这一语境下进行的研究致力于解释一个危机四起时期的社会和政治进程。直到更加晚些时候，埃利亚斯才在《德国人》（*The Germans*）中运用诸如"文明崩溃""倒退至野蛮时期"等概念来反思纳粹屠杀如何会出现在高度文明化的欧洲社会（Elias, 2013 [1989]: 233ff）。

研究集中关注处于濒危文明进程中心的社会、政治力量和心理变化之间的相互依存关系，确切来说，就是阶级斗争和国家形成之间的关系，国内和国际政治之间的相互作用，以及在内部政治和国家间政治单元关系中对于暴力的惯常情感态度。该研究特别关注国家结构的形成，并考虑它们在施加外部行为限制中的作用。当然，就如之前讨论的那样，这些外部限制后来逐渐转变成了内部限制。当稳定的国家制度是公共秩序的终极保证者时，内部限制的"第二本能"特质不会被简单消解。然而，只要人们因国家权力和权威的衰弱而担忧自己的安全时，内部限制就很容易崩塌，这种情况在国家结构最初就没有得到发展时更为严重（Elias, 2012 [1939]: 484–5, 576）。随后，对国家机构控制权的争夺和使用暴力工具打败内部敌人的斗争会迅速升级，从而造成文明进程和去文明化进程之间力量平衡的急剧变动。

埃利亚斯对这些倾向的主要研究集中在对于德国社会、政治发展的考量上。此处笔者只能对其研究的关键主题做一个简要总述。一个中心论点是，贵族武士传统在德国存在的时间比其在英国、法国等同类社会所存在的时间要长。德国并没有出现发生在英、法等国的变革方向，即资产阶级逐渐进入一个中央集权的宫廷社会，并在其中获取更大的权力（Elias, 2013: 54ff）。在1871年俾斯麦领导德国实现统一前就存在的宫廷斗争延续了贵族对资产阶级的霸权；资产阶级虽信奉普世平等原则，然而收效甚微。受独特的阶级力量平衡以及德国国家形成本质的影响，认为武力是解决内部和外部斗争必不可少的手段，这种根深蒂固的观念得到了强烈支持。人性道德准则在德国统一前后本来就没有太多政治权力，在纳粹时期则干脆化为齑粉。再者，广义上的国家间斗争在德国政治发展的独特特征之一上留下了印记：相比于法国的普世文明理念，德国集体更加

第 2 章 埃利亚斯对欧洲文明进程的解释

青睐文化（kulture）这一"褒义词"。国家社会主义彰显了在相互联系的国内和国际危机语境下，控制武力的文明限制所具有的异常脆弱性。即便后来的过程社会学研究和其他研究坚持认为，战争时期的种族屠杀是分开进行的，而且被小心翼翼地安置在了"幕后"，但国家社会主义还是揭示了国家垄断权力是如何被用来组织机构化的大规模屠杀的（de Swaan, 2001, 2015）。

前文提到过埃利亚斯的一个发现，即欧洲民族被发生在纳粹政府时期的去文明化进程打了个措手不及。社会和政治领域的主流倾向让许多人忽视了此般恐惧会在欧洲大陆爆发的可能性。不出所料，文明社会的民众深深震惊于死亡集中营的景象，震惊于一个进步社会竟能组织起如此大规模的杀戮。这些画面与默认文明民族优于其先祖以及非西方野蛮人的预想产生了冲突。"几乎全世界都反感"杀戮，这反映了人们的一种假设思想，即"如此野蛮暴行不可能发生在 20 世纪的"文明社会（Elias, 2008e: 124）。至关重要的一点是，纳粹的种族屠杀"充当了一种警示"，即近代对于暴力的限制并非文明社会的"天性"，而是"一种可能被逆转的社会发展"的特征（Elias 2008e: 124–5）。埃利亚斯把德国所表现的独特特征放在文明进程的语境中考量，并建议不能因此就认为德国永远将会是欧洲发展主要路径的唯一反例。德国的国家形成和去文明化进程之间的关系不应该阻碍人们认识到：尽管现代社会具有前所未有的组织能力，但依然可能"倒退至野蛮时期"，如现代社会利用官僚控制模式来实施工业化杀戮。文明进程与去文明化进程之间的力量平衡会发生倾斜，而这种倾斜则会导致类似的暴力发生，没有哪一个文明社会可以确保永不受此影响。

埃利亚斯相信，对于文明自然状态的预想帮助促成了"种族屠杀不会出现在这一区域"的神话，但是他并没有就此进行深入研究。

要想继续研究，则必须了解欧洲国家是如何通过对非欧洲社会的殖民来建立其在科学、技术、行为礼仪方面的全球优越感的，又是如何有信心得到全世界的响应的。埃利亚斯所描述的"现文明进程阶段非欧洲统治精英将欧洲信念和习惯纳入本民族道德准则"的行为毫无疑问强化了欧洲优越性和区别性神话，即坚信欧洲人已经通过自身的努力达到了一种进步状态，并据此推论出其主要挑战是将文明输出至落后地区（Elias, 2012 [1939]: 426）。就像之前讨论过的那样，后殖民主义对过程社会学的批判在于其所认为的"文明孤立主义"。然而，我们有必要问一句，通过解释殖民时代所发生的全球权力变动如何导致"欧洲文明是自然发生而非受惠于广泛的全球联系"这一观点，埃利亚斯的视角是否为后殖民主义社会学做出了贡献？毕竟全球联系是后殖民主义学者所研究的话题。先前埃利亚斯引言中的斜体部分引发了其是否意在强调欧洲人逐渐认为自己在不同领域总是处于上风的疑问。那一段话描述了欧洲世界是如何坚信"它的技术……它的礼仪（以及）它的科学发展"具有"独特品质"，而不是在吸收、扩充之前发生在其他地区的科学、技术以及其他突破性成就。埃利亚斯在原文使用斜体的理由并不明晰，但是该论述可以被认为在暗示，在新的权力平衡语境下，欧洲民族构建了这样一种自我形象，即不依靠外来者社会的科学、技术等成就的全球统治力量。至少，这一观察粗略解释了"文明孤立主义"话语的发展，该话语导致了危险的自我幻觉的出现。简而言之，高度理性并且成功驯服了暴力的欧洲社会与杀戮不休的非欧洲部落民族之间的强烈对比促进了"种族屠杀永远不可能出现在文明世界"这种默认预想的传播。

由此，过程社会学的核心概念就能够被用来解释帝国主义时期文明优越性和文明孤立主义的出现了。即便如此，后殖民主义依旧有理由认为，埃利亚斯关于海外扩张和文明进程之间关系的零碎发现没有能够完全理解欧洲人对于纳粹种族屠杀行为所感到的措手不及以及后续的震惊。近期有关大屠杀的研究强调了希特勒在抵抗犹太"入侵"的反殖民斗争中的形象，以展示污名化种族"劣性"这种帝国主义行为对于国家组织的工业化杀戮必不可少（Moses, 2010）。在他们自称的与布尔什维克和犹太人的生存战中，纳粹政权将殖民权力在与非欧洲"野蛮人"打交道时长期使用的暴力手段带入欧洲，进而坐实了由罗莎·卢森堡和其他人所做的预测，即帝国主义暴力将会重返欧洲大陆（Moses, 2008）。不可避免的一个问题是，如果殖民屠杀的历史在他们的记忆中更为牢固，如果他们不轻视一场政治运动竟能控制国家垄断暴力并在所谓的生存之战中驾驭殖民和种族意象这样一种可能性，欧洲人是否能够为"文明崩溃"做更充足的准备，是否能够更好地抵抗或预防纳粹"去文明化"的攻势呢？但这不仅仅是公众意识中所欠缺的，同样的欠缺还贯穿古典社会学传统，而埃利亚斯的著作也是其中的一部分。

▶ 结　　论

本章表明，埃利亚斯的文明进程分析试图解释国家形成、内部绥靖化、相互依赖关系网的延长、复杂社会分工的发展、阶级关系变化和人们情感生活中的主要变化之间的联系。这种情感变化表现在人们对暴力行为的反感程度增加，以及对羞耻和尴尬的新表达方式，由此可以看出主要礼仪书籍中的社会标准发生了演变。埃利亚斯的主要论点之一就是，随着主流观点对于文明社会中什么是禁止的、什么是允许的看法发生了改变，内部限制相对于外部限制的影响，或者说二者之间的力量平衡，也因此而发生了变化。该研究将有关文明的静态观点，即有着不变性内涵的观点，替换成了流动的、不断变化的文明进程观点。正如本书导论中所讨论过的那样，过程概念被用来解释未完成的、可逆转的发展。变化的总体方向并不是恒久不变的，而是很容易被削弱的，尤其是当人们对于安全的恐惧上升时。作为更具总括性的长期过程研究的一部分，社会内部和社会之间动态关系的复杂依赖得到了异常多的强调。对埃利亚斯来说，这些相互关联是理解文明社会内部群体斗争和国家间冲突如何导致暴力限制瓦解的关键。由此，埃利亚斯对文明进程的独立研究挑战了更为内化的文明观念，这种观念巩固了近代民族的集体自豪感，同时也让他们忽视了文明生活中的缺陷与局限性。

就像本章最后一部分所论述的那样，埃利亚斯的视角并不是关于欧洲崛起的必胜主义阐释，而是对欧洲文明进程的非评估性解释。通过审视影响欧洲国家形成的国内和国际政治斗争之间的联系，埃利亚斯预估了更近期的有关国家结构的分析。但是，由于其没有足够关注国家形成、殖民统治和文明话语出现之间的关系，此种方法目前看起来有些过时了。埃利亚斯意识到"文明"对于欧洲殖民扩张的重要性，但是他没有系统性地分析欧洲全球统治权威和非欧洲国家之间的关系如何塑造了文明自我形象。因此，想要进一步发展埃利亚斯的研究，就必须解释在帝国主义和后帝国主义时期，国家形成、殖民主义和国际社会之间的相互依存关系是如何影响文明进程的，接下来的一章将讨论埃利亚斯对应用在文明社会内部关系和文明社会之间关系中不同限制标准的分析。第3章强调，国家内和国家间对于暴力限制的差距在欧洲与被殖民民族中更为明显。之后的三章，也就是第4—6章进一步扩大了讨论范围，具体内容包括：欧洲文明标准揭秘了国家形成、帝国和国际社会之间的关系，该标准如何在19世纪末期到20世纪中期左右塑造了国际秩序的主导形象，及其近期议题揭示了哪些关于全球文明或世界文明的进程前景。

第 3 章

民族国家、战争和人类平等

第3章 民族国家、战争和人类平等

埃利亚斯对于文明进程的探究主要集中在解释主导欧洲社会内部的长期发展上。但是，就如本章所解释的那样，他的研究内容还包括用暴力工具垄断控制权的国家之间的关系。就像序言中提到的那样，埃利亚斯坚决拒绝任何忽视社会间关系的过程研究，这一点在其同时代的社会学家中十分罕见。在其所有著作中，而且常常是在某些出人意料的地方，如近代社会关于死亡的态度以及关于知识社会学的论述中，埃利亚斯回归到了一种关于国家间关系对于人类社会形成和转型影响的讨论上（Elias, 2007, 2010）。他认为，分析国家内部和国家之间"发展路线"的不可分割性，超越了古典社会学传统的主流迭代，代表了社会学的一次重大进步。

为什么埃利亚斯要在文明进程研究中给予国际领域如此突出的地位？答案是，在文明实践发展过程中处于核心地位的现代欧洲国家，同样也是文明实践存亡所面临的主要威胁之一。埃利亚斯（2010: 5）提到了国家形成的"双面性"以描述人类历史中反复出现的特征，即"内部绥靖化"与"外部威胁"和永久战备状态共存。最近一个世纪反映了这一长期存在的状态。和平化现代社会取得的成就催生了复杂的社会联系以及与此交织的、对于文明或文明化关系本质的预想。但是，内部绥靖化的国家深陷复杂的竞争关系，而后者经常以触目惊心的暴力作结。它们不断地展示出这样一种意愿，即在军事冲突中引发人类苦难，而这种苦难的程度之高，与其声称的文明行为标准不相符合。再者，稳定的国家社会组织由于拥有强大的国内支持，并且得益于公共税收垄断控制的庞大财政储备，积累了前所未有的军事实力。现代民族能够引以为豪的是，当他们在各自社会内部进行日常公共交往时，相对而言不会遇到暴力威胁。然而悖论在于，人们极有可能遭遇暴力的场所，不再局限于遥远的战场，而是可能出现在人口密集的城市中心。在后"二战"时期，文明人类习惯于民族国家内部的高度个人安全感，但是他们同样能够意识到具有大规模毁灭性的核战争所带来的真实的危险（Elias, 2007: 137ff; Elias, 2010: 125ff）。

结果就是，近代国家间关系与"原始"战争时期的社会间关系相比，并没有本质上的不同，或者说，并没有显著文明化（Elias 2007a: 125ff）。现实情况是，"一种不寻常的分裂模式贯穿了我们的文明"，而这种分裂体现在国家内部和国家间对于文明行为标准的明显双标之中：一方面，"国家内部事务"的文明行为标准是，"针对人民的暴力是被禁止并且是可能受到惩罚的"；另一方面，在"国家间关系中则推崇另一种准则"，即对其他国家使用武力的国家受到"高度赞扬"（Elias, 2013 [1989]: 190–1）。民族间关系的一个长久特征就是，无论"野蛮"或"文明"，在一个领域中被禁止或制裁的暴力行为，在另一个领域中则"多半受到褒奖"（Elias, 2013 [1989]: 191）。有观点认为，埃利亚斯支持现代版本的进步论，而上述评论进一步凸显了这种错误认知。

本章第一部分概述了埃利亚斯对于国内和国际政治领域之间的永久对立所持的立场。第二部分将转向研究该方式下存在的疑似对峙，同时也是一部早期著作的起点（Linklater, 2016: 导语），即认为民族间关系从所谓的人类蛮荒时期开始就没有在主要方面发生变化，与近代民族震惊于种族屠杀这一观点之间的对立，就像钉对暴力和文明的标准态度为效仿欧洲文明进程的学徒所指引的方向那样（Linklater, 2016：导语）。埃利亚斯对于"民族国家规范准则两面性"，即马基雅维利治国理论支持者和基本个人权利支持者之间反复出现的对立，进行了巧妙的讨论，我们将对此进行考察，进一步深入研究上述话题。这一概念反映了一种经验主义事实，即文明民族不仅仅在同一社会中，与各种各样由于人与人之间复杂的相互依存

第 3 章　民族国家、战争和人类平等

关系而造就的道德问题做过斗争，还在与其他社会的冲突之中，对文明民族有义务进行武力约束这一道德宣言进行过斗争。马基雅维利式的权力政治观念和呼吁控制武力的规范主义之间所产生的对峙被植入文明社会，以及基本由其一手塑造的全球秩序之中。

就像第 1 章中所讨论的那样，文明社会的独特"折磨"体现在关于"反对酷刑标准"的不同立场之间的对峙中。通过"酷刑辩论"可以看出，有关武力道德的讨论为何会在文明社会出现，以及马基雅维利观点支持者和人本主义道德准则支持者之间的力量平衡为何会以出人意料的方式波动。这些辩论的存在印证了文明国家外交政策视角的独特特征，与这些特征共存的，还有贯穿人类历史的国家行为之间存在的惊人相似性。前者通过引入独特的伦理争议和纠葛，修饰了国家社会组织的两面性本质。民族国家道德准则的普世和平等维度在多大程度上为全球秩序的文明化带来了新的可能性，是之后会讨论的一个引人深思的问题。

与后殖民主义的感知相呼应，本章的第三部分会分析出，"文明内部的分裂"在"文明"与"野蛮"的殖民关系中比其在"文明"民族之间的关系中更为深刻。文明话语被用来佐证殖民暴力，就像用马基雅维利的观点来佐证社会间关系中出现的道德约束松弛一样。但是，反映道德准则两面性的一点是，许多批判滥用帝国主义权力的观点试图让殖民权威遵守对文明进程来说必不可少的普世和平等准则。第四部分讨论了从 19 世纪中期出现的类似趋势，即人们利用文明理念，提倡欧洲国际社会主权国家在打交道时，尊重新的暴力约束标准。通过尝试在全球秩序中植入新的人道主义战争法则，改革主义组织致力于改变马基雅维利式外交政策与普世道德立场之间的力量平衡。他们的文明化遗产包括，"二战"后建设普世人权文化的提议、国际刑法的创新以及对人道主义干涉更为纵容的态度，在

两极时代末期这种态度有过昙花一现，但在反对趋势再度占领上风后就消失无踪。埃利亚斯对国家间关系的反思为考察文明社会中类似力量之间的平衡波动提供了一种独特的方式。

▶ 国内和国际政治的两种逻辑

埃利亚斯观察到，在缺少一个更高垄断权威的情况下，依靠暴力工具的累积来保证自身生存和安全的国家社会组织之间极有可能发生竞争和冲突；而这一点和国际关系研究中的古典国家中心现实主义之间存在相似性（Elias, 2012 [1939]: 296–7）。两种学说的共同立场是，坚信社会被困在一种可悲的境地中，而这种境地并非它们自己所制造，同时也很困难，甚至不可能逃脱。这种惨淡的阐释包含在埃利亚斯的论述中：他说，在关键方面，近代国际关系与人类社会"所谓的'蛮荒时期'"（也叫做"没有国际垄断力量"时期）中的族群间关系并无太多区别（Elias, 2013 [1939]: 190）。埃利亚斯的另一则论述也描绘了同样黑暗的画面，即除了杀戮手段和被卷入的人数以外，被其称作生存单位的行为体之间的关系并无多少变化（Elias, 2007: 175; Elias, 2007a: 128–9）。现代国家间关系映射出人类历史中反复出现的模式。欧洲国家是争斗不休的贵族之间的"淘汰赛"，或者说是造就新型领地权力集中的"垄断机制"所产生的意料之外的结果（Elias, 2012 [1939]: 301ff）。随着固有领地集中制的建立，暴力竞争逐渐得到了抑制，但是，传统淘汰赛以及权力垄断并未就此停止。他们上升到了新兴国际领域，并且逐渐扩展至全球。

从这一视角来看，过去几个世纪的国际政治就是一长串事件，也就是不同类型"生存单位"（如城市国家、早期国家以及古代帝国）之间的冲突造就更大的领地权力群这一事件的一部分。许多生存单位因为内部暴力权力斗争以及（或）战争还有国际竞争的高昂经济、政治成本而内部瓦解。即便如此，走向前所未见之大的"生存单位"这一明显趋势塑造了百年来的人类历史。这一主导趋势完全可以一直继续下去，直到拥有暴力工具垄断控制权和能够实现人类整体和平的全球政治机构的出现（Elias, 2012 [1939]: 287）。埃利亚斯说，一个全球文明进程是否能发展起来尚存疑虑。但无论未来如何，族群间暴力的规模在连续不断的"淘汰赛"中也已经有了增长。与20世纪全球化工业战争相比，在人类历史的大部分时期，多数"生存单位"都是曾经应付本土危险并实施小规模军事攻势的"攻击−防御"组织（Elias, 2012b: 133–4; Kaspersen and Gabreil, 2008）。后"二战"时代出现了埃利亚斯所称的"毁灭单位"，即可以在斗争中毁灭对方以及多数人类和自然界的存在（Elias, 2010c: 186ff）。需要回答的问题是，现存危险是否能对超级大国对峙起到驯服或文明化的效果。还有，外部强制措施是否能够促使各国合作，避免根源于过去大国斗争的霸权战争（Elias, 2010: 90ff, 119ff）。

埃利亚斯的论述，即近代国家既是文明进程的反应炉，也是其生存的主要威胁。这一论述在关于毁灭性力量的细致解释中得到了进一步发展，国际关系现实主义理论中也有过类似解释，但是二者之间存在显著区别。对物质利益的关注大体上是现实主义研究方法的中心，而这些研究方法也因此被批判忽视了群体情感，如恐惧、愤怒和憎恨在国家间斗争中发挥的作用（Bleiker and Hutchinson, 2014）。埃利亚斯式社会学则没有这样的指责，因为其研究提供了一个更加全面的社会学调查视角，探查了斗争中的情感维度，这种斗争将国家困在了不受控制的暴力过程之中。

该分析模式的中心就是"两难过程"理念，它指的是因为"管控危险的能力不足"，从而促成了幻想程度过高的世界观的出现，进而导致对峙升级（Elias, 2007: 116, 137）。这一概念捕捉到这样一种现实，即"人类对某一领域的事件越是无法控制，人们对该事件的想法就越情绪化"；还有，"人们的想法越是被情绪和幻想左右，人们就越不能建立关于这些联结更为精准的模型，从而也就越不能更好地控制它们"（Elias, 2012b: 152）。长久以来，国家间斗争都为具有这些特质的两难过程所左右。在该领域，主要成员通常都认为自己"一律很优秀，而敌人或者对手则基本一无是处"，并且"糟糕透顶"（Elias, 2007: 9）。在这种情况下，文明社会内部"最优质的少数人"与其他族群中"最劣质的少数人"之间形成了强烈对比（Elias, 2007: 11, 160ff）。由此，各成员就可以认为他们的深度恐惧以及采取的行动，具有不言而喻的"合理性"和"正确性"；每个成员也能把自己的焦虑和不安归罪于其他人；同时，每个成员还可以坚定不移地相信，只有打败或消灭敌人才能维护自身安全（Elias, 2007: 171）。

还有，随着相互强化恐惧和怀疑的恶习日渐加深，各竞争对手发现以一种"超脱的态度"，或者说实事求是的方式，从"全局"来看待"自己和他人"，变得越来越困难了（Elias, 2007: 11）。在短时倾向占主导地位的情况下，"人们对于自己和他人"的印象可以变得"惊人的简单化"（Elias, 2007: 9）。不同群体由此陷入了一种极端的教义僵化，而与之相伴的还有"回应性污名化"模式；后者使得不同群体之间的关系变得更加不可预测以及更加危险（Elias, 2007: 159, 173）。由此，对于两难过程的分析总结了恐惧、不安全感，以及包括敌对关系加深和战争风险升高等预料之外且不受欢迎的事件之间的相互依存关系。这些过程位于埃利亚斯研究视角的中心，他的研究内容包括国内政治与国际政治的反差，还有相对于社会内部文明进程而言的全球文明进程所遭遇的阻碍，这种全球文明进程能够减少国内与国际政治之间年深日久的差异。

在这个节点，回归到对于过程社会学工作原则的讨论对我们来说是有帮助的，尤其需要回顾的是，对于计划之外的社会进程而言，要获取关于它的"现实一致性"知识，"超脱式绕行"是否是必要的，这也是序言中讨论的第八大主题。正如上文讨论所示，超脱问题不仅仅局限于有关社会学研究目的的专家讨论中。通过两难过程可以看出，社会族群是如何因过多地卷入怪罪对手的行径，从而无法理解他们自己是如何被推向无人预见也无人向往的方向的（van Benthem van de Bergh, 1986; Elias, 2012b: 161）。

埃利亚斯关于社会间斗争中卷入大于超脱现象的研究利用了序言中所讨论过的另外两个主题：社会学家作为"神话（或幻想视角）毁灭者"的形象，以及社会学家必须将社会研究从对民族国家的单一依附解放出来并提倡"'人本'倾向"的论点（van Benthem van de Bergh, 1986）。将这些主题联系在一起对于进一步研究"人类群体相互构成的危险根源"之一是必要的，即研究个人将部分"自爱"投射到提供强大的集体"身份"感和"归属"式情感回赠的"特定社会单元中"这样一种"显著倾向"（Elias, 2007: 8）。一些政治领导人或群体提倡采取更加超脱的分析方式，来研究谈判与和解的前景，而个人自尊与群体自豪之间的联系如何让他们因此被指控为软弱，甚至不忠，是值得进一步探索的问题。人们对上述行为的反应，巩固了施加于对外政策行为和全球秩序结构之上的"文明内部分裂"力量。由此产生的结果是，不同时期的国际关系出人意料地相似。不过埃利亚斯补充到，随着民族国家双重道德准则的发展，文明社会中出现了有细微区别的道德视角。

第一章通过参考美国政府公告中向"文明之敌"开战的话语和公众对于"9·11"空袭这一民族耻辱的回应，探究了上述主题。对于酷刑限制的松懈或许证实了埃利亚斯的论题，即社会间敌对关系的核心方面对未来走向并没有乐观预期。一个关键性问题是，从长远来看，会不会有一种跟上述趋势相反的倾向占据上风；或者更确切地说，在内部约束和外部约束的关系之中，是否很快会出现一个与欧洲文明进程的大致路线相呼应的全球文明进程转向。

此处，我们需要考察埃利亚斯与范·本特姆·范·德伯格之间的分歧（Mennell, 1998: 219–23）。在关于核武器的主要过程社会学研究中，后者将恐怖均衡描述为"垄断权力的功能对等物"，即谨慎、自我约束、远见和超脱程度的来源。而在埃利亚斯看来，如果缺乏对暴力工具的全球垄断控制，这些品质是不可能出现的（van Benthem van de Bergh, 1992）。就像著名的 1962 年古巴导弹危机以及其外交后果所例证的那样，核战争的毁灭性起到了一种驯服和文明化效果，而这在大国争斗的历史中鲜有出现。这一分析与埃利亚斯在文明进程研究中的论点相冲突。埃利亚斯认为，尽管国际对峙风险升高，同时，促使国家"运用更为安全的手段来解决未来国家间冲突"的激励因素也有所增加，但是长期且更深层的趋势，即通过暴力"实现对于更广阔土地之上实体武力的垄断"可能是无法被阻止的（Elias, 2012 [1939]: 488–9）。

在将近 50 年后再度回归这些议题时，埃利亚斯的说法稍有不同。埃利亚斯称，随着核武器的发明，大国之间再也不能开展"霸权战争"了，而类似的战争在其先祖之间反复出现。任何试图通过压制或消灭对手来攫取支配地位的行为都冒着回归"洞穴生活"的危险（Elias, 2010 [1985]: 78, 128）。通过控制相互妖魔化的诱惑以及提倡"意识形态裁军"来缓解大国之间紧张局势的压力越来越大。但是，

第 3 章 民族国家、战争和人类平等

埃利亚斯对于未来的态度完全不乐观。人类社会面临着回归洞穴社会或学习如何避免核战争危险的艰巨选择。但是，没有什么是提前注定的。有一种观念认为，"只要人们能够意识到，我们这个时代的战争具有前所未见的毁灭性……就足够打破生存群体之间自我延续的战争传统惯性"。这种设想是不明智的，尤其是"当这些群体中的机构以及最重要的——集体情感和态度继续保持自身的传统特质时"（Elias, 2007 [1987]: 10–11）。与之相反的想法则展示了"一厢情愿的主观想法"是如何替换掉"更加超脱的观点"，或者"事实导向的长期分析的，无论这种分析观点有多么不受人待见"（Elias, 2007 [1987]: 10–11）。支持这一论点的是这样一种假设，即武力限制的内化太过羸弱，以至于不能阻止两难力量在未来突然恶化的可能。结果就如范·本特姆·范·德伯格（1992）所讨论的那样，在驯服大国竞争对手中取得的外交成就，可能就是昙花一现，而不能预测长久存在的大国淘汰赛的终结。约束标准并不牢固，因为它们并不是民族中紧密联系的一部分，同时还因为它们并不伴有心理特质中的深刻变化。比如，伴随着国家的形成和实质性的内部和平，人们对暴力的态度变得更加"文明"。没有任何事情动摇过这样一种事实，即大部分人继续与"生存单位"之间保持强烈的认同感，因为在他们看来，它是个人和集体安全必不可少的保证者。可以使用正当武力来解决国家间冲突这样一种假设依旧坚实地内嵌于文明民族的社会习惯和世界观中。

就像第 7 章将会解释的那样，这并不是埃利亚斯关于世界政治的最终立场。一个稍有不同的论点强调说，由于全球社会和经济之间的相互依赖程度不断增加，引发了创造如欧盟这样"生存单位"的新压力；类似的"生存单位"甚至可能会在某一天代替主权国家而存在。但是，未来后民族或后主权时代联盟和忠诚的出现并不一

定能够保证移除"文明内部分裂"。近些年"人类与日俱增的融合趋势"可能会被一种"强大的解体进程"所逆转，进而带来一种严重的"去文明化"后果（Elias, 2010c: 202）。尽管紧密国际合作有其吸引力和优势，但是并没有强有力的实证来证明世界政治中存在显著的（或者说）尤为安全的文明进步。因此，我们不能理所当然地认为当代国家间关系正在向与最初就存在的主导趋势决裂的路上行进。不过，展望未来，此种路径也并非完全没有可能（Elias, 2010c: 186–7）。

▶ 民族国家规范准则的二元性

埃利亚斯在分析"文明内部分裂"时声称，社会内部关于武力使用的限制对千百年以来的社会关系几乎没有影响。反复出现的两难螺旋体塑造了世界政治，同时也是解释"内在变化顺序"的关键。这种"内在变化顺序"指的是成体系的而非随意散漫的发展；在此过程中，淘汰赛造就了更广大的领土权力集中，而这些集权势力又会在更广的范围、采用更加暴力的手段来发动地缘政治斗争（Elias, 2012b: 145）。像奥古斯特·孔德、赫伯特·斯宾塞以及马克思这样的思想家所主要关注的就是该议题。一方面，欧洲文明进程并没有与传统预想，即在国际权力斗争和冲突中使用武力的合法性预想剥离；另一方面，文明社会又是独特的，原因是民族理想和普世平等原则之间的矛盾对立，后者是各种限制或消除与"文明"不符的暴力行为的基石。为了说明这一点，埃利亚斯观察到，文明民族震惊于纳粹种族屠杀，同时支持普世人权文化以及防止类似野蛮行径的回归。这样一种信念可以被视为有关文明进程的最新表述之一，从中可以看出，由于人们在政治领域努力想要改变文明国家规范准则中民族主义-马基雅维利元素和普世-平等元素之间的权力关系，因此，在推动有关禁止暴力的全球文明进程中是如何采取相关步骤的？其结果是，国内和国际政治之间不可逾越的鸿沟，以及正在进行的全球秩序"文明化"的制度化努力之间的传统观念受到了切实的冲击。

在其著作《德国人》（The Germans）中，埃利亚斯对外交政策倾向展开了丰富的讨论，其中包含了有关"民族国家规范准则二元性"的细致探查（Elias, 2013 [1989]: 169ff）。该研究从这样一种观察出发："人们从小到大都被教育要相信杀害他人、攻击他人或致人残废的行为是错误的……同时，他们又被教导，为了其所共同构成的社会之利益，采取这些行为、牺牲自己的生命都是正确的"（Elias, 2013 [1989]: 175）。同样的理念出现在对于政治理论和国际关系中治国道德的反思中：它强调了国家领袖有义务凌驾于公民在个人领域被要求遵守的行为标准之上；而相应地，当民众出于良知拒绝使用武力时，国家领袖应当否决这种良心的指示；当关键的国家安全利益处于危机之中时，公共职责要求"牺牲价值"或做好"脏手"的准备，国家领袖有同样的义务（Wolfers, 1965; Elshtain, 2004）。埃利亚斯对标准解释的补充，是一种对于文明社会中"民族国家规范准则二元性"的独特社会学关注，而这则指向了更为具体的实证研究。

民族国家道德标准二元性本质的理念传达出这样一种事实，即本民族人民要遵循"一种"具有"内生矛盾性的双重规范准则"（Elias, 2013 [1989]: 169）。它一方面具有"平等特质"，同时表达了"人类个体、个人是最高价值"的信念（Elias, 2013 [1989]: 169,

174–5）。另一方面，它是"民族主义的"，并且"传承自马基雅维利的君主准则，即邦国、国家、民族等集体存在才具有最高价值"（Elias, 2013 [1989]: 169）。从第一个立场来看，有些时候个人权力要优先于国家安全需要；而从第二个立场来看，"主权集体、民族国家才是最高价值所在，而所有个人目标和利益，甚至是个人生死，都要服从于此"（Elias, 2013 [1989]: 175）。埃利亚斯凭借亨利·柏格森的哲学著作来论证：有时，人类文明需要面对一个艰巨问题，即哪个社会更能掌控他们最根本的道德义务，到底是"人类整体"还是更小的选区内的"同胞"或构成"同一国家成员"的"公民"（Elias, 2013 [1989]: 169）？

对于同胞公民的义务，以及对于人类整体的责任，孰轻孰重？这类问题在研究国际政治思想的历史学家和学习国际政治理论的学生看来并不陌生（Linklater, 1990 [1982]）。但是，埃利亚斯的社会学视角强调，近代公民很少需要面对两种道德理念的斗争，虽然二者是其文明生活方式必不可少的一部分。该论点继续说到，多数时候，与此相关的道德挣扎并不是公众思考的重点内容，也不会过分入侵日常生活，让人们面对一种在"矛盾对立规范准则"中相互冲突的元素之间做选择的困难情形（Elias, 2013 [1989]: 176）。一般而言，针对国家和人类的"文明"倾向中所固有的"矛盾、冲突和对立""可能只会在特殊情况下进入公众领域并变得万分紧急，尤其是当出现诸如战争之类的国家危机时"（Elias, 2013 [1989]: 176）。在这些情况下，人们可能会感觉被两股力量撕扯：一种是为动用一切必要武力来打败敌人的理念做辩护的马基雅维利主义，另一种是把尊重人权以防止人类遭受不必要苦难的义务放在至高无上地位的人道主义原则。整个社会有可能会因为不同群体倒向道德光谱的对立两端而分裂。进一步阐释该论点时，埃利亚斯（2013 [1989]: 172）认为，破坏或违反这两个道德准则中的任意一个都会使"个人……遭受不仅来自他人，而且是来自自己的惩罚；这种惩罚以愧疚或'良心不安'的形式出现"。内心的对立，即支持集体利益和维护个人权利之间的对立通常与社会中更广泛的断层线相联系。在影响公众观点的竞争中，一些政治团体可能会"把重点放在……民族主义信条的价值上，但不一定会完全摒弃人道主义平等道德传统的价值"。另一些政治团体则与之相反，着重强调他人的重要性，而且论述形式会以各种组合方式出现（Elias, 2013 [1989]: 175）。在类似的权力斗争语境中，人们可能会选择与处在"道德光谱一端或另一端的"群体站在一起，但是"所有这种类型的社会的"一个"共同特征"是，大多数人采取"处于这两种极端之间"的道德立场，并努力使国家安全利益和人本考虑相调和（Elias, 2013 [1989]: 175）。

"酷刑辩论"就是一则很好的例证：通常不会困扰文明社会成员的道德对立如何能够突然闯入公众视野并让他们面临马基雅维利式宣言和人道主义原则之间的艰难抉择。这揭示了文明民族如何与矛盾对立的道德准则要求做斗争，为何一些人倒向一种极端而另一些人则倒向另一端，以及他们怎样把民族道德和普世道德宣言在不同的"组合"中联系在一起，包括通过占据道德光谱的中点以调和相互对立的原则这类尝试（见本书有关"司法认定"和"酷刑准许"的讨论）。埃利亚斯研究的目的是，从社会学的角度解释文明社会中此类冲突和争论的起源与意义。他的方法强调了，19世纪阶级力量和相关的国家结构重组之间的力量平衡将普世主义宣言推到了近代政治话语中心。其主要论点是，一种"矛盾对立规范准则"的出现是"所有经历过从贵族—王朝国家到更为民主的民族国家转型的国家所共同具有的特征之一"（Elias, 2013 [1989]: 176）。这些冲突是变化中的内部权力关系的产物，特别是资产阶级力量崛起的产物；

而后者利用对普世平等道德原则的承诺来对抗专制统治，以及反对将军事追求和美德置于非军事追求和美德的传统贵族准则中去。上升时期的中产阶级对贵族勇士准则表示鄙夷，并设想了一种各民族因商业相互依存关系的绥靖化和文明化效果而更加紧密地联系在一起的全球政治秩序。但是，道德抱负和政治现实很快发生了碰撞。为了攫取对国家权力的控制，资产阶级群体政治代表经常违背自身的道德承诺，以传统的马基雅维利方式实行外交政策（Elias, 2013 [1989]: 71ff）。即便如此，他们也没有完全摒弃作为中产阶级共同理想和身份认同核心的普世平等信念。

之前，一个关于处在规范光谱中点的主流视角的观点是，资产阶级经常把普世道德承诺视为一个令人振奋的启蒙民族身份形象的核心内容。19 世纪英国的政治发展揭示了中产阶级是怎样在有关人道主义民族的自由设想中试图"融合"这两种道德准则的。结果，"本民族大部分人"认为，"即便英国外交政策会根据正义、人权和帮助被压迫者的原则施行"，但是领导人的行为，如格拉斯通的行为则体现出"中产阶级人士"的骨子里所存在的冲突：他们寻求实现"毫不动摇的正义原则和权宜之计、机会主义以及妥协行为之间"的调和。这样的民族代表着一种"理想'集体'"，它通过支持公民在日常生活中并不总是遵守的道德原则来提供集体情感满足。还可以补充的是，若干其他举措充斥于那个时代的英国政治生活。其中最令人难忘的就是废除大西洋奴隶贸易的运动。通过支持个人自由，这项运动提升了英国民族自豪感，同时为英国所坚称的、与邻居法国相比所具有的优越性提供了不可争辩的证据（Linklater, 2016: 258-9）。巴麦尊有关支持政治难民的声明进一步肯定了埃利亚斯的论点，该声明旗帜鲜明地援引了文明话语。在 1849 年 10 月 6 日发给驻维也纳和圣彼得堡英国军官的快信中，巴麦尊称：

如果有一条规则能够比其他任何规则都得到近代文明世界独立国家的支持，无论大国还是小国的支持，它就是，不要移交政治难民，除非本国受到条约中实际义务的约束……好客原则、人道主义要求以及人类共通情感都不允许这样的移交行为；而且，任何根据其自由意志做出此类行为的独立政府都将会被普遍地，且理所应当地贬为堕落且不光彩的存在。(《1851 年 2 月 28 日称给国会的有关在土耳其、匈牙利难民通信书》第 19、20 条，引自 Schuster, 2003: 95, 附录 66)

通过这一公告可以看出，民族、文明和人类这三个理念是如何在资产阶级规范准则概念中交织在一起的。该概念认为，良知应该统领行动，而在没有特定条约义务约束的情况下没能遵循文明原则的行为则应当招致民族耻辱和国际谴责。在有关文明全球秩序的自由主义描绘中，"民族"和"人类"被融合在了一起。

19 世纪的民族国家、社会群体以及个人分别占据着道德光谱上不同的点。对比连续几届德国和英国政府在民族利益与人道主义原则二者的冲突上所采取的立场，为上述论点提供了例证（Elias, 2013 [1989]: 177ff）。德国的情况是，集体的不安全感与社会被敌人吞噬的恐惧联系在一起，加剧了其认为马基雅维利式箴言对于外交政策而言是必不可少的信念。德国政府对于武力必要性的立场反映了贵族阶级在德国宫廷社会中相对稳固的统治地位。然而，就像之前提到的那样，英国的情况与德国并不相同，因为社会阶级之间力量平衡的变化削弱了贵族勇士准则。英国政府宣称自己不仅致力于维护民族自我利益，还致力于维护更高的道德原则。德国的主导立场，也就是由阶级关系、迟到的政治统一和独特的国际斗争三者的复杂联系所塑造的立场，则把这样的宣言贬为用于伪装英国外交政策自私自利目的的极端利己主义把戏。所有代表人类和文明的话语都被视为不过是"一种刻意欺骗、伪善的说辞"（Elias, 2013 [1989]: 178）。诸如此类关于何种原则应当统领国家政策的分歧，导致大国之间产生了尖锐的差异。

这样的敌对立场由此证实了，在关于如何正确回应民族国家规范准则的矛盾对立特质这一议题上，"不同民族成员的代表性自我形象和自我理想"能够体现他们截然不同的立场（Elias, 2013 [1989]: 173）。但是，埃利亚斯研究中一项更庞大的议题与当代社会内部和社会间权力斗争有着重要相关性，并且蕴含着进一步实证研究的建议。一个关键的见解就是，各个国家对于如何合理维持民族价值观与人文主义价值观之间的平衡存在争议，而国家间的冲突经常与这类争议交织在一起。这一评论突出强调了世界政治中的一个主要维度，其代表例证为："欧洲权力平衡结构中相互依存的国家"试图把对方引向各自关于国家和国际责任义务之间理想关系的构想之中（Elias, 2013 [1989]: 182）。埃利亚斯进一步论述，本质的不和经常导致"不同国家社会成员之间"严重的"沟通不畅"，并且点燃或"激化国家间的对立关系"，就像英德关系那样（Elias, 2013 [1989]: 173）。主要后果之一——现代和过去都是如此——就是，国家之间经常因外交政策应该遵循的约束标准而出现严重分歧（Elias, 2012 [1939]: 453, 附录19）。引申而言，在未来的几十年、几个世纪中全球秩序的发展并不仅仅依赖于相互冲突的利益关系之间的和解，而是要靠更深层次的规范框架来统一，即关于社会应当如何解决民族国家内部道德准则对立而达成的广泛共识，或者是关于如何平衡对同胞公民和对人类整体所承担的义务而形成的普遍共识。可以补充说，不管是在外交领域还是学术研究中，关于全球秩序和各种政治挑战的分析都很少根据上述方面进行讨论。

埃利亚斯观察到，历史记载中对这一领域出现根本突破的前景并不感到乐观。贯穿社会间关系历史的事实是，各方都不约而同地按照各自意愿或多或少推进了各自的重要目标，除非是"对于超自然机构的报复的恐惧"对他们起到了威慑作用（Elias, 2013 [1989]: 150–1）。各自独立的"受制于对他者的恐惧和怀疑，且不服从于一种既定并有效实施的共同准则的战略"加剧了"永恒的"不安全循环，或者说之前讨论过的"两难过程"（Elias, 2013 [1989]: 170–1；当代讨论另见 Yair and Akbari, 2014）。作为一种通用规则，这样一种基本不受挑战的信念，即"相信国家间关系中遵循马基雅维利原则的行为所具有的正确性和必然性"这样一种信念，催生了社会对于主要对立关系，即造就这般一成不变的现实的对立关系所做出的强烈情绪化反应（Elias, 2013 [1989]: 170）。但是，就像本章中所提到的，阶级对立和国家结构之间的相互依存关系为想要将民族主义–马基雅维利式倾向从人道主义承诺中解放出来的政府创造了重要的文明约束条件，而这给全球秩序带来了重大影响。

从这种态势中可以看出，欧洲文明进程中不可或缺的"中庸"理念确实"向外辐射"到了国际政治中看似一成不变的领域（Elias, 2008f: 102）。国家间战争已经变得不再像发生在中世纪晚期或近代欧洲早期的冲突那般残酷了，那时，军队以领土为生，并且会剥削和折磨平民百姓（Elias, 2006a）。对于管控暴力和侵略冲动的要求在那个时代还不甚强烈，而勇士们也没有受到过多的限制。随着战争不断的机械化，军队变得更有纪律性，而对于杀戮的集体渴望也得到了一定程度的抑制。与他们的祖先相比，近代勇士被要求经受严苛的训练，包括对军事战斗的磨难做好心理准备。从和平到战争的过渡对生活在大体上绥靖化、文明化社会中的民众来说是一种苛求。这与早期勇士形成了对比，因为后者拥有并习惯性的使用武器，而且除此之外，他们还习惯于不仅在战场上，而且在日常生活中也目睹死亡和苦难（Elias, 2007 [1984]: 145）。再者，作为降低针对暴力的"嫌恶界限"这一趋势的一部分，近代勇士可能因目睹或违反社会禁忌而杀害或伤及像手无寸铁的妇孺之类的无辜民众而变得更易受到心理影响，就像创伤后应激障碍症（PTSD）所体现的那样（Elias, 2008e: 113-14）。在文明民族之中，违反这些禁忌（或者毫无羞耻或罪恶感地违反这些禁忌）映射出野蛮勇士的心态。

　　类似的有关文明社会中重塑社会对于暴力的态度的例子，还伴随许多埃利亚斯没有细致审视的发展历程（第7章有进一步讨论）。这些发展包括了几个方面：文明社会向民族国家规范准则光谱的中点移动，并且确实地开始共享相似的约束标准。这些发展出现在"安全群体"中，即一种高阶的情感身份认同，或者说"集体感"，与"共同行为规则"和"相应的限制"联系在一起。后两者体现在文明社会关于用非暴力方式解决争端的强有力承诺中（Deutsch, 1970; Adler and Barnett, 1998）。人权文化和国际战争法则是另外两则关于"二战"之后出现的民族忠诚与普世原则之间力量平衡发生变化的例子。这两个例子表明了不同社会能够通过在基本限制标准上达成共识得到些什么[1]。就像本章最后一部分将要讨论的，相关进展被植入某些特定群体的期望，即相信当其他社会中明目张胆地出现人权侵犯事件时，西方政府是不会袖手旁观的（尽管有关人道主义干涉原则的争议显示出有关民族义务的范围和国际责任的程度还没有达成足够的共识）。

　　国际关系领域中的巨匠之一论道：如果"文明"社会缺乏对于这样一种判断的强力拥护者，即"没有哪个文明会满足于……双重道德——一种适用于个人与他人之间的相互关系，而另一种'次

第 3 章　民族国家、战争和人类平等

等'且不甚严苛的道德适用于国家间关系"这样一种判断，实在是值得关注（Morgenthau, 1965: 179–80）。但是，就像现实主义者所强调的以及埃利亚斯所认识到的那样，考虑到内生的国家间敌对关系以及高度情绪化的民族主义忠心的持续效力，向一个"矛盾对立"更少的道德准则转型是远不能称得上顺利的。宣称支持普世平等价值观并不一定会导致任何特定的行动纲领。举例来说，1948年12月9日，欧洲政治精英在签署联合国《防止及惩治灭绝种族罪公约》（Convention on the Prevention and Punishment of the Crime of Genocide）时表现出明显的不自在，因为他们害怕一系列的人道主义法令和公众期待会时不时与国家安全目标以及地缘政治考量发生冲突。签署该公约很大程度上要出于名誉考虑，尤其是考虑到如果文明政府未能就防止国家社会主义时期所犯下的恶行再度上演的战略达成共识，则这些政府会遭到大肆挞伐（Smith, 2010）。

现代时期，西方政府极易受到这样的批评，即当国家利益处于危险时，他们对于"单个人类和个体是最高价值"这一原则不过是说说而已，同时还会展现出某种"欺骗"和"伪善"，这也是德国对英国外交政策的主要诟病。在"反恐战争"中，对"酷刑规范"的放松很大程度上加强了此类观念，即当西方遵守文明规则以及全球文明秩序的承诺和国家安全目标发生冲突时，这种承诺本质上是具有极高条件要求的。但是，就像第1章中所论述的那样，从围绕胁迫审讯手段的辩论中可以看出，民族国家规范准则的内部对立关系如何能够出人意料地在文明社会爆发，以及民族主义−马基雅维利主义和人道主义原则的相对影响如何随着时间波动。理解类似的变动和他们与国内国际权力斗争之间的联系，对于在任何时候判断文明国家到底有多大意愿使用民族道德准则中普世平等的维度以减少国家间对立，或者说实现国际政治"文明"的一部分是至关重要的。

▶ 文明与野蛮

除了利用过程社会学来分析全球秩序的形成，本书还试图进一步探讨埃利亚斯关于文明进程和世界政治之间关系的研究。为了达到这个目的，该讨论现在转为研究两个问题之间的相关性，第一个问题是"文明内部分裂"，第二个问题是为欧洲殖民扩张与欧洲国际社会发展服务的民族国家规范准则的两面性。正如前文所提到的那样，文明内部深刻冲突的理念指的是这样一种信念的延续，即同一社会的内部成员之间禁止使用暴力；但在和外敌进行生死较量时，这种禁忌却得以放松。埃利亚斯没有考虑到的是，这种撕裂在欧洲与被殖民民族的关系中是同样的深刻，如果不是更加深刻的话，此种关系中的暴力、羞辱、奴役以及种族屠杀具有内生性。就像埃利亚斯著作的一个批判性解读所论述的那样，欧洲文明进程是"二元性的"，因为其把"内部绥靖"和殖民暴行结合在一起，而后者则在文明话语中得以合法化（Burkitt, 1996）。简而言之，文明自我形象批准了殖民者的暴力和残忍，而这种暴力和残忍在文明社会以及文明社会所属的国际社会是被禁止的（Mégret 2006; Neocleous, 2011）。最极端的构想是"现实主义"论点，即"野蛮人没有权利"，以及相关的看法，即传统武力限制并不适用于殖民战争沿线上的关系（Wight, 1977: 34–5）。但是，规范准则二元性的后果之一就是，这种对于殖民暴力合法化的行为并不是完全不受到挑战的。19世纪国际秩序的帝国主义基础的合法性将会在"文明"世界以及全世界范围内受到强烈挑战。

后殖民时期社会学家会理所当然地强调,文明社会并没有仅仅通过他们的努力改变自己对于殖民主义的印象。该论点继续说到,想要理解欧洲社会对于殖民主义态度中发生的根本变动,就有必要分析施加在欧洲帝国主义态度上的殖民主义和反殖民主义力量之间斗争的压迫。埃利亚斯对文明进程的分析可能几乎没有关注到欧洲殖民或国际联系,后者则培养了针对帝国主义统治更为开明的观点。然而,埃利亚斯的方法详细考察了更大范围里的现象,而帝国主义也包含在内,这种现象是:自认为先进的群体和被定义的次等人之间,或者说局内群体和局外群体之间的强烈分化与更广泛的权力不平等现象相伴而生(Elias and Scotson, 2008)。接下来的评论可能会与一个十分需要(但是此处无法进行)的讨论有相关性,即过程社会学是如何对后殖民时期社会学做出贡献并向其学习的。得到公认的一点是,古典社会学传统没有研究与帝国共存的"文化逻辑"。但是,埃利亚斯提供了一种独特的分析方法,分析内容是局内群体-局外群体建构和文明进程之间的关系,后者对于理解上述"逻辑"尤其合适,从而对后殖民时期的社会学研究做出了贡献。

埃利亚斯对于一种反复出现的集体需求,即需要一种相对于其他群体的优越感的关注,与涂尔干(Durkheim)关于虚拟"法则"的观察相呼应。这种"法则"规定,"无论何时,当两种集体,两种有着不平等文化的人类群体相互接触时,某种情感会产生并促使更有修养的群体,或者说自认如此的群体"对那些被认为是"次等"的群体"施加暴力"。前者会迅速沉溺于集体"狂妄"中,认为"没有什么能够约束他们"(Durkheim, [1925](1937: 192–3))。与本书序言中埃利亚斯研究方法概览的第七个主题相呼应,埃利亚斯的著作还考量了强大群体经常产生优越感的途径,而这种优越感则导致他们对于通常的武力控制弃之不顾。埃利亚斯补充到,优势群体可能会把自己的霸权当成自然品质或内在天赋的证据。一个相关的主题就是，最强大的群体经常怂恿受支配群体将自己低人一等的信念内化，同时还要把自身文化、政治资源的相对匮乏当成是根本的群体特质，或者说相当于先天缺陷。无论何时，当两个不平等的群体日常接触时，就会出现虚拟法则，而埃利亚斯的观点和虚拟法则最突出的不同在于，他强调了不同群体之间相互依赖的程度之低。他的研究论述集中在，不依靠对方满足基本需求和利益的群体相对来说可以不受一些强制措施的影响，如考虑对方福利和站在某些他们认为并不值当的立场去思考问题。通过回顾埃利亚斯在欧洲文明进程分析中的基本主题，可以很好地解释上述理念与有关"文明"和"野蛮"二分法的分析所存在的相关性。

埃利亚斯识别出欧洲社会中的一个总体趋势，即愈加复杂的社会分工发展让占据统治地位的阶级变得更加依赖于他人以换取自身利益的提升。由于"功能性民主化（即重要的社会功能不再由特定群体垄断，而是分散至不同社会阶层并由其承担的过程）"的发展，占主导地位的传统群体发现自己有必要考虑次等群体的利益和观点；局内阶层面临着以更加体贴和克制的方式对待外来者的压力。较新的过程分析进一步发展了埃利亚斯的研究：它们集中关注一种相反的趋势，即对其他社会阶层依赖性较低的新兴社会精英随着新自由主义的全球统治而出现。随着全球不平等的扩大以及权力关系的变动，这些群体与下层阶级之间出现了明显的解耦。前者理解弱势群体并对其产生同情的外部压力下降了，也不再有那么多出于私利的理由来表现他们对次等群体的关心（Mennell, 2007: 311–14）。

这些观察与欧洲殖民主义分析有关，在殖民主义中，埃利亚斯所研究的社会进程经常逆向出现。因为情况往往是这样的：为了自己的生存，第一批殖民者高度依赖原住民群体。但是，随着殖民地人口的增加和权力平衡的变动，早期的依赖关系萎缩了。殖民者变得能够更加自如地强调集体优越感，而随着殖民者和被殖民者之间的关系日趋紧张，殖民暴力也越来越多，这种集体优越感往往得到了进一步发展。"文明"与"野蛮"民族之间的鲜明对比随着不断增加的权力不平衡而显现，后者又导致与原住民民族情感认同的消减或收缩，或者说导致了"去认同化"的"文化逻辑"（de Swaan, 1997）。在"文明"殖民者的社会习性中反复出现的一个特征是：人们认为在帝国主义扩张的道路上，已经没有道德方面的阻碍了，殖民社会与被殖民民族之间的斗争也不存在道德约束了。在"去文明化"的过程中，出现了"文明内部分裂"的一个独特变体。"文明"规范要求优势群体在打交道的过程中需要进行自我约束，但是这些规范同时也为在与野蛮人的冲突中放松暴力约束提供了理由。

在社会内部和社会间的层面上，人类群体之间的局内—局外关系更为普遍的特征是如何通过文明与野蛮话语得以呈现，埃利亚斯的社会学视角为此提供了见解。在对局内—局外力量的描述中，埃利亚斯强调了以下问题，即不均衡的权力关系通常是如何塑造一种霸权叙事的，在该叙事中，上层群体拥有"群体魅力"，而被迫体会相应"群体耻辱"的下层阶级则成了劣等存在（Elias, 2009）。该分析对理解文明—野蛮二分法的形成具有显著影响。欧洲对于非洲印象的转变能够例证这一点。一方面，欧洲人憧憬 14 世纪马里曼萨穆萨帝国的辉煌；另一方面，19 世纪欧洲哲学史上盛行的一种思想是对非洲民族的蔑视，这二者之间的反差值得注意（Bull, 1984）[2]。还有更早期的一个节点值得回顾，即随着欧洲殖民扩张时期全球力量平衡的改变，欧洲对于中国文明的态度从正面评价转向了负面批判。两种情况中都存在一种清晰的运动轨迹，即从初始的对于非欧洲社会的尊敬和崇拜，到对于野蛮外来者的鄙夷和傲慢。

几个世纪以来，霸权性质的欧洲社会在全球的统治造就了一种极其多元的、针对非欧洲外来者全体的贬损印象范围，或者说一系列令人困惑的文化刻板印象，为的是给在与野蛮人打交道时使用的暴力做辩护。各种文化"落后性"的标志，包括裸体、性放荡、食人、邪神崇拜以及身体彩绘，还有按理说毫不相干的种族和生理区别，充斥于欧洲文明内部分裂的殖民变体论述中。对于"野蛮人"暴力和残忍的描绘经常与一种疼痛人类学结合在一起，包括埃利亚斯（2007a: 125ff）所描述的一种主观臆测，即"部落民族"对于生理和心理的痛苦，如长时间的折磨，有着一种几乎不存在于高雅文明社会的忍耐力。一种典型的殖民观点是：如果在与罔顾法律的原住民的斗争中遵循战争法，那么帝国主义的力量会严重处于下风，毕竟前者并不像文明社会一样有着战斗人员和非战斗人员的区分，而且也不惮于在战争中伤及无辜。就像1914年版《英国军事法指南》（*British Manual of Military Law*）所宣称的那样：

> 国际法规则仅适用于理解并准备遵循该法的文明民族之间的战争。此法并不适用于与非文明国家和部落的交战，而是要由军事指挥官自行决定，并且具体问题具体分析，看看推荐采取哪些正义原则和人道主义规则。（ch14–7）

"反恐战争"中的主导话语里也能发现类似的论述。其论点必然是，与野蛮人的斗争比国际社会文明成员之间的战争更残酷。其他论点则是明目张胆的民族主义–马基雅维利主义，这种观点的支持者认为没有任何法则可以约束他们，从而表现出涂尔干所谓的狂妄自大。例如，公开支持采用"十足的恐怖主义甚至残忍手段"来镇压只可能屈服于蛮力的"叛乱部落"（见1904年德国西南非军事指挥官洛萨·冯·特罗塔将军的言论，引自 Crawford, 2002: 29）。这样臭名昭著的言论并不是唯一的。3 年前，在菲律宾群岛进行的美西战争中，据称，美国准将雅克布·H. 史密斯曾告诉自己的部下，"我不想要俘虏…你烧杀抢掠越多，你就越能讨我欢心……必须要把萨马省内部变成一片呼啸荒原"（Mettreaux, 2003: 139）³。

这样的残暴经常受到那些因殖民前线缺乏暴力约束而感到困扰的人的谴责。西奥多·罗斯福的两则声明揭示了西方领袖是如何"解决"贯穿殖民理论和实践的"文明内部分裂"的。他称：

> 各民族之间越来越和平的现象严格局限于文明民族……对野蛮民族而言，和平是例外情况。在文明与野蛮的交界处，战争通常是正常情况，而且，长期来看，文明人类会发现自己只能通过征服野蛮邻邦来维持和平……每一次文明扩张都是为了造就和平。（T. Roosevelt，引自 Hobson，2012: 113）

民族主义–马基雅维利主义认为，对于"原住民"的征服可以百无禁忌，然而罗斯福对此持批判态度。他的观点是："所有文明人类"都要感激"把野蛮人驱逐出这片土地的凶悍殖民者"，但关键是，当一个民族表现得"像他的野蛮对手那般野蛮"时，它就放弃了一切自称"文明"的权利（引自 Mennell, 2007）。罗斯福的评论与西方社会中一个更普遍的趋势相呼应。人们对殖民暴力的批判性反思，以及对被奴役民族的命运及其所受不公待遇的关切，不仅仅是出于对他者的关怀，也是出于对自己的考虑。

启蒙思想曾考虑过一个问题，即殖民前线上罔顾母国社会道德和法律的暴力约束的文明殖民者是否才是真正的野蛮人，由此出现了对文明更具批判性的反思。之后有关文明问题的观点，包括英国谴责比利时在刚果的统治这类文明问题时，都坚称殖民暴力"比原始的野蛮主义要危险和恶劣得多"，主要是因为殖民暴力"与激情全然无关"，而是在"一种冷酷和险恶算计的氛围下"实施的行为（Grant, 2005: Ⅶ）。"文明野蛮"的理念持有这样一种观点，即比利时政府跟野蛮人一样野蛮，但是在技术精密方面更胜一筹（Grant, 2005）。帝国主义在刚果实施暴行的照片是第一批公开发表的恶行记录，人们认为这些恶行与文明人类所应该具有的同情心，以及所应该遵守的约束背道而驰。受这些照片影响，政治战略开始根据进步社会中对于暴力行为的嫌恶界限变化来文明化欧洲殖民统治了（2005: ch2）。有关殖民暴力的批判确实对于未能遵守文明标准的行为感到失望，但是至关重要的是不能夸大公众对于民族国家规范准则中普世平等元素的支持程度（Hall, 2002）。对于大西洋奴隶贸易和奴隶制受害者的同情并不是基于文明民族与野蛮民族享有平等地位这样一种坚定的信念，但是，这至少传达出对民族规范准则而言必不可少的人道主义感知（Linklater, 2016: ch6）。

　　在埃利亚斯看来，"文明内部分裂"是欧洲国家间关系中的基本组成部分，而本节认为，这种分裂在殖民民族与被殖民民族之间的关系中具有更为深刻的意义。本节的讨论强调了人们是如何利用文明理念来为欧洲以外群体的暴行正名的。其"超越性"特征还被用来助长针对殖民主义的批判，而后者等同于我们在第1章讨论过的"民族批判"。人们利用这一概念来谴责帝国主义的残忍，并提倡人人都享有免受苦难的权利，后来这种权利被认为是所有人与生俱来的。埃利亚斯声称，构成民族国家规范代码的相互竞争的伦理可以形成不同的"组合"，这捕捉到了针对殖民暴力的文明倾向的核心特征。同样捕捉到这一特征的还有他关于社会总体变化方向的评论，即各民族向道德光谱中点移动的评论。作为该趋势的一部分，国家道德准则中的人道主义元素经常对殖民国际社会中存在的"文明内部分裂"有着中和作用,这一殖民国际社会直到后"二战"时期欧洲帝国坍塌之际都处于全球秩序的核心。

暴力、文明和国际社会

文明与野蛮之间的帝国主义二分法被载入19世纪晚期的国际法概念中,这一点体现在一位国际法权威的言论之中:他坚称,这些基本原则是"近代欧洲独特文明的"特别"产物","与欧洲文明不同的国家"无法"理解并认识到"它们(Hall, 1880: 34)。主要的论断就是,欧洲国际社会是一个主权"文明"民族的专有俱乐部。在一则充斥贵族势利一切特征的言论中,国际法律师约翰·韦斯特莱克(John Westlake)将这一全球格局比作一个"由想要保持高贵血统统治"以及致力于"避免与不遵守这些安排的人打交道的人们所组成的社会"(Oppenheim, 1914: 6)。据此得出的推论就是,次等群体必须被排除在国际社会之外,直到其国内政治结构被彻底改革,以符合欧洲文明标准(Horowitz, 2004)。由上述有关局内群体-局外群体之间断层线的司法概念可以看出,国家形成、帝国主义扩张以及国际社会的出现在整体文明进程全球化中所发挥的作用。

第4章将进一步讨论的19世纪"文明标准"是文明进程和殖民国际社会之间一个关键联系。英国学派传统中有关这一标准的先驱性作品尚未对此进行讨论,即将其作为欧洲社会长期发展模式的一个分支来讨论。对过程社会学来说,其对于国家间关系的反思尚未考察文明进程、国际社会及其核心制度,如外交和国际法这几者之间的联系。埃利亚斯著作中最接近英国学派研究精神的观察是，17—18世纪欧洲专制主义宫廷在一个独特的"超国家"建构中被捆绑在一起（Elias, 2010a: 4–5; Elias, 2012 [1939]: 217ff）。贵族阶级深信不疑的一点是，"比起他们所在国家的次等阶级，他们在性格结构和礼仪礼貌方面拥有更多共同之处"（Elias, 2010a: 4）。可以体现这些共同之处的地方包括：宫廷内部成员之间打交道时所遵循的外交礼节，与超国家宫廷社会内部关系处理中所遵循的外交礼节之间具有高度相似性。战争是此种特定建构中反复出现的特征，但是，"欧洲宫廷社会成员在战场上兵戎相见的事实基本没有影响到17—18世纪欧洲宫廷文明所具有的相对同质性"（Elias, 2010 [1987]: 4）。现实情况是，"武力–军事行为是宫廷社会的一个方面"，但是"宫廷中文明人类所具有的团结感体现在他们的行为习惯中，无论他们之间是在交战还是在和平往来"（Elias, 2010a: 5）。由贵族军事精英所共享的行为准则在一定程度上缓和了战争与敌对关系，同时也将他们与次等人区分开来——至少他们自己是这样认为的。

18世纪欧洲外交文化根植于从法国宫廷社会向外辐射的贵族宫廷和国际社会关系网（Scott, 2007）。这一言论极大地支持了埃利亚斯的评述，即路易十四时期凡尔赛宫廷的宫廷礼仪和外交修养（这些礼仪和修养作为更长期的文明历程的一部分，可以追溯至意大利文艺复兴及之后的时期）被传播到了毗邻的并且极其想要学习这些标准设定行为的宫廷社会中（Elias, 2010a: 4）。有着独特理念和行为准则的专业大使群体的出现，体现了法国宫廷社会在这一阶段文明进程中的特殊地位（Linklater, 2016: 216ff）。过程社会学对"会议规则"和"会议行为"的分析表明，掌控传统战争委员会的贵族军事精英不得不与在外事交往领域有着更多修养的低级别贵族共享权力（van Vree, 1999）。为了解决冲突，贵族统治阶级采取了"更加军事化的战略",而这种战略所带来的"危害性"让他们不得不接受这样一种要求,即欧洲政府之间的接触需要更加规范化,从而通过协商讨论以及寻求共识来处理冲突(van Vree, 1999: 192–3, 329 称新的"会议制度"可能是受到了荷兰共和国上层阶级"文明"行为的影响)。结果就是传统意义上占据主导地位且信奉军事道德的"佩剑贵族"与"长袍贵族"之间的力量平衡发生了变化。"长袍贵族"是这样一种社会阶层:他们拥有处理行政事务的专业能力,这些能力对于一个复杂国家组织社会的顺利运转是必不可少的;他们还掌握了必要的宫廷礼节,在对于欧洲国家间秩序必不可少的会议制度中,能以恰当的敏感性履行外交职责(Elias, 2006: 288ff)。

通过欧洲贵族外交准则可以看出,"社会"元素如何能够存在于"无政府"语境中,换句话说,全球约束标准如何能够出现在不受拥有暴力工具垄断控制权的政治机构所管控的民族关系之间(Bull, 2002)。对于突出的国家间力量的关注是英国学派与埃利亚斯分析之间主要的不同之一。在看待世界政治问题时,后者对于国家形成和文明进程之间关系的评述塑造了一种过于现实主义的视角,而"国际社会视角"是对这种视角的超越。英国学派立场所暗含的是,文明内部的分裂并没有像埃利亚斯所说的那么深刻。有观点认为,就国家社会中什么是允许的、什么是禁止的这一问题,人们达成的共识压制了国家间的权力和安全竞争。但两种立场之间也存在相似性:二者都强调"中心权力平衡"在理解群体间结构化关系和主要变化方向中起到的关键作用。英国学派有关军事权力平衡针对国家社会的生存和存在所具有的相关性的强调,与埃利亚斯对于相对均衡的权力关系所蕴含的潜在文明化效果的分析相呼应(Dunne, 2003)。此外,两种方法都突出强调了大国争霸削弱或破坏了本就摇摇欲坠的武力限制。在怀特的分析和埃利亚斯的反思之间还存在另外一种相似性：前者提到了早期国家社会最后陷入造就帝国的大国间暴力冲突，后者则反思了早期"淘汰赛"如何在终极斗争中达到顶峰以主导由"不受限的"霸权"沉迷"所驱动的国际系统（Wight, 1977: ch1; Elias, 2010b: 98ff）。

英国学派对于国际机制，如外交和国际法的文明化作用进行了零星研究，而埃利亚斯社会学与此具有相似性，这对于目前的研究具有特殊价值（Linklater & Suganami, 2006: 122, note 9）。在对国际社会的分析中，奠基性文献的中心论点是，古代中国、希腊和欧洲国家社会内部的稳定和秩序依赖于同一文化或文明的归属感以及由一种共同信念（认为自己相对于外围野蛮群体具有文化优越性这样一种信念）所构成的推论（Wight, 1977: ch1）[4]。与之相关的论题是，这样的思想倾向为一种人们共同持有的假想奠定了基础，即在全球统治集团（由国际社会主权成员构成）内部关系中被禁止的行为，在与外来群体打交道时是得到允许的。更确切地说，欧洲国家社会成员相信，非欧洲政府只有——除去其他要求之外——遵循文明外交惯例，遵循在 Hall 和 Westlake 这样的法律权威看来是远远高于文明世界的象征的议定书，才能被看作国际社会的一员。这一点明确了与之相关的帝国和国际社会的"文化逻辑"，而埃利亚斯在分析文明进程以及局内群体-局外群体关系的原则时，花了不少笔墨去解释这种逻辑。

英国学派分析中所缺失的是对文明的过程性本质的认识，以及在欧洲语境中，对于由国家形成的、专制主义官廷社会的复杂性，以及局内群体-局外群体建构所塑造的长期变化模式的认识。结果就是，英国学派的著作分析了埃利亚斯社会学中涉及甚少的国家间关系的中心特征，但是，埃利亚斯社会学则提供了关于文明的必要过程分析。这种过程分析发掘了文明自我形象的形成及其对于社会群

第3章 民族国家、战争和人类平等

体间关系的意义，同时，它还提供了一系列社会科学概念以将国际社会研究纳入更具概括性的研究中。为了进一步探寻这一点，我们有必要考量的一点是：近几十年来，在国际社会中，多元主义和连带主义概念之间的相对力量平衡发生了变化，英国学派对此进行了反思，而"民族国家规范准则二元性"与这种反思之间具有怎样的相关性？

根据多元主义的阐释，国家是国际社会的终极成员，秩序是一种共同的首要目标，而外交是解决国家间纠纷、发掘合作前景以及将约束性合约植入国际法的宝贵工具。根据社会连带主义的阐释，个人是国际社会的基本成员；政府对人权的支持是带有强制性的，而干预手段，不论和平手段还是带有军事力量的手段，其对于保护个人权利而言都可能是至关重要的（Bull, 1966; Wheeler, 2000）。埃利亚斯研究对这一讨论所做的贡献提供了关于这两种观点在同一整体文明进程中所处位置的社会学解释，而贵族阶级和资产阶级力量之间的实力变化重塑了这一文明进程。从这一角度来说，与多元主义国际秩序倾向相关的外交概念是旧时超国家贵族宫廷社会的遗产，而对于个人权利的支持则是资产阶级兴起的产物，并且印证了民族国家规范准则中的普世平等维度对于外交政策行为和国际秩序组织原则所造成的更大影响。从19世纪后半段开始，国际社会人道主义战争法发生了演变，标志着文明进程历史中新阶段的出现。

为了进一步推动有关国际社会的过程分析，我们需要注意一些实例，即文明民族的国际法是如何在这一时期取代基督教世界的国际法的（Steiger, 2001: 66ff）[5]。"文明国际化"的标志包括1868年的《圣彼得堡宣言》，该宣言禁止使用爆炸性弹头，理由是不必要的苦难"与人类法则相悖"，并且在"文明民族"间的战争中是不可接受的。这样的痛苦和苦难与"文明的进步"不相符合，后者要求"尽可能减轻战争的灾难性"（Roberts and Gueldff, 2001: 53–5）。之后，在 1899 年和 1907 年的海牙会议上，民族政府直接指代与"文明"民族社会相关的特殊联合体。第四版《海牙公约》的序言（即马尔顿斯条款）宣布称：平民和战斗人员"均受到《万国法》原则的保护和统治，因为这些原则来自文明民族之间已有的惯例、人类法则以及公众良知的指引"（Roberts and Guelff, 2001: 70）。上述创新是近期国际法发展的先驱，而这些发展包括 1997 年联合国《关于禁止发展、生产、储存和使用化学武器及销毁此种武器的公约》（简称《禁止化学武器公约》），该公约利用文明话语来禁止使用与人类社会"蛮荒"时期相联系的毒性武器（Price, 1997: 26ff, 35ff）[6]。

19 世纪晚期至 20 世纪初期，就国际法如何体现文明民族的自由"良知"，人们进行了相关历史研究，而这些研究可以有效地与之前有关国家道德准则二元结构的讨论联系起来（Koskebniemi, 2001: ch1–2）。有意思的是，鉴于埃利亚斯对于德国针对法国文明理念的反感所做出的反思，政府和非政府行为体通过谴责这种古旧到危险的文化（kultur）现象来声明他们对于人道主义原则的支持（Koskenniemi, 2001: 71ff）。作为对这种趋势的呼应，法国政局领袖、国家媒体以及公共知识分子将"一战"重现为野蛮文化（kultur）民族主义和西方自由文明之间的冲突（Kramer, 2007: ch5; Robertson, 2003: 119ff）[7]。通过这样的方式，人们利用文明叙事来捍卫自由主义理念，即主权权利和人类道德义务之间应当具备理想关系。多元主义和社会连带主义关于国际社会概念的相对立场中出现了一种总体变动。这种变动与那一时期文明进程的主要特征之一有关，即国家间"会议制度"的扩散，这种"会议制度"反映出社会内部做出的承诺，即将社会、政治部署引向令人满意的方向（van

Vree, 1999)。政府间和非政府组织以及与之相关的、为人道主义战争法提供支持的国际会议的增加极大地扩展了曾经作为部分超越国家宫廷建构的外交会议。政府间和非政府间国际组织的增加证实了"会议行为"的"加速发展"和国际化;这种"会议行为"通过减少战争中不必要的苦难来推动国际秩序的文明化(van Vree, 1999: 324ff)。

这些发展在20世纪关于国际刑法的创新中得到了推动。"反文明和反人类罪"的概念在1915年5月24日的一份联合声明中占据重要地位;这份声明由英、法、俄三国签署,意在谴责任何直接协助或同谋亚美尼亚大屠杀的奥斯曼官员(Myles, 2002)。此处宣扬的"文明国家习惯"是国际法庭调查"一战"期间战争罪行的理念中心。"二战"末期,文明申诉再一次占据了突出位置。纽伦堡法庭诉讼称,被指控犯有"反人类罪"的纳粹领袖不能以违反国际法起诉,但是这些人从始至终都知道,犹太人的种族灭绝违反了"文明"原则,并且他们必须受到相应的惩罚。日本曾声称,通过接受禁止武力侵略、"减缓战争惨状"的国际协议,日本已经获得了"文明世界的一席之地"。然而在1946年4月开始走流程的东京审判上,诉讼团队使用了同样的措辞,称被指控犯有战争罪的日本领导人违背了上述声明(见Boister and Cryer, 2008: 110中"多数判决"部分)。

纽伦堡审判上的激进言论称,"源自所有文明国家刑法的一般原则"高于传统的、保证国家领导人不受起诉的国家主权概念(Marrus, 1997: 57ff)。结果就是,文明进程的一个首要特征,即针对暴力的"嫌恶界限"的扩展,导致了后"二战"自由国际秩序中出现了一个决定性转变:一方面,多元主义规定国家主权神圣不可侵犯;另一方面,社会连带主义坚信个人权利不可剥夺。这二者之间的关系出现了决定性转变。自由主义社会内部在惩戒针对妇女儿童暴力方面所取得的进步，得以通过一种新的国际法律责任教条的形式向外延展。这种新教条反对传统教条的观点，后者认为有关政府以何种方式对待本国民众的争论完全是主权内部的事情。新的"会议机制"把国际刑事诉讼添加到国家社会现存体制，这些机制是一段漫长的文明进程的一部分，它可以追溯至并且也延续了宫廷社会中"驯服武士"的传统。这就是更大规模的国际政治秩序文明化进程，对主权和殖民主义者的驯服也都是其中的一部分。

不出所料，作为统一发展模式的一部分，"二战"后的文明政府创造了禁止种族屠杀、酷刑和种族隔离的人权公约。但回想之前说过的主题，这并不意味着这一进程是顺利的、毫无争议且无法逆转的。有利的全球权力关系使得在国家规范准则光谱上立场相似的自由主义政权能够按照文明规范塑造国际社会。1946 年 4 月由联合国创立的《国际法院规约》第 38 条声明，国际法院将依照"被文明国家所认可的一般法律原则"来"决定提交至此的争端"，从而肯定了局内群体相信的自由主义所拥有的优越性。[9]但是，对于利用文明话语支持这样的世界秩序愿景的人而言，风向逐渐改变了。"一战"时的大浩劫模糊了文明与野蛮的界限，而这种界限在纳粹种族屠杀和广岛、长崎原子弹爆炸后变得更加难以为继。殖民主义扎根于欧洲对于自身文明与种族的优越感，而非西方国家发动斗争终结了殖民主义，确保了文明与野蛮的界限得以瓦解。

在本章结束时，需要思考的一点是：在面对与西方国家持不同暴力约束标准的对手时，西方国家发动文明武装力量进攻，它们就自己应当对敌人所负有的道德法律责任所持的观点，是如何通过军事法庭得以体现的。此处并无篇幅来分析不同时期的军事法庭。笔者的目标是，在之前的观点，即埃利亚斯关于民族国家道德准则二元性的调查，在特定案例分析这一观点的基础上进一步进行讨论。军事法庭例证了埃利亚斯的观察，即对于微观结构或小规模建构的分析能够为理解宏观结构或大规模建构做出贡献（Elias, 2008c: 5）。它们进一步表明了特定"会议机制"是如何揭示更宏观的社会、政治进程的。

美国关于1899—1902年美菲战争中对待囚犯的方式是否符合文明标准的官方调查，展示了小规模建构对于文明进程的揭示。在一场由双方都参与的屠杀循环中，美国军队为回应1901年9月28日发生在巴兰吉加并导致48支美国军队被杀害的冲突而发起报复性行动。调查围绕的是现在看来人们再熟悉不过的问题：关于军事必要性的问题、关于酷刑正当性和更普遍地与"野蛮人"相冲突的文明规范状态的问题，以及关于遵守和有权违背上级命令的问题。审查关于美国军官暴行报告的军法署署长观点很明确。他论述到，虽然敌人"公然罔顾文明战争规则"，但这并不意味着针对酷刑的国际法律禁令有所放松（Mettraux, 2003: 145）。用负责此次调查的其中一名将军的话来说，"任何其他观点都是转向野蛮的方式，而不是文明国家的理性要求，即战争的进行应当有着尽可能少的残忍和非正义情形"（Mettraux, 2003: 138）。政府声明坚称美国军队人员在战争中表现光荣，尽管有一小部分人的行为并非如此。在一封交给参议院菲律宾问题委员会主席的告密信中，战争部部长伊莱修·鲁特表明，只要战争存在，就会产生"不可原谅的严重性"，并补充说任何偏离"万国法"的行为并没有受到官方制裁，同时也并不改变这样一种事实，即在菲律宾的军事行动是根据"对文明战争法则一丝不苟的考量，对囚犯、非战斗人员的真切关照以及根据自我约束和人道主义原则"进行的（Mettraux, 2003: 150n58）。再者，对于缺乏官方制裁的强调支持了埃利亚斯在其两难进程分析中强调的"坏苹果"理论，简而言之，即只有"最好的群体当中的少数人"违反了文明民族惯常遵守的约束标准。

依照更近期的、关于违反战争法行为的公共讨论来看，同样具有启发性的是 1901 年布朗中尉的审判。他因为杀害一名战争逃犯而背上过失杀人的罪名，被军队解职并处以 5 年强制劳役的刑罚。然而，之后他被释放并被允许恢复军队职务。该结果似乎确认了官员们接受了情有可原的辩解（见 Welch，1974 关于与种族主义相互交织的普遍观点，即游击队违反了战争法，不应当被战争法保护）。通过该案例可以看出，文明民族的良知是如何通过惩罚离经叛道的成员而得到满足的，有关道德完整性和更广义社会的基本礼仪的预想又是如何被重申的，以及人们是如何避免而非公开面对更深层次的问题的，该问题是：文明和野蛮话语对于战争暴行的贡献性[8]。

当与非西方反叛群体发生冲突时，应当遵循何种参与规则尚存争议。而近期关于所谓的违反战争法行为的调查及其后续的媒体讨论表明，可以利用本章的中心论题对上述争论进行分析（这些论题包括文明内部分裂、民族国家道德准则二元性、有关西方对于殖民战争态度的争议，以及现代国家社会对于"社会连带主义"人道主义战争法的纳入）。讨论最多的英国实例是发生在 2013 年的"海军 A"（后续证实为亚历山大·布莱克曼中士）审判。他因谋杀一个受伤的塔利班俘虏而获罪并被判处 10 年监禁。[9] 纸质媒体的共识是，"海军 A"违反了战争法，罪有应得（正如他在头盔录音中说自己"刚刚违反了《日内瓦公约》"一样）。在一篇题目有趣的（《士兵们必须如何控制情绪以占据道德高地》）、有关"文明进程"的文章中，一名首席国防记者称，无法达到必要的"自制"水平，是英国武装力量"名声中的污点"（Coughlin，2013）。毫无疑问，因为附加于遵守战争法之上的价值——或者就算不因为此，也是因为名誉因素——没有哪个首席评论家主张给布莱克曼中士免罪。但是，在公众呼吁减刑的运动中，反映出欧洲文明进程关键特征的、具有影响力的言论得到了发展（事实上，布莱克曼的刑罚的确在2014年上诉之后减至8年；后来，在2017年3月，初始裁决从谋杀改为过失杀人，而刑罚也减至7年，依据是由"异常应激源"导致的"责任减轻"）。

重审原判的一部分动因是，考虑到"敌人的残忍"所带来的创伤，就像"被路边炸弹伤及的英国士兵的四肢"此等惨状所体现的那样，"复仇的冲动"可以理解（Coughlin, 2013）。同样地，一位英国高级军官坚称"海军A"犯有"麻木不仁"之罪，而非"野蛮"之罪。他还补充说，杀死塔利班俘虏的事实虽然无可辩解，但是这"不等同于"在英国城市"街道上杀人"（发生在2013年5月22日伦敦的菲西利耶·李·里格比谋杀案可能对上述比较产生了影响）。"复仇的冲动"这一说法是帝国主义社会"文明内部分裂"之后遗症的标志，即在与野蛮人的冲突中，偏离对于暴力的文明约束是被允许的。不过，有观点认为，残忍和暴力不可饶恕，这传达了一种理念，即"文明"要求军事人员实现更高水平的自我约束（Tucker and Triantafyllos, 2008）。再者，许多呼吁减刑的人隐晦地认为，一个文明社会应当与武装力量成员共情，因为他们要忍受在野蛮、残忍环境中进行的漫长军事行动所带来的心理创伤。一方面，无论是和平年代还是战争时期，人们希望人类文明能够实现一定水平的"自制"，而其未能做到这一点，从而招致了批评；另一方面，受爱国主义和民族忠诚的影响，公众呼吁对相关罪犯予以宽容理解的判决。那些呼吁减刑的人将以上批评和公众呼吁结合到一起（见Blackman, 2019，布莱克曼中士的事件回顾）。

通过围绕"海军A"案件展开的公众讨论可以看出，文明民族一方面继续与"杀害、致残或攻击他人是错误的"这样一种信念做斗争，另一方面又普遍相信"做这些事情是正确的……如果对于维护由文明民族组成的主权社会的利益而言，这些是必要手段的话"。这些讨论进一步例证了"民族主义"关于国家或民族（以及军队人员福祉）的预想，与"平等主义"伦理道德，即认为"单一人类个体是最高价值准则"这一立场之间的对立关系是如何产生的。它们表明了民族国家规范准则二元性中的不同元素如何能够共存于"各种各样的组合"。

过程社会学的强项之一就是，它能够从长期视角考量这些事件，并阐明当代社会、政治生活中可能不那么明显的特征。该方法带来了关于"针对特定事件的态度如何契合于几个世纪以来的变化模式中"的细致实证分析[10]。比如，本章中所讨论的，在人道主义战争法方面的进步就是一个更广义文明进程中的独特元素，而这一进程则反映在对发生于社会内部与文明社会之间的暴力行为容忍程度的降低。为了理解这些发展，我们有必要考量其与国家形成和内部绥靖化的关系，与宫廷社会及宫廷社会所属的超国家建构之间的关系，以及与阶级斗争之间的关系。后者改变了民族主义–马基雅维利主义治国准则和自19世纪中期起便影响了近代国家和全球政治秩序的人道主义原则之间的力量平衡。

最后一点是，埃利亚斯对于国家间关系的观察，大体上是基于现实主义的，可以结合英国学派对国际社会的分析，进一步完善此种观察。但是，正如本章试图展示的那样：可以利用过程社会学的概念资源和大量实证研究成果，来充实英国学派对国家间关系的文明维度的反思，以及后殖民主义关于帝国"文化逻辑"的论述。

▶ 结　　论

在德国独特的历史发展时期，文明与去文明进程之间的力量平衡发生了波动，埃利亚斯对此进行了研究，而上一章最后一部分总结了埃利亚斯的研究。一个核心主题就是，如果没有稳定的国家垄断机制来控制暴力工具，那么文明进程将处于弱势。垄断权力能够要求人们遵守全球规范或社会规则，而有些国家并不服从这种权力垄断，那么在这些国家之间的文明进程会有多危险？在外部约束尚未转变为强大的自我约束——就像在欧洲文明进程中出现的自我约束，文明进程到底有多么脆弱？埃利亚斯"文明内部分裂"的理念包含了他对这些问题的解答。他考察了两难过程中，人们高度情绪化的纠结状态，而这代表了埃利亚斯对国家间关系所持有的立场中更为消极的一面。

一个关于国家间关系的、更为微妙的视角贯穿埃利亚斯对于超国家共同体以及民族国家规范准则二元性的反思。专制主义时期的文明进程不止局限于社会内部发展，它还体现在将宫廷社会约束在更大的超国家建构中的外交准则和仪式当中。这样的约束，就像专制主义宫廷社会间所具有的那些约束，很大程度上局限于欧洲。一般而言，礼仪和文明话语在国际社会中有一种缓和作用，但是他们几乎不会影响人们对"野蛮人"的态度和行为。当文明与野蛮之间的力量尤为不均衡时，文明社会内部的裂痕则更为深刻。在这种情况下，去文明化进程通常在欧洲全球统治集团和非欧洲外来者的关系中占据上风。

对于殖民战线沿线上的文明化与去文明化之间的平衡变动，埃利亚斯没有做评论。同样，他也没有审视民族国家规范准则中普世平等元素对于欧洲势力和殖民地外来者之间关系的影响。本章最后一部分讨论了一系列政治举措，由此进一步发展了埃利亚斯的理论。这些举措包括消灭殖民暴力以及减少国家间战争中不必要的苦难。这两个方面是推动文明进程全球化，或者说促进国际社会文明化的自由主义计划的两大支柱。

在推动过程社会学对全球秩序做出解释的过程中，还有另外一种现象需要考虑。如果没有关于"文明标准"的研究，那么就没有哪一个有关文明进程和世界政治二者关系的研究能够称得上是完整的。"文明标准"是19世纪晚期欧洲殖民话语中具有影响力的主题。该理念处于国家建构、帝国主义和国际社会三者相互联系的中心。接下来的两章将利用过程社会学的核心概念和方法，在埃利亚斯分析欧洲社会长期变化模式所获成就的基础上进行深入研究。第一步要思考的问题是，文明自我形象的塑造，不仅要归功于国家形成和国家间的斗争，还要归功于对所谓野蛮民族的发现与征服。通过上述思考，我们可以进一步深挖埃利亚斯的研究。

第 4 章

欧洲古典"文明标准"

第 4 章 欧洲古典"文明标准"

在欧洲文明进程和帝国主义扩张之间的联系这一问题上，可以用之前引用过的言论来总结埃利亚斯的立场，即文明理念"体现了殖民群体持续不断的扩张主义倾向"（Elias, 2012 [1939]: 17）；同时，它还解释了向落后社会传递"进步"这一"文明攻势"的理由。这些说法可能会造成这样一种印象，即欧洲人在殖民扩张的浪潮之前就详细阐述了他们的文明形象，或者说他们首先发展了文明语言，后来才实现了对非欧洲民族的控制，并得以自由地利用以前的措辞来为帝国主义统治正名。欧洲文明进程研究中对于十字军扩张的指代，更加详细地描绘了欧洲内部和欧洲外部发展之间的相互联系（Elias, 2012 [1939]: 246ff）。但是，由于缺乏对殖民统治和文明进程的讨论，埃利亚斯1939年的研究遭到了批判，理由是该研究受制于"一种纯欧洲式的学识谱系"，没有考虑欧洲与非欧洲民族的关系对欧洲内部发展的影响。本可以通过进一步审视历史事实来避免这一异议：在没有与其他群体接触时，欧洲人没有把自己定义为文明民族，而之后当他们与其他民族首次接触时，他们开始陷入思想斗争，要如何理解奇怪的习俗，要如何处理与那些乍见之初，相较而言显得格外野蛮的民族之间的关系。通过探索全球相互联系如何塑造了欧洲文明优越性这一概念，本可以避免对埃利亚斯的批判。

就像"文明帝国"理念所传达的那样，欧洲文明进程与殖民扩张阶段以及相关的"文明标准"同时发展起来（Bowden, 2009）。一方面，欧洲人自诩文明，庆祝欧洲变得更和平、更克制、更精致、更礼貌；与此同时，还有一种理论强调了其他民族的放纵、冲动与残忍。这些民族看起来"如野兽一般"，或者说看起来很幼稚，因为他们的情绪管理水平似乎很低，显然是出于冲动本能而自由行事。埃利亚斯对于国家形成以及文明概念之间关系的分析是社会科学领域的一次重大突破。但是，它是一次有限的突破，因为该分析没有涉及下述话题，即国家主导的帝国主义计划和"文明化"任务不是出现在文明进程之后，而是参与了整个文明进程。

在分析国家问题时，近期具有影响力的社会学分析得到了后殖民主义的评论，比如提利（Tilly, 1992）的评论——他认为这些社会学分析只关注了民族国家，忽视了帝国主义国家（Go, 2013a: 16ff）。这一评论同样适用于埃利亚斯对国家形成的分析。埃利亚斯强调，"笼罩我们生活"的"西方文明的危机和转型"为其 1939 年的著作提供了写作动力，而这一观察明显指代欧洲的动乱（见 p. 17）。但是，如果我们把非欧洲民族的殖民经历也一并考虑进来的话，关于文明的问题有着更大的维度。过程社会学对于上述后殖民主义论点的反驳捕捉到了这一点，其论述道：

> （除了）文明进程的极少数片段，我们并没有很清晰地意识到……当文明在发展之时，它正忙着将自己以最为暴力的方式散播到全球，因此，我们完全可以说欧洲宫廷社会的仪式化礼节建立于针对"原居民"的血腥谋杀之上，并且是由强盗般的欧洲人用"他们"掠夺的土地、劳动力和原材料买来的。（van Kriegen, 1999: 300）

凡·克里肯的批判与这样一种论点产生了共鸣，即"文明"的暴力本质经常在"边缘地区"冲突中表现得最为明显或最为剧烈（Pepperell, 2016）。不过事实贯穿于埃利亚斯对国家垄断暴力的解释中：

> 几乎都没有探查国家利用这种垄断权力真正做了什么，无论是对本国人民，还是对它们准备殖民统治的其他地方的人民。比如，埃利亚斯说到了西方文明的"传播"，说到了"东方民族

或非洲民族向西方标准的转变",还说到了世界其他地方在欧洲行为标准之内的"融合",而这种融合被看作"被殖民者文明化"过程中至关重要的因素,冠冕堂皇地掩盖了这一过程真正的暴力程度。(van Krieken, 1999: 300)[1]

该论点继续宣称:

系统地利用"文明攻势"的概念来补充"文明进程"的概念,并将社会内部各种权势群体和涉及世界其他区域社会整体的、活跃且有意为之的文明项目纳入考虑范围是十分重要的。只有那时,我们才能感知到文明被引导的特定方向,而不是仅仅将其看作一个机械过程,一个在与其他社会发展进程的自动联系中简单展开的过程。(van Krieken, 1999: 303)

这一阐释强调了埃利亚斯解释中的"自动行为",就像人们反复声称的那样,文明进程大多是"背着"当局者以没有计划的形式发展起来的。这就要靠其他人来研究由传教士群体在欧洲社会内部以及其他区域发起的一系列文明攻势了。他们的目标明确,就是要提升社会底层,改良"野蛮"社会(Roberts, 2004; Twells, 2009)。埃利亚斯的研究关注了一个问题,即人们是如何在毫不知情的情况下,卷入社会相互依存的模式的,这种模式催生了文明生活方式的概念。这种相互依存模式,经过适当修正之后,能够解释欧洲内部的主要变化方向,但是不能解释文明理念如何扎根于世界其他地方。此时,我们有必要重提埃利亚斯的一个论点,即近代欧洲人误认为自己的文明是一种状态而非过程,是与生俱来的权利而非一种未完成的、可逆转的发展过程。埃利亚斯喜欢用"爬旋转楼梯"来比喻这一过程，即人们以一种超脱或远观的态度来审视自己旅程的早期阶段。在有关这一主题的变体讨论中，他提到了一种说法：

> 一群人……在一幢未知的高塔里越爬越高。……慢慢地，他们的后代到达了第 100 层。随后，楼梯坍塌了。这群人就在第 100 层建立起了自己的统治。随着时间流逝，他们忘记了自己的祖先曾在底层生活过，忘记了他们是如何到达第 100 层的。他们从第 100 层的视角看待世界和自己，却不知道人们最初如何到达这里。他们甚至把自己在第 100 层视角所形成的理念当作人类的普世理念。（Elias, 2007a: 110）

该引言提出了这样一个问题，即生活在视角扭曲的第 100 层的文明民族对于文明、海外殖民扩张以及殖民暴力之间的联系忽视到了何种程度。

有人批评埃利亚斯的著作没有讨论欧洲国家在海外扩张的同时到底利用自己对暴力工具的垄断控制做了什么。这种批判提供了一个有价值的观点，也就是关于埃利亚斯在寻求一个更超脱的文明理解方式时，到底在多大程度上忽略了社会间的相互作用，而这种相互作用对似乎处在旋转楼梯底层的人来说是显而易见的。简而言之，对文明作为状态而非过程的解释忽视了帝国主义和殖民主义暴力在欧洲文明自我形象形成中所占据的地位。后殖民主义的言论捕捉到了其基本观点：即便是现在，也很少有系统化的研究尝试"将文明话语和大西洋奴隶贸易关联在一起"，更广义地说，尝试"阐明文明概念所留下的殖民遗产"（Shilliam, 2012: 101-3）。正如上面所提到的，更大的问题体现在这样一则论述中，即"每一部文明记录"同时也是"野蛮记录"。进一步来说，对于文明进程的研究只有包括了

第4章 欧洲古典"文明标准"

对这些"野蛮"情景的描述才能称得上完整,而这些"野蛮"之景与针对社会和自然界的文明倾向的出现紧密联系在一起。

虽然埃利亚斯没有审视相互关联的文明记录和野蛮记录,但是,他的分析模式及其关键概念与这一任务十分契合。此时,我们有必要重提之前关于这一分析模式的中心工作原则的讨论,特别是分析不平等权力之间关系的方法,即"群体魅力和群体羞辱的运作、污名化过程、外来者良知和群体形象对于局内群体世界观的内化"虽然催生了高级驯服手段,但是二者之间的对立关系依旧存在(Mennell, 1998: 138)。这些主题指明了本章以及下一章中的讨论内容。这两章将会带来关于"群体魅力"和"群体羞辱"在殖民语境中的关系如何影响文明自我理解并受其影响的实证分析。对于社会次等群体的暴力征服和镇压是这种相互作用中的主要部分。但是,文明民族优越性中的群体自豪同样体现在这样一种家长式统治的预想之中,即认为给落后民族带去进步和发展的文明社会可能是一种"良善之力"。这种看待殖民主义目的的视角,连同殖民暴力一起,在塑造文明意味着什么的理论中,起到了重要作用。该立场的许多支持者并不反对使用武力镇压不服管教的原住民,却会批判或谴责认为自己有权压榨或终结任何挡道的野蛮群体的殖民主义者。"文明标准"标志着在殖民统治的对立形象之间,力量平衡发生了变化。

本章提供了一种有关"文明标准"的过程社会学阐释,意在完善英国学派对于殖民国际社会中核心原则的先驱性分析(Gong, 1984)。对于过程社会学中心工作原则的早期总结强调,局外群体"吸收了局内群体的世界观"(Mennell, 1998: 138)。笔者将在这一语境下讨论一个主题,即统治群体尝试垄断埃利亚斯所称的"定位方法",或者说人们协调自己与世界相处的方式。对于话语内涵的垄断和强迫他人内化该视角的努力对于不同群体的权力资源造成了影响。

埃利亚斯（2012 [1939]: 474）在一次明确指代殖民主义的论述中提到过该主题，他称统治群体经常通过决定人们应该以何种方式规范自己从而有效地运用权力。本章第一部分意在阐明欧洲人攫取文明垄断权的过程。该部分将通过讨论关于征服和发现的各种叙事来实现这一目标，之后将会有关于"文明攻势"这一理念的研究。该词条是为了提升埃利亚斯对于欧洲发展的解释力而创造的。作为本章第三部分的文明标准就是文明攻势的一个例子，即欧洲殖民政权认为自己对于文明信念与惯例的真理拥有垄断，并试图将其国际化。文明标准被用来在全球秩序中传播文明规范，而该计划包括贬低非欧洲世界观、提倡将落后感融入文化，以及鼓励或支持当地文明攻势以模仿欧洲生活方式。第 5 章将举例说明，人们采取了哪些举措，力推在全球范围内实现"文明"的进步。这些例子以更加具体的方式展示了局内群体–局外群体的建构是如何帮助文明规范在欧洲主导的世界秩序中传播的。

▶ 征服和发现的叙事

就像在第 2 章中讨论的那样，埃利业斯利用大量的礼仪书籍来例证并解释几个世纪以来欧洲的社会政治变化。但是，其他文学形式也能被选来为这一整体论点进行辩护，包括那些展示欧洲文明自我形象如何在相继不断的殖民扩张中通过野蛮语言发展起来的文学形式。相关的"文化逻辑体现在日常话语、小说、艺术、科学记录或民族志中"（Go, 2013: 29–30）。无数关于征服和发现的叙事，或者说有关与非欧洲文明早期接触的叙事，清楚地表明欧洲人获得文明身份并不单单是欧洲内部发展的结果。这种文明身份经由一系列具有影响力的"全球对比"形成，而这种"全球对比"则在关于"新世界"的细致描述中得以构建（Delanty, 1995；另见 Said, 2003: 166ff; Smith, 2006: ch2, ch5）。比如，在欧洲殖民扩张的早期阶段形成了文明和野蛮之间的鸿沟，而"肮脏仪式"的概念代表了该过程的一个关键方面（Greenblatt, 1982）。对于劣等民族的反感，同样也是"民族"和"地理"报告中反复出现的特征，解释了"群体魅力和群体耻辱"所蕴含的潜在倾向以及相伴而生的"污名化过程"是如何在社会群体之间"力量平衡"极不均等的情况下运作的（Hodgen, 1964: 131ff 中的讨论）[2]。一些16世纪关于"新发现"的南美民族的描述认为，缺乏对于裸体的羞耻和尴尬是野蛮的证据。关于身体和情感的揭示性叙事集中于野蛮人和欧洲人的对比上，而后者在被发现赤身裸体时无法控制的脸红倾向则是一种关键的"文明指标"（Cummings, 1999; Górnicka, 2016; 见 p. 60）。

旅行志凸显了原住民族的裸体和淫乱，还有他们对于生食而非熟食的原始偏爱，以及"野蛮的"进食习惯。其他缺陷则体现在他们对暴力行为的高度容忍、残忍的仪式性身体伤害以及杀婴传统中（Jordan, 1969: ch1; Leão, 2014）。埃利亚斯可能设想过，也可能恰好相信——对生理功能、威胁行为和暴力行为的文明控制之所以能够产生，礼仪书籍起到了主要作用。但是，欧洲人对原住民习俗耸人听闻的描述暗示着，礼仪书籍并不是建构文明自我形象的唯一途径。在宫廷社会内部以及宫廷社会之间，流行文明和非文明的二元对立，而有关征服和发现的叙事在塑造这种对立的过程中，可能跟礼仪书籍具有同等影响力，如果不是更具影响力的话。我们需要进一步的研究来评估两种不同文学形式的影响。可以补充一点，一些作品联结了这两个领域。一个例子就是由德国人约翰·贝姆斯

(Johann Boemus)所著的《万国法规》(*Omnium gentium mores leges et ritus*)。这部 1520 年首次出版的作品被称作存在于(或可能存在于)非欧洲社会中最早的"文艺复兴习俗和礼仪合集"之一(Hodgen, 1964: 131ff)。专业研究可能会鉴定出其他这样扮演双重角色的、具有影响力的作品。

正如第 2 章中讨论过的那样,埃利亚斯把伊拉斯谟有关男孩的礼仪的论著拿出来解释世俗上层阶级如何被引导并自我引导以接近新的礼仪标准。但是与伊拉斯谟(1466—1536)同时代的贝姆斯(1485—1535)的著作同样具有极高的声誉和影响力:其著作被再版 20 多次,并且在 16 世纪中期以及 17 世纪早期于多个欧洲国家出版。该著作并不仅仅是关于异域习俗和礼仪的描述性总录。读者们可以思考其他行事方式的野蛮性,比如作者坚称萨拉森和土耳其人的世界观是"假冒先知的疯狂邪恶"的产物(Hodgen, 1964: 140)。因此,要理解这一论著,最好结合反土耳其宣传册(Türkenbüchlein),这些宣传册"铺天盖地"地出现在德国 15 世纪早期和中期,用于宣传土耳其人迫害基督徒的野蛮暴行(Bohnstedt, 1968; Cole, 1972)。在欧洲文明言论中,土耳其人被描述为"欧洲的另类",而上述宣传册就属于这样一种更为宏大的表述(Neuman and Welsh, 1991)。在"文明"这一名词越来越流行的时期,关于土耳其人的类似描述还包括埃德蒙·伯克丁 1791 年 3 月 29 日对议会所做的演讲。在该演讲中,伯克认为土耳其人甚至"比野蛮人更恶劣"(引自 Marshall and Williams, 1982: 165 对于英国议会史,XXIX: 17 的引用)。针对奥斯曼帝国的类似定位将在第 5 章进行讨论。

其他为文明身份做出贡献的文学形式包括像西奥多·德布莱(Theodor de Bry)《大航海时代》(*Great Voyages*)那样插图丰富的著作。《大航海时代》是早期传播新世界民族图片描述的著作之一(如果不是最早的话）。该书在1590—1634年间以分卷的形式出版，并且欧洲贵族成员（特别是德国宫廷社会中的贵族）对本书进行了广泛讨论。书中列举了"新发现的"群体是如何表现出残忍性的，还图示了"野蛮且血腥的行为"，包括庆典性的食人行为（Bucher, 1981: 11, 46ff, 90, 166）。同样具有影响力的还有德布莱于1590年出版的著作，该著作收纳了约翰·怀特关于"裸露的巴西人"的画作（Hunter, 1984）。与之相伴的还有关于对古皮克特人的描绘，它强调了以下两者的相似之处：一方面，在早期国家建立和内部绥靖化过程中，"文明任务"随着"内部殖民"而出现；另一方面，在意外发现同样"野性的"非欧洲民族之后，欧洲开始采取帝国主义文明攻势（Hulton, 1984; van Krieken, 2011）。

关于内部野蛮人的描绘值得我们给予更多关注。文明社会和残忍且目无法纪的野蛮民族（如苏格兰人、威尔士人和爱尔兰人）之间的强烈对比出现在12世纪英国国家形成初始阶段的各种著作中（Linklater, 2016: 235ff）。之后，在伊丽莎白时代，有两类描绘被结合在了一起：一类图片描摹了高雅统治阶级和未被驯服的外来者之间的区别，还有一类则描绘了文明民族和全裸或半裸的美洲野蛮人之间的反差（Hodgen, 1964: 152–3）。这些描绘被极其有效地编入这样一种叙事，即原住民都生活在战争般的"自然状态"中。该言论是17—18世纪社会、政治思想的强有力比喻，它影响了国家权力、内部绥靖化、帝国主义驯服次等民族的目标，以及新兴的独特国家社会概念之间相互作用的著名观点（John, 2000）。"自然状态"的观点支撑着"文明内部分裂"的理念。在与野蛮人交往时，文明社会不再管控武力，而人们利用"自然状态"的观点来为此辩护。通常，那些通过融入文明有序的国际社会而削弱了自然状态下所存野性的民族，在相互交往的过程中，是会进行武力约束的。

另外一种文学形式，即科学地图，造成了文明人与野蛮人自我克制标准之间的鸿沟。16 世纪早期的地图由地理学家，比如奥特柳斯（Ortelius）和墨卡托（Mercator）等人绘制，他们试图通过对非欧洲地区野蛮之景的生动描绘，让人们重新认识人类世界以及其物理环境的规模。奥特柳斯的《寰宇全图》（Theatrum Orbis Terrarum）出版于 1570 年，到 1612 年时，已被译成 6 种不同语言，该书第一次尝试系统性地将地球作为一个整体来描绘（Cosgrove, 2001: 2–3, 130ff）。43 幅地图的其中一幅包含着一个"半裸非洲人"和一个"全裸美洲人"提着欧洲人脑袋的画面，以表现原住民的残忍和野蛮。其他论著，比如由乔治·布劳恩（Georg Braun）和弗兰茨·霍根伯格（Franz Hogenberg）编纂并于 1572—1617 年出版的 6 卷本《寰宇城市》（Civitates Orbis Terrarum）中含有主要城市的描绘，为的是将欧洲放置在文明状态的顶峰（Cosgrove, 2001: 133）。往后的地图集，包括 1747 年的《地图全集》，通过加入时间维度进而打破了奥特柳斯的模式。其目标在于，将不同地方的对比与人类从古典时代上升至文明时代这一伟大过程中的特定阶段联系起来（Cosgrove, 2001: 197–8）。

人们认为，与经过更加科学精密计算的欧洲地图比起来，欧洲之外的地图，包括东亚和东南亚地区的地图，是粗糙且原始的（Zarakol, 2014: 319ff）。基本的遗漏和错误从另一方面表明它们不像有效主权国家，非欧洲国家描述空间的能力有限。不够精确的测量和猜测性的距离计算都是自然掌控能力低的证据（Adas, 2015: 259ff）。精确的近代地图代表了文明的时间坐标与空间坐标，而这种文明坐标只可能出现在高级的生活方式中。一方面，欧洲人为自己的科技实力感到自豪；另一方面，欧洲人采用了更加超脱的研究视角，并且越发自信地认为他们对现实的认知水平超越了其他文明。

第 4 章 欧洲古典"文明标准"

上述两方面是息息相关的（Carrillo, 1999）。欧洲早期实现的科技文化突破，曾受益于其他文明，但在上述过程中，这种负债感遗失了，或者说遭到了压制（Hobson, 2004; Nelson, 1973）。但是，欧洲人并不认为自己的成就仅仅是认知方面的。在他们眼中，地图绘制方面的革新象征着先进科技，而先进科技又与欧洲人在全球投放自己强大的军事力量的能力——或者简单来说，与殖民主义紧密相关。反思一个更普遍的趋势，我们会发现，人们认为在亚洲艺术中，欧洲感知视角的缺失是一种文化落后的标志，这也解释了为什么众多亚洲王国落后于欧洲扩张主义主权国家的军事政治力量并最终臣服于此（Adas, 2015: 259ff; 另见 Salter, 2002: 42ff）。类似的污名化模式是欧洲全球统治力量对于自己合法世界地位和命运的看法中不可或缺的一部分。

为了给殖民统治正名，人们越发追求从科学或伪科学的角度来解释落后民族的缺陷，而技术造诣在文明指标中的地位与这种追求联系在了一起。局内群体-局外群体之间的种族差异建构就是典型例证（Mennell, 1998: 129ff）。随着被贩卖至欧洲的黑奴数量的增加，以及大西洋奴隶贸易的扩展，有关文明与野蛮民族之间存在区别的主导概念日益充满种族色彩。随着力量不平衡的加剧，局内群体越来越强调肤色的象征性意义。白人文明的正面形象与污名化黑人形象的行为同时发展起来，这一时期，黑人形象等同于低水平的自我约束，其典型表现包括"野蛮人"的懒散、幼稚以及自然冲动（Cole, 1972）。这种形象多少能够在基督教和犹太教教义中找到根源。然而，在技术发展的时期，这种形象得到了重塑，因为人们对于社会世界和物理环境的定位变得更加世俗化了。而有关种族和生理差别的新"科学"为机器时代中关于外来者的负面描绘提供了新的基础（Adas, 2015: 292ff）。科学种族主义是所谓"种族化"过程的一部分，在这一过程中，统治群体赋予了肤色大量道德和政治意义（Dalal, 2002）。过程社会学并没有展开讨论该现象，但是强调了埃利亚斯对于强权是如何通过强调下层阶级身体差别的污名化模式来反复重申自己的自然优越性这一言论所采取的立场（Mennell, 1998: 129ff）。从这一立场出发，埃利亚斯论述到，"被称作'种族关系'的东西……不过是局内群体–局外群体关系的一种特殊形式罢了"。

埃利亚斯分析了礼仪书籍在文明进程当中所扮演的角色，通过考察 18 世纪旅行志的写作狂潮，可以进一步拓展埃利亚斯的分析。有意思的是，鉴于埃利亚斯对路易十四宫廷社会所具有的标准设定角色的关注，与"优雅"宫廷社会关系密切的法国"博学群体"成员对旅行志极其痴迷（Dew, 2009）。之后，又出现了大量为参加 18 世纪教育性义务欧洲游的贵族而打造的导览书，它们帮助塑造出一种将对于古典时代的崇敬以及下层群体散漫而不服管教的污名化相结合的世界性、文化性认知（Calaresu, 1999）。旅行志完善了诞生于早期国际形成和海外政府阶段的文明与野蛮之间的二元对立。通过作为传输性纽带之一的旅行志，新兴的、构造更加明确的文明与野蛮言论才能延续至今[3]。在每一个阶段，文明概念的发展，不单单是因为在欧洲社会内部，人们之间相互依赖的程度不断增加。与非欧洲民族之间的"全球对比"也塑造了这些文明概念。礼仪书籍在埃利亚斯的文明进程研究中占据主要地位，而除此之外的其他文学形式则说明了这种"全球对比"。

有观点认为，埃利亚斯很少关注一个问题，那就是国家是如何在主权管辖范围内运用对暴力工具的垄断控制权的。这意味着我们需要对文明与野蛮的言论进行更为广泛的过程社会学分析。该观点还指出了一点：将国家形成作为分析重点的研究决策没有考虑两个相互交织的发展过程，这两个过程分别是非欧洲民族的臣服和欧洲殖民国际社会的诞生（Bull and Watson, 1984: 6–7）。这就是"文明进程"这一整体变化方向的三个方面。该进程体现在对于"（欧洲）技术等级、礼仪本质、科学知识或世界观发展等方面"的集体自豪中，同时也体现在施加于非欧洲地区社会次等群体之上的"群体耻辱"之中（Elias, 2012 [1939]: 15）。后殖民主义批评家认为埃利亚斯的研究方法有一大弱点，他的强调重点是：欧洲人认为有些成就是欧洲独有的，而这种强调树立了一种"深不可测"的文明形象。在人们的设想中，这种文明不仅优于其他文明，还与所有其他文明隔绝开来。结果就是欧洲发展模式受到的"全球影响"在理论意义上被"消除"了。（Çapan, 2017）。前文讨论过这种解释存在的问题。就像之前所论述过的，埃利亚斯的目标是解释欧洲人是如何发展文明理念的。对于"持续采用扩张主义理念的殖民群体"而言，这种文明理念成了他们集体意志的中心，并为"文明攻势"提供了动因（Elias, 2012 [1939]: 17）。这一解释强调了文明优越性理念是如何在不均衡的全球权力关系中产生的。但是，埃利亚斯关于文明和殖民的评论，有时带有"事后诸葛亮"的性质，这种过程研究方法由于带有欧洲中心主义色彩，或者说至少过于以欧洲为中心，从而招致了后殖民主义的批判。埃利亚斯的研究需要修正，在解释文明言论的形成及其对于国际秩序的影响时，要重点强调帝国主义（以及奴隶制度和种族主义）的作用（Linklater, 2016: ch6）。据此，接下来的讨论内容是19世纪的"文明标准"，这种"文明标准"是国家形成、殖民行为、种族化行为和国际社会之间独特的聚合点。

▶ 全球秩序中的"文明攻势"

本章开篇部分曾指出,有观点认为:需要对"文明攻势"进行系统化调研,以补充埃利亚斯对于欧洲文明进程的解释。荷兰的过程社会学家在20世纪七八十年代引入了这一概念,用于分析一系列公共政策,这些政策旨在改良社会下层人民的行为,并推动相关社会规范的内化,包括个人责任、远见和自我约束的理想水平(Powell, 2013)。这也为埃利亚斯的论点提供了必要的修正:埃利亚斯认为文明进程的主体路径大体上是未经规划的,只是偶尔受到文明攻势的推动,而这些文明攻势是由局内群体发起的,目的是转变局外群体的行为和世界观。显然,无论欧洲文明进程被如何解释,殖民关系并非不可预见,也并非无法规划。就像本章开篇所讨论的那样,我们有必要以长远视角分析经过缜密规划的文明攻势,从而理解欧洲精英是如何在欧洲之外的世界运用武力垄断权的。

在转向文明攻势的本位含义之前,我们首先要考量它的客位含义。跟文明进程的概念一样,文明攻势的概念可以从技术(客位)意义上描述转变外来者信念和行为的西方和非西方手段,这些信念和行为在欧洲文明言论出现之前就早已存在很长时间了。这样的例子不在少数。罗马帝国向臣服地区传播"高级"生活方式的计划都是客位文明攻势。这例证了埃利亚斯的论点,即人类历史中的"奇景"就是社会构建"一套自我赞扬词汇和一套对应的、针对其他群体的贬义词汇"的频率。这类行为无一例外都是为了说服他们自己(如果不是说服他人的话)相信其道路的正确性,以及在很多时候,说服自己相信其征服和统治的天然权力(Elias, 2007: 8)。值得注意

第 4 章 欧洲古典"文明标准"

的是,各民族经常"从坚称自己相对于他者的优越感中得到奇异的愉悦感",尤其是当这种凌驾之势是通过"暴力手段"获得时(Elias, 2007: 7)。埃利亚斯(2007: 8–9)反复补充说明,"群体自爱"是经由"赋予那些"处在不平衡关系之下的"弱势群体更少的人类价值"中而得到的。这些评论适用于帝国主义在不同区域和时代所采取的文明攻势。

文明攻势的客位意义就是文明作为"特权区域"的一贯特征(Collins, 2001),即最强大的群体动用自身对于武力的垄断控制来重塑其认为有缺陷的社会部署。在这些区域中,帝国主义理念体现在统治集团的"群体魅力"和相应的、针对外来者所采取的态度中,如"群体蔑视、群体排斥、群体耻辱和群体虐待"(Elias, 2009: 74)。局外群体面临着认同自己的劣等性,并且相应地改变自己的传统世界观和行为的压力。埃利亚斯(Elias, 2012 [1939]: 474–5)发现近代欧洲帝国中存在同样的趋势,这些帝国不仅建立于种植体系的残忍劳动剥削之上,还建立于通过"被殖民者"的"文明化"以非胁迫性方式使用权力的手段之上。主位意义上的欧洲文明攻势,其独特性在于相信人类的进步是线性的,或者说,相信应当根据社会在历史运动中的动态位置对其进行评估,而非根据社会在人类等级制度或不变的"存在巨链"中的固定位置来进行评估。我们应当将"文明标准"放在此种情境下来看待。这代表了一种尝试,一种通过攫取真理垄断控制权而掌控全球导向手段的尝试,此处的真理不仅是关于文明存在本质的真理,还是关于次等社会如何能够从更大的人类进步中获益,并且在某些情况下为之做出贡献的真理。

虽然以上讨论强调了客位和主位文明攻势的不同,但是二者不能被简单粗暴地分割开来。埃利亚斯曾称,欧洲文明进程没有"零点",这是值得我们回顾的一个观点。新兴的主位文明感知受到了早期客位文明进程的影响，而同样的话也可以用来形容主位文明攻势。在近代欧洲早期，许多统治集团认为他们执行的帝国计划与文明任务应当向罗马看齐。伊丽莎白时代的精英相信，把礼仪带给爱尔兰蛮族的运动可以与古罗马人教化其原始不列颠祖先的努力相提并论。对于在爱尔兰开展的文明攻势的类似认知转移到了美国。在那里，他们制订殖民计划来驯化粗野的原住民。这些殖民战略是由罗马帝国那令人骄傲的形象所塑造而成的，从中可以看出，几百年来将欧洲民族联系在一起的纽带，如何推动了主位意义上独特的近代殖民主义文明攻势的产生。

第 5 章将会讨论欧洲文明和文明攻势的主位概念向其他区域的迁移，这些区域已经在客位意义上经历了自身的文明进程。但是，有一个例子值得我们停下来思考，即拥有自身客位意义文明的非欧洲社会如何在开启当地文明攻势时看向欧洲，就像欧洲帝国缔造者曾经转向罗马帝国寻求灵感一样。19 世纪中期，沙皇俄国开启了为中亚民族带来"文明"的扩张主义攻势。统治精英希望可以说服欧洲大国，让它们相信俄国具有一股文明和文明化的力量，从而提升俄国在国际社会的地位。外部参考无比重要。英国在印度的帝国主义统治为俄国文明攻势提供了范本。值得一提的是，俄国文明攻势确实成功赢得了英国统治阶级的赞许。从前两段中的观点可以看出，不同历史时期和地理区域发展之间的关系，是如何使欧洲全球"文明攻势"得到更广泛支持的。在文中提到的时期里，文明攻势的主位概念倾向于覆盖传统的非欧洲文明客位形式，这是一种全球化趋势，而欧洲文明标准就是这一整体势头的核心内容。

第4章 欧洲古典"文明标准"

▶ 古典文明标准

关于文明标准的研究为英国学派分析殖民国际社会的发展做出了实质性的贡献。最具影响力的研究都是基于历史或法律领域而非社会学领域（Gong, 1984；另见 Angie, 2005: ch2）。过程社会学解释了文明标准所属的广义文明进程，还展示了该标准是如何诞生并塑造了全球秩序中核心局内群体–局外群体的，从而补充了英国学派的研究。英国学派在研究文明标准时，并没有利用过程社会学的资源，因为前者忽视了文明标准与欧洲人逐渐认为自己的文明独一无二这一过程之间的关系。詹姆斯·洛里默曾说，所有人类社会都能够在一种三阶式的社会政治组织形式中占有一席之地，这种说法一直是18世纪国际法原则中最常被引用的措辞。对文明标准的研究而言，无论是从历史、法律还是社会学角度出发，洛里默的说法都是一个明显的出发点。洛里默（1883: vol 1, 101）称，"在其现存状态"，物种由"三个同心区域或领域构成，即文明人类、野蛮人类和蛮荒人类"。由法律统治且致力于保障个人基本自由的西方国家组织民族属于第一类。"野蛮"或"半文明"社会，包括被认为是有着复杂国家结构但缺少西方文明统治的土耳其、中国和日本属于第二阶梯。人类社会的最低划分，即没有超越最基本的部落社会组织形式以及没有任何国家结构或政府存在迹象的社会，则构成蛮荒领域。

下面的评论将首先考量有影响力的法律文件中对于蛮荒群体的描述，之后将考量关于野蛮民族的原型描述。国际法律师之间的一般共识是，"蛮荒人类"缺少独立国家地位，即"拥有对地球表面特定区域所有权的政治单位"（Lawrence, 1895: 136）。根据这一标准，"流浪部落"无法被认为是"拥有主权的"；他们也"没有达到领土要求"，因为"他们并不单独占有一片特定地区"（Anghie, 1999: 27）。洛里默（1883: 13）称，"直到现在，蛮荒人类和文明人类都没有同等的权利与义务"。这一观点并未改变。30年后，一位领先国际律师观察到，"国际法对于尚未开化的原住民置若罔闻"（Westlake, 1914: 138, 145）。该论点是，"国际社会的规则"只为"管控调节其成员的共同行为"而存在；有关如何对待原住民民族的问题并不是无关紧要的，但是它们只能留给"具有主权身份的国家的良知"来处理了（Westlake, 1914: 138ff）。

　　该论断能够很快使殖民附属地合法化。一些法律权威称，"未开化部落对某一区域（根据我们的习惯，该区域的一小部分就应当能够满足他们）的占有"并没有"对第一个文明占有者的权利造成严重阻碍"（Westlake, 1914: 139）。原住民群体被要求为前进的殖民主义者让路，而后者则会利用自己的技术优势，通过高效占领和剥削空置区域或无主地（比如西方国家为了合法占领澳大利亚本土而采取了'无主地'的官方说辞）来建立文明（Keal, 2003）。殖民言论重塑了西班牙征服美洲时期广泛流传的观点，即蛮荒的主要特征之一就是，缺乏人类施加在自然界上的长久印记（Pagden, 1982）。对于征服自然所感到的集体自豪感显示出文明的主位概念。它与旨在改良蛮荒民族的文明攻势结合在了一起，这些民族认为自然是神秘且魔幻的（Adas, 2006; Adas, 2015: 210ff）。从文明标准提倡者的视角出发，该情势的政治含义显而易见。就像洛里默（1883: 227）所称那样，"当一种帮助落后种族向人道生活目标前进的力量有意识地存于文明国度时"，它"注定会使用这种权力"并且"采取一种守护的态度"，即便这极大地忽略了"落后民族的直接意愿"。对许多文明标准的支持者而言,"白人责任论"或教化文明使命的道德和政治责任在本质上具有局限性。至关重要的是,殖民力量不会因承担提升社会劣等阶级的文明攻势的任务而遭受严重损失,而这些社会劣等阶级群体则被认为是只能通过缓慢而艰苦的攀升才能达到有限的自治状态(Keene, 2002; Hobson, 2004: 219ff)。流传甚广的种族优越论充斥着下述设想:蛮荒社会的可能性十分有限,而家长式殖民监护有必要长期存在下去(Vincent, 1984; 另见 Koskenniemmi, 2016 关于洛里默种族主义的评论)。

针对"野蛮"或"半野蛮"社会的则是另一套规则;此类社会并非正式殖民地,同时被认为可以实现实质性的社会政治进步,前提是如果它们认真遵循文明帝国列强的先例。文明标准由 5 个相互联系的元素组成,这些元素属于"一个普世适用的测试",该测试可以评估人类中层社会的进步情况(Gong, 1984: 14ff; 另见 Schwarzenberger, 1962)。为了展示与"自由主义欧洲文明"原则相符合的进步,"半开化"政府必须做到,第一,提供证据来证明自己能够保证欧洲民众的权利和安全。第二,引入"包括正常运转的统治官僚机构在内的制度能力"。第三,"半野蛮"政权必须遵守国际法的欧洲原则。第四,"半开化"政权有履行国家社会成员方责任的义务,尤其要遵循欧洲外交原则。第五,成功消灭如奴隶制、一夫多妻以及杀婴等传统习俗,因为它们与国际社会原则不符,并且阻碍了其被纳入文明民族联盟的道路(Gong, 1984: 14ff)。

欧洲人对印度的描绘就说明了这些关键问题。欧洲人意识到所有"主要印度群体以及东印度其他地方都有政权组织,他们都由自己的君主统治,都有自己的法律体系,同时依据古老的文化传统而生活"(Alexandrowicz, 1967: 14)。他们具有西方文明国家的某些特点,但是他们不能在明确界定的国境内施行法律,他们的权威沿着模糊的边界在偏远地区逐渐减弱，进而导致违法乱纪行为的猖狂。就像之前论述的那样，这些民族之所以被认为处于半野蛮状态，是因为他们无法给予欧洲人特定程度的安全感，而这种安全感是欧洲人在各自的法治母国社会中习以为常的。另一个因素就是，这些民族无法遵守文明战争法的基本法则，如区分武装力量和非战斗人员，或者是区分交战国和中立国，从而限制武力的使用。就像第 2 章中提到的那样，殖民者对于诸如殉葬等社会习俗的印象支撑了文明统治阶级的"群体魅力"和半开化外来者的"群体耻辱"之间的二元对立。

为了符合文明标准，非欧洲政府被要求与欧洲信念保持一致，即相信近代国家是"文明"互动的基石和保障[4]。文明进程的两个特征为这种要求提供了情境：一是在减少国家内部整体暴力水平方面取得的进展，二是在私人武力垄断控制转变为公共权威方面的进步，这种公共权威支持根据有关公民平等权利的自由主义概念来施行公正法治（Elias, 2012 [1939]: 310）。文明标准将相对于非欧洲社会的优越感集中到了"不平等条约"和"治外法权"原则中。这些国际条约要求非西方国家屈从于西方霸权，为的是将"西方国民从"半开化社会的"刑事和民事管辖中"排除在外（Lorimer, 1883: 239）。在治外法权的规则之下，当涉及本国国民的纠纷处理时，相关的西方国家领事馆会被赋予管辖权以保证其国民不受苛待（Fidler, 2001; Keal, 2003: 103ff; 另见 Roberson, 2009 关于 19 世纪 70 年代在埃及成立的"混合法庭"的评论）。一些欧洲法官根据"来源于文明世界各部分的材料"发明了新的法律准则，目的是在殖民区引入文明秩序（Gong, 1984: 182）。治外法权的目的之一就是发明一套最终能够被非西方司法系统内化的法律原则和程序。人们用此种文明攻势输出威斯特伐利亚国家形式。这些文明攻势是欧洲文明进程国际化的关键步骤，同样关键的步骤还包括确保非西方国家遵守相关外交准则的措施。这一点我们将在第 5 章进行讨论（见 Kayaoğlu, 2010）。

欧洲人因生活在消除了大批残忍惩罚形式的社会而感到骄傲，而不出所料的是，非欧洲地区的野蛮惩罚惯例则被拿来当作特殊谴责的对象。中国古代的刑罚手段，如斩首、绞刑和折磨在欧洲政府看来是极其野蛮的，而后者在鸦片战争结束时就实施了治外法权。[5] 欧洲精英对于所谓的犯罪连坐制感到厌恶，即在古代一个人犯罪，他的亲人、家族甚至邻居，都要遭殃的一种刑罚制度。[6] 这样的集体主义原则与个人权利的考量相冲突，而后者反映了民族国家道德准则中相互对立因素之间力量平衡的演进（Benton, 2002: 248–9）。20 世纪早期，国际律师耶利内克指出了中国对于文明战争法的无视。他宣称：

> 国际战争法的伟大发展要归功于……最文明的国家在权利意识上的实质性进步。中国显然没有参与这一过程。该过程与人们对于个人生命财产不断增长的珍视紧密相连。……一个不经过任何法律程序就斩杀自己的高级官员，并且下令屠杀自己无数臣民的政府无法教会自己的军队要尊重敌人的生命财产。那些被用来屠杀本国国民的军队根本不会理解自己应该放战俘一条生路。（Jellinek, 1901: 60–1）

他继续声称，之所以这样要求并不只是为了遵守条约义务，根本原因是因为"文明"标准要求人们进行高度自我约束。不尊重个人权利是半开化人类的典型特征（Gong, 1984: 156）。

作为 1905 年国内法律改革的一部分，中国政府废止了诸如将死刑犯分尸或肢解的惯例。这些做法是否仅仅为了符合欧洲文明标准依旧存在争议。国内的政治运动，比如提倡在许多参加者看来完全与旧时传统保持一致的早应完成的社会改革运动绝对存在，并且可能受到了来自欧洲压力的强化。欧洲人对中国酷刑的谴责可能更多地与激起一种文明优越感有关，而不是准确地描述现实（Bourgon, 2003）。

这样居高临下的态度在马戛尔尼1793—1794年出访中国的报告中显露出来。他宣称，英国特使团的最大功绩之一是：

> 向中国人展示了英国民族在艺术以及文明生活方面所取得的成就是多么完美；他们的举止是为了社会交往和自由贸易的进步；他们虽然伟大而强势，却慷慨且人道，并不像俄罗斯人那样残暴冲动。相对于中国人已知的其他欧洲国家，英国应当受到他们的尊重和偏爱。（Macartney, 2004: 181）

该特使团是国际律师认定的文明标准里程碑，它是"文明生活"和"半野蛮"民族之间存在反差的象征，而后者，就像马戛尔尼（2004: 176）在其私人笔记中所说的那样，自从清朝统治后就不断走向了衰落。有意思的是，马戛尔尼认为中国不能与"文明欧洲民族"相提并论，为了维护自己的观点，他援引了路易十四的话，即"没必要对土耳其人以礼相待"（引自Marshall, 1993: 22–3）。但是，文明标准理念中有这样一种不可或缺的信念，即文明和半文明社会之间的鸿沟并不是无法逾越的。对于中国行事惯例的污名化经常被一种弱化文化差异的倾向所平衡；而在涉及日本时，人们则倾向于发现优点，也就是半开化民族也能以更加优雅的方式行事[7]。此处，我们可以回忆一下埃利亚斯的言论，即与文化（kultur）理念相比，文明理念弱化了"民族差异"，并强调了"人类所共有的东西，或者说在这一观点持有者看来，人类应该共有的东西"。

第 4 章 欧洲古典"文明标准"

有一种观点认为，欧洲和非欧洲国家组织社会之间的主要差异是可以被消除的，而进步和文明理念是该信念的中心思想。这一对双生概念反映了社会学研究模式的决定性转变，人们之前对社会政治秩序的思考是静态的，而现在则转向了更加动态化的思维模式，去思考社会及其进步的前景，而文明标准则代表了这种进步的前景（Pagden, 1988）。在第一波海外扩张的浪潮中，欧洲霸权相信，一种不变的自然法则统治着基督教和非基督教民众之间的关系。根据某位国际法史学家的说法，当欧洲霸权将自然法义务理念替换为法律实证主义理念，即约定国际义务需要主权政府同意这一理念时，"普世万国法"治下的"非欧洲国家行为体"的地位则受到了削弱。然而，半文明国家行为体还是被看作可以"加入欧洲国家集体的"潜在"候选者"（Alexandrowicz, 1967: 10）。从许多非欧洲国家统治精英的立场来看，文明国际社会的说辞并不像基督教国际社会那样具有排外性。成为与西方霸权平起平坐的国家社会中的一员似乎能够在未来的某个时刻成为现实，即便其达成条件是，相关政府需要成功模仿文明攻势以比照欧洲标准重塑国家制度。在那种环境下，将欧洲文明理念翻译成非欧洲语种（见导语）代表着正在进行的伟大转变。在改革主义政权修正传统导向的过程中，这样的概念创新必不可少。在传统导向中，局外群体模仿局内群体政府模式的核心方面，后者自认为垄断了文明共存的基础及构成元素。具有启发意义的是，作为上述重组过程的一部分，一些"现代化"精英将洛里默的人类群体三分法纳入了本民族自我提升和自我发展的言论（Park, 2015: 272）。

很多时候，对目前所讨论的时期而言，欧洲统治阶层并没有质疑帝国的合法性，因为在他们心中，帝国是一种正面力量。但是，他们确实就关于在欧洲以外区域使用武力的正确性展开过辩论。19世纪，人们开始支持一种"更加共情的国际化帝国主义形式"，尽管这种帝国主义"建立在与传统国家式文明化任务相同的原则之上"（Hobson, 2012: 173）。"人道主义感知"的出现，标志着资产阶级力量的壮大，推动了以家长式政府形式存在的"良善文明任务"的兴起，后者的目的是根除如杀婴、裹脚、束胸以及殉葬或焚烧寡妇的野蛮习俗（Messner, 2015: 232; Hobson, 2012: 25）。从欧洲人对于类似的非欧洲习俗的厌恶可以看出，他们对于文明社会内部针对妇女暴行的态度发生了变化。作为资产阶级自由主义革命的一部分，消除针对妇女的暴力行为变成了检验文明状态和文明进步的主要试金石之一。

从西班牙征服美洲地区开始，支持殖民帝国有义务关心被殖民地人民物质、精神健康的呼声就成了帝国主义话语中的一个突出主题。19世纪，以下两种干预措施之间的力量平衡发生了变化：一是出于基督教的慈悲理念进行干预；二是根据人权话语进行干预。在文明标准得到明确表述的新道德政治环境中，人们越来越少提及彻底消除"违背自然"的行为，同时越来越关注消除帝国恶行和施行文明任务或攻势以提升被殖民民族福祉的道德必要性问题。1815年柏林《八国宣言》就是迈向一种"更加共情的国际化"殖民统治形式的一步，其缔约国宣布，"所有文明国家的公众之声高呼立刻抑制"奴隶贸易，抑制一种"与人类和普世道德原则相悖"的惯例（Clark, 2007: 55）。更加激进的是，帝国主义霸权在1885年柏林召开的非洲问题会议上宣誓，要"约束自己在保护原住民部落方面所进行的监管行为"，要关注"原住民道德和物质情况的提升"，要履行"指引原住民并带给他们文明福音"的义务（引自 Paris, 2002: 651）。还有，在《国际联盟盟约》第22条关于"委任统治制度"的叙述中，殖民政府承诺遵守这样一种原则，即"（被殖民）民族的福祉和发展形成了一种神圣的文明信任"，而这种信任应当贯彻于帝国主义对于那些"尚且无法独立行事"的国家的管理中（引自 Bain, 2003: 101; Pedersen, 2015）。

仁慈统治的宣言将下述观点编入了法典，即比起过去，殖民霸权在对待文明世界的其他成员方时，必须进行更强的自我约束，履行更大的责任（Alexandrowicz, 1971）。依赖严酷劳役剥削，为了实现财富最大化，不顾被殖民民族的福祉，这种殖民管理形式受到越来越强烈的谴责，尤其在利奥波德二世将比利时属刚果看作自己的私人封地，并在那里犯下暴行之后。因此，人们开始双管齐下，一方面支持实施仁慈的文明任务，另一方面将早期对武士的驯服范围扩大到对帝国列强，确保列强自身和列强彼此之间都实现了文明化。但是，这并没有为军事力量在文明输出中所占地位的相关讨论画上句号。在19世纪50年代的英国，广泛的共识是，"英国是文明的国家，而亚洲人还没有实现文明，前者有道德义务来带领后者从野蛮走向文明"。"分歧的范围"出现在关于"使用武力来援助亚洲文明进程的合法性（如果有任何合法性可言的话）有多大的问题上"（Phillips, 2011: 13 关于第一次鸦片战争［1839-42］如何"明显地分化了自由主义"在这一问题上"所持观点"的讨论）。有一种殖民计划旨在"将自由主义文明前线拓展到对文明人和野蛮人都有益的范围"，在那一时期，许多欧洲政府相信，使用暴力工具粉碎反叛意图并摧毁对上述殖民方案的抵制是"正当且谨慎的"（Phillips, 2011: 13, 18）。他们认同第三章所讨论过的文明内部分裂的变体观点，即一种被称为"国际社会内部歧视性双重标准"的观点。这种情况下，文明民族被准许在与野蛮外来者的交往中——尤其是镇压动乱时使用暴力形式，而在文明民族的相互交往中，是不允许使用暴力的（Phillips, 2011: 18; 另见 Keene, 2002; Suzuki, 2009）。

在特定历史时期，要帮助那些如今看来受过严重人权迫害的受害者，使用武力被认为是唯一的方式。1860年，法国在中东行使的政策中出现的小插曲就印证了这一点。那年8月，法国远征军前往叙利亚保护内战中的基督教受害者，时任指挥官查尔斯·德博伏特·多普尔（Charles de Beaufort d'Hautpoul）将军在为违反不干涉原则的权利做辩护时称，"陛下已决定，诸位将以文明欧洲的名义前往叙利亚来协助苏丹军队为惨遭诽谤的人们复仇"（Bass, 2008: 194ff; Fatwas, 1994: ch5）。但是，大多数情况是，那些相信在与半开化国家交往时使用武力是合法行为的人，对于这样一种信条，即在这类冲突中认为一切都是被允许的、没有什么是被禁止的并不买账。从这一立场出发，欧洲人就必须以更加和平的方式来宣传自己的文明攻势了（Phillips, 2011）。人们越发支持这样一种道德立场，即欧洲霸权必须像他们彼此之间打交道时一样，在被殖民地区实行武力约束，从中可以看出人们对文明内部分裂的帝国主义变体发生了态度上的转变。在自诩进步力量的人们眼中，这样一种约束组合标志着他们是所有民族中最为文明的一支。

最终的结论是，欧洲人深信，即便是最先进的非西方国家组织社会也得花数十年才能走向文明标准所定义的、更高阶的社会政治发展。而对于组成蛮荒人类社会的无国家群体，这样的过程很可能得持续几个世纪之久。共识就是，在可预见的未来，国际社会依旧还是一个由文明国家组成的排外性"俱乐部"，而这些国家将单方面决定自己的委任国是否已经取得足够的进步，从而准许它们作为平等主权行为体加入国际社会。这些关于文明标准、文明攻势、种族和殖民主义国际社会的预想被印刻在了当时的全球秩序之上。与欧洲人关于殖民体系强度和持久性的主导信念相反，殖民帝国在非欧洲区域所拥有的武力垄断合法性迅速消弭，尤其是在后"二战"时期。作为该过程的一部分，帝国主义概念失去了其作为"褒义词"

的地位，而这曾经是全球殖民权势的"群体魅力"中必不可少的一部分。取而代之的是，传统局外群体日益反抗外来者的统治，并将帝国主义概念用作"贬义词"或"群体耻辱"的武器。随着全球政治秩序的重塑，欧洲文明标准概念遭到了许多国家反对，并被基本推翻，由此结束了一个至关重要的阶段。在该阶段中，许多非西方精英模仿并实施自己的文明攻势以满足文明标准，同时试图说服全球权势集团有权加入国际社会。毫无疑问，这样的行为强化了后者的信念，即文明进程组成元素的全球化得到了保证，并且未来的世界秩序将会继续是欧洲或西方内核的，该信念将会为"第三世界"民族主义反殖民运动所颠覆。

▶ 结　　论

根据埃利亚斯对于文明进程的解释，文明理念是殖民民族自我意识以及海外扩张合法化言论的中心，但是，这一解释基本没有讨论殖民主义在文明自我形象诞生中所扮演的角色。本章对征服和发现的叙事进行了简短分析，探寻了非欧洲民族的形象表现是如何影响后续欧洲文明优越性概念的。这一讨论概述了进一步发展埃利亚斯研究方法的途径。此外，埃利亚斯分析了礼仪书籍在文明行为准则中的地位，本章讨论了如何通过研究对于构建文明优越感更具影响力的文学形式来完善这一分析。人们利用文明攻势的理念，将这些评论与"文明标准"关联在一起。通过后者可以看出，文明进程是如何在殖民主义国际社会的基本原则中得以体现的。从中还可以看出，应该如何进一步扩展埃利亚斯对于国家构建和文明进程二者之间联系的解释，从而考量与这一联系不可分割的、两个相互关联的现象：殖民扩张和欧洲国际社会发展，二者一直是全球秩序的基石，直到反殖民主义革命从根本上改变了世界政治中的局内群体-局外群体建构形式。

本章借助埃利亚斯研究方法的工作原则来推动文明标准的社会学解释，进而补充英国学派研究中对历史的强调。文明标准是局内群体用来垄断地位的方法，鼓励局外群体接受自我落后感的核心手段。不平等权力关系在这样一种国际法律原则中得到固化：它将外来者排除在国家社会之外的行为合法化，并将大国霸权的种族化设想合法化，认为大国有权评判其他文化、有权根据自己的形象重塑这些文化，并且有权规定被殖民民族需要采取怎样的社会政治改革才能有资格被考虑纳入国际社会。这些预想标志着文明进程的发展路径，尤其代表了向更仁慈的殖民管理形式发展的广义变化，而这种变化与自由主义进步概念的兴起相伴而生。说服非欧洲政府遵循文明标准"自上而下"的攻势和"自下而上"的遵循这些信条的模仿式战略，这二者之间的相互联系推动了自19世纪下半叶起欧洲文明进程的国际化发展，这些建构对于近代全球政治秩序的影响将会是下一章讨论的主题。

第 5 章

文明、外交与国际社会的扩张

第 5 章 文明、外交与国际社会的扩张

本章以埃利亚斯在 20 世纪 30 年代晚期的观点为基础，即目前可观察到的最新文明化进程是，非西方世界对于西方关于文明理念日益接受（Elias, 2012 [1939]: 426）。对这一总体趋势的部分解释是：为了创建现代国家结构，改变世界秩序的主流取向，在尝试遵守欧洲国家社会的外交惯例中，非西方"文明攻势"（civilizing offensives）发挥了一定作用。这种大体趋势意味着欧洲统治精英与非欧洲统治精英日趋融合。回到序言中讨论的第七个主题，整个过程都是局内群体和局外群体之间不平等的权力关系所驱动的，这一不平等关系压制了但并未消除潜在的政治紧张局势。当全球权力分配变得更为均匀且反殖民力量对殖民统治发起了有效挑战，要求和欧洲创始成员方享受同等条件加入国际社会时，政治局势就会变得更加紧张。"反抗西方"（第 6 章将讨论这一问题）导致国际社会全球化，至少对更为乐观的自由主义者而言，这一论调从最初就强化了他们的信念，即人类或许在首次出现的世界文明中团结起来。

若要解释埃利亚斯所强调的社会方向，则对第 4 章中提到的文明攻势展开讨论。埃利亚斯没有考虑欧洲国家是如何利用它们的垄断权力来控制非欧洲地区的，我们的探究恰恰可以弥补这一短板。该研究还可进一步拓展，思考非西方统治精英如何利用他们的权力垄断来促进配套的文明工程。他们自上而下的文明攻势有助于文明进程的全球化，包括从欧洲国家社会向普世国家社会（universal society of states）的过渡。埃利亚斯在 20 世纪 30 年代晚期就 20 世纪初所呈现的全球趋势做了评论，而下述评论似乎与之相呼应。埃利亚斯坚持认为，随着"文明的扩散，殖民者和被殖民者在社会权力与社会行为方面的差异会缩小"（Elias, 2012 [1939]: 423–5）。因为全球之间的联系日趋紧密，前者对后者的依赖性与日俱增。结果是殖民者的"文明"标准向下渗透至非欧洲的上层阶级（Elias, 2012

[1939]: 424–5）。尽管影响是相互的，"文明行为也有新的变种"，但主流方向还是"差异的减少"，或者说趋向于"减少差异"并"增加变种"（Elias, 2012 [1939]: 422ff）。通过已经定型的外部的形象，欧洲文明进程的主要特征在帝国权力与下属民族之间的关系中变得显而易见（Elias, 2012 [1939]: 425–7）。有人批判说该理论通过假设欧洲思想向外并向下传播给沉默顺从的民众，复制了欧洲中心主义古典社会学理论。在此类批评面前，上述观点似乎站不住脚。一些社会阶层"接受了局内群体的行为准则，从而经历了融合的过程"，也就是说，"这些人尝试协调西方文明社会的行为模式与他们社会中的习惯传统，并且取得了不同程度的成功"（Elias, 2012 [1939]: 474–5）。[1]在对这些社会阶层的观察补录中，还可以找到一个更加细微的观点。

针对该讨论，以下分析并不推崇传播主义的变化模式。在该模式中，温顺或懒惰的非欧洲政府被假定为已经屈服于全球命运，被动地复制了帝国机构的体制与信仰体系。这种变革遭到了国际关系学者的批判，他们认为国际社会全球化的古典学说在很大程度上忽略了非西方政体在建立全球秩序中发挥的作用（Dunneand Reus-Smit, 2017）。本章对文明进程的全球化进行了反思，旨在避免延续欧洲中心主义的错误，低估非欧洲政权的作用（Lawson, 2017）。首先，本章描述了施加给非欧洲政府的强大外部压力，迫使他们遵从文明标准，并且指出了不平等的全球关系如何给非欧洲政府的提议造成了极其严重的约束（Hobson, 2017; Linklater, 2017）。除了给欧洲文明进程中特定特征的国际化做出贡献之外，非欧洲政府很少有其他表现的机会。然而，很多政体效仿欧洲国家模式的明确短期目标是为了保留尽可能多的自主权，而长期愿景则是将其政治能力最大化。许多政府确实高度屈服于全球压力，但本章的讨论将强调非西方政权是如何当政的，比如说提倡新的国家与文明联盟。在多个非欧洲国家的形成过程中，文明进程的全球化表现出强大的趋势。该过程为非欧洲政权后续挑战西方权力与西方原则，进而改变国家社会形态奠定了基础。这些非欧洲国家当时并没有打击欧洲国家在"文明"全球化中取得胜利的信心，但是仅在数十年后，它们会对仍相信世界文明即将到来的这一信念做出抨击。

从长远来看，欧洲海外扩张带来了不同的文明标准——准确来说，从过程社会学的角度来看，带来了客观意义上不同文明进程的接触与碰撞（Gong, 1984: 3）。第四章讨论过，自文明进程的一个主要方面演化而来的强大文明攻势，是全球变化的主要因素。宫廷社会之间的关系展现了不同的文明概念是如何发生碰撞的。最著名的例子就是，马戛尔尼伯爵（Lord Macartney）到访中国时拒绝向皇帝表演传统的"磕头礼"。该情景为埃利亚斯的猜想提供了支持，即宫廷社会与文明进程之间的密切关系不仅限于欧洲，也同样存在于许多非欧洲地区与时代（Elias, 2006: ch1）。问题是，进一步研究是否可以展现出许多宫廷面貌已经位于文明进程的中心？在这些文明进程中，通过构建少数人的仪式、完善行为准则，统治精英凌驾于低层社会阶级之上（见 Spawforth, 2007 有关早期文明的论述）。

关于磕头的插曲表明了在中国宫廷有关世界秩序的概念中，外交准则和外交礼仪与既定的阶级差异相互交织。这些阶级差异存在于文明人和野蛮人之间，也存在于局内群体和局外群体之间。磕头事件作为例证，证明了持有不同文明标准的宫廷，在判断其他宫廷的身份或地位、在评判局内群体对局外群体的权利与义务、以及在规定下属面对君主时所采取的行为时，都可能发生冲突。这一案例表明了欧洲向外扩张的结果之一就是文明的不同标准产生了联系。

这也成了西方在全球权力平衡中发生实质变化的核心象征。该变化对传统统治精英造成了极大的压力，并要求他们屈服于有关世界秩序的异类观念。非西方宫廷社会首当其冲，采取文明攻势，这对改变传统社会世界倾向起到了决定性作用。此后，非西方社会迅速融入西方主宰的局内群体–局外群体全球关系网，而后者带来了新的焦虑感、不安全感以及危机。

  本章的其余部分简要概述了欧洲外交关系的主要特点，包括与中国、日本、暹罗的宫廷社会之间的外交关系，以及与沙皇俄国、奥斯曼帝国之间的关系。上述外交关系对规范原则的传播提供了帮助，而这些规范原则揭示了欧洲文明进程与殖民国际社会相互依存的关系。下面5小节的讨论内容是：非欧洲宫廷社会面临外部压力，从而被迫抛弃了根深蒂固的政治秩序观念。正是凭借这些在西方人看来是完全属于野蛮人的观念，宫廷阶级确认了其内部优越性，从而凌驾于他人之上。一方面，欧洲实施污名化策略；另一方面，非欧洲精英做出让步，承认自身落后且低人一等。下文对这两者之间的关系提出了思考。本章阐述了非欧洲宫廷社会模仿西方来改革治理体系以及掌握欧洲外交实践规则的努力，以及如何折射出全球文明攻势。在19世纪晚期非欧洲国家采取的文明攻势中，额外的一部分也叫作"借来的殖民主义"（borrowed colonialism, Deringil, 2003）。对日本、沙皇俄国和奥斯曼帝国来说，它们各自模仿帝国行为，推动文明发展，是为了标榜它们履行了承诺，分担了输出文明的全球责任。三项国家政策（国家改革、适应欧洲外交行为准则以及殖民企业）结合起来，为欧洲文明进程核心维度的国际化做出了贡献。

▶ 中　国

在新兴的全球政治秩序中，局内群体–局外群体关系的变化所带来的变革效应，在16—19世纪欧洲大国与中国的关系上表现得最为明显。当葡萄牙商人与荷兰商人首次到中国寻求商业合作时，他们尝试讨好统治集团，扮作求人的一方。他们别无选择，只能加入由中国掌握大权的东亚贸易体系，同时遵守帝国文明标准（Zhang, 2017: 213-4）。在非欧洲国家的惯例中，指定领域可受保护，而商人对此习以为常。只要他们不非法利用东道主的意愿，就是这一既定习俗的受益人。然而，随着权力平衡的转移，欧洲人开始要求使用他们自己的法律条款来解决涉及欧洲公民的纠纷问题（Benton and Clulow, 2015）。对中国而言，随着权力关系变得更加平衡，欧洲人展现了对中国的尊重态度。18世纪晚期，欧洲总是赞美中国集文明与文雅于一身，既具备政治秩序，又能长久维持稳定，目的是捍卫欧洲的开明专制主义制度（Israel, 2006: ch25）。然而，随着传统专制阶级与改革资产阶级之间的权力斗争愈演愈烈，一批激进的启蒙主义者对欧洲人给予中国的高度赞扬不屑一顾。资产阶级的兴起给欧洲的经济、文化以及政治面貌带来了巨大变化，从而与停滞不前的旧时期"东方专制"形成了鲜明对比（Zhang, 2017: 211-12）。作为欧洲污名化策略的代表，中国随后被贴上了死气沉沉与停滞不前的标签。同时，根据种族二分法，欧洲人认为他们在自然属性上具有优越性（Zhang, 2017: 219）。

磕头礼的命运向来被视为不断变化的权力关系的一种典型象征。依据中国传统秩序，下属在面见皇帝时必须磕头（跪拜三次，以头叩地九次，以此表示服从的一种仪式）。拒绝遵从这一惯例的人将会被坚决抵制。中国朝廷以为首批到访的欧洲商人与旅行家会遵从这一社会规范，即当他们处理与"野蛮人"的关系时所采用的规矩。荷兰商人在17世纪末遵守了这一规范，因为他们知道，为了与中国达成商业关系，必须遵从北京的宫廷仪式。在荷兰商人到访的几年前，一位俄国使者拒绝了与磕头相关的仪式，因为他认为只有在上帝面前才能磕头，此举触怒了中国朝廷，进而破坏了俄国人的贸易计划（Keene, 1969: 4）。1645年的"中西礼仪之争"，即源于中国基督徒是否有义务向皇帝磕头这一问题的争议，在该背景下具有一定的揭示性。当年，耶稣会信徒认为中国的皈依者应当履行传统仪式。该观点得到了教皇的支持，但是遭到了多米尼加人和方济各会的反对。结果中国皇帝下令将所有非耶稣会的传教士驱逐出境（Gong, 1984: 133ff）。1793年，马戛尔尼伯爵作为乔治三世国王（King George Ⅲ）的代表访问中国，而其是否应该按照朝廷惯例行事，便无可避免地成了一个争议点。马戛尔尼在面见清朝皇帝时，拒绝主动磕头，最终中国朝廷允许他单膝跪地向皇帝致敬。显然，为了达成这一结果，他们经过了复杂的外交协商，并以中国的罕见让步告终（Gong, 1984: 132ff; Tseng-Tsai1, 993; 参考Macartney, 2004 的自述）。

关于向帝王表示尊敬的正确仪式，不同的宫廷社会观念不同，而这一插曲则可视为他们之间的一次会晤。当时的中方究竟做出了多大的妥协（事实上双方都做了妥协）是专家们需要研究的问题（参考 Hevia, 2009：重新评价马戛尔尼拒绝遵守中国礼仪的传统说辞并重新评估中方立场）。英国人认为，中国想要将一场羞辱性的磕头仪式强行施加给所谓的野蛮人，但在这场外交会晤中，来自文明国家的统治阶级代表拒绝了这一要求，这让他们倍感光荣，并且成了欧洲自我形象发展过程中的重要一环。对中国人而言，人类社会在天子（中原皇帝）的统治之下被划分为三六九等。但欧洲人觉得这套世界秩序过时了，且认为马戛尔尼拒绝磕头象征着这套腐朽秩序的衰落。这种观念同样影响深远。与欧洲人的观点相反，中国人认为皇帝"不是作为众多国家当中的其中一个国家统治者而存在"，而是"作为沟通天地的中间人，站在文明之巅，是宇宙洪荒中绝无仅有的存在"（Mancall, 1968: 63）。根据新儒家的世界观，东亚社会在文明关系上紧密相连，其中下属国对中国毕恭毕敬，以此换来中国对他们的仁慈，并表达相应的感激之情作为回报（Park, 2015）。诚然，为了成为被正式认可的朝贡国或藩属国，朝鲜、阿萨姆邦、缅甸以及暹罗的统治精英在历史的不同时期，都曾按照中国的要求进行了表达尊敬的仪式。对于那些不承认其优越地位的政权，中国的一贯做法是与之保持距离，要么建立诸如长城一类的物理屏障，要么设立特别商贸区来限制外国人的活动，比如18世纪中期欧洲商人的活动范围仅限于澳门地区和广州（更详尽的分析请参考 Hobson, 2020: ch2）。与中国平等接触是绝无可能的（Zhang and Buzan, 2012）。

有关文明标准的冲突凸显了中国人与欧洲人的共同之处，即双方政权都将外来者污名化。然而，中国宫廷社会十分厌恶国家主权平等的概念，因为欧洲将中国认定为低等文明，这自然而然让人觉得倍受侮辱。而欧洲外交使节也觉得中国的做法将他们视为了下等人，从而冒犯了他们。欧洲人只能在广州经商，且被恣意征收关税，这让他们心怀不满，认为"这些规定与文明社会的管理制度格格不入"（Zhang, 2017: 214）。欧洲人认为他们的贸易习俗是文明国际秩序的典型特征，中国朝廷却拒绝遵从，因为从儒家道德观来看，这种贸易方式过分强调物质财富的积累，忽略了更加崇高的人性美德（参考 Hobson, 2020: ch2，批判传统观点：新儒家思想对待自由贸易的态度）。在"亚罗号"事件（第二次鸦片战争的开战理由：1856年10月，中国官员抓捕了一艘悬挂英国国旗的中国船舶"亚罗号"的中国船员，并处决了一名法国传教士）发生之前，欧洲人被迫通过广州的"总督制度"（Gong, 1984：149）与皇帝沟通。"亚罗号"事件发生后，西方外交官获得北京的居住权，但仍不能直接和朝廷打交道。

随着权力天平向欧洲倾斜，在国际交往中，欧洲迅速将自己的文明理念强加给别国，而旧中国统治阶级则被迫放弃了他们的世界秩序观，放弃了他们的文明标准，也放弃了他们长期确立的外交习惯。为了符合欧洲规范，第二次鸦片战争结束时，中国答应在北京设立外交代表机构（清朝皇帝于1860年签订了《北京条约》，同意了1858年《天津条约》有关设立外交代表机构的条款）。作为国家机构改革的一部分，清朝设立了首家管理洋务的中央机构，名为"总理衙门"（Zhang, 1991）。1868—1870年，中国开始往西方首都派驻外交使团。据悉，中国第一个海外使团（曾到访欧洲和美国的蒲安臣使团）是由美国驻华公使安森·蒲安臣（Anson Burlingame）率领的。但第一个常驻伦敦代表团直到1877年才成立（Zhang, 1991）。19世纪中期，一些官员被派驻到中国洋务办事处工作，他们声称自己在处理外交事务时感到低人一等，深受羞辱，而这象征着洋人的崛起（Frodsham, 1974: XXVI）。

从西方延伸出来的国际关系网错综复杂，中国被迅速卷入其中，饱受创伤。在重新定位与调整的过程中，通过掌握关键的法学专论来详细了解西方国际法的内容是主要的环节之一（Gong, 1984: 151）。如前文所述，国际法在西方被视为"文明国家在相互交往时，共同遵守的具有法律约束力的规则体系"（Oppenheim, 1955: 117）。1864年，美国传教士丁韪良（W.A.P.Martin）声称他"见证了许多

第 5 章　文明、外交与国际社会的扩张

中国人在外交事务上犯错",然后完成了惠顿(Wheaton)所著《万国公法》(Elements of International Law)的汉译,并于 1865 年 1 月呈递给清朝皇帝(Wright, 1957: 237；参考 Gong, 1984: 153 的补充：1865 年还出版了《万国公法》日文版)。值得一提的是,丁韪良成了中国洋务办事处(总理衙门)的首席顾问,负责西方国际法律文献的翻译工作。因此,19 世纪 60 年代晚期涌现出许多关于国家法的研究,并在当时的统治传播。

埃利亚斯在解释文明进程时,认为礼仪类书籍的出现是该进程的核心阶段,而上述研究相当于这些礼仪类书籍。在以国家为组织形式的社会里,由于社会相互依赖性越来越高,对人类行为准则的要求也有所变化,欧洲人热衷于参考相关指南,规范自己的日常行为,从而适应新社会的需求,而这些或可称为"献给文明国家的行为手册"相当于欧洲人日常行为指南的外交版本。这些书如同"国君的镜子"——也就是自文艺复兴时期起,宫廷社会流传下来的给君主的谏言书。并且,这些书与曾流传于欧洲各国宫廷社会之间,有关朝臣与使臣的理想美德论著并无不同(Linklater, 2016: 154ff, 176ff)。这些有关国家与外交的言论在从欧洲向外拓展的社会内部文明进程与跨社会文明进程之间牵桥搭线。通过阅读西方法律文献的汉译版,中国朝廷官员得以了解欧洲的外交条例和外交礼仪,并在很大程度上内化了相关约束标准,这也是他们适应非常规的"会晤制度"与陌生的"会晤行为"的方法之一。文明进程的核心特征也因此得以国际化。

洛里默(Lorimer, 1883: 239)提出了操作性权力关系,他认为"半文明"社会在国际社会上具有双重地位,"部分属于公认国家类别,部分属于受保护的国家类别"。因此,"处于同一文明交流体系下的国家大使"所遵守的全球规范并不适用于处理与"半野蛮"国

家的关系，"文明社会"的外交代表比对方作为回礼所派出的代表要享有"更大的权利与责任"。考虑到未来的权力平衡可能有所改变，有些欧洲外交官担心中国统治者在阅读了国际法相关文献的汉译版后，会利用新学的知识（这也的确是中国统治者希望掌握的知识）对1842年《南京条约》强加的治外法权，以及第二次鸦片战争结束时签署的不平等条约发起强有力的反击。这些挑战都近在眼前。1880年前后，全球权力分配的主要结果是"以朝贡制度为特征的中国传统世界秩序几乎为条约体系所取代"，显而易见，这种情形有利于西方政治经济。中国沦为了"半殖民地，徒有名义上的独立，却没有完整主权"（Zhang, 1991: 5）。权力的转移并不仅仅体现在对文明外交互动的管理规定上。上海公园门口张贴海报，声称"华人与狗不得入内"，这象征着局内群体-局外群体关系的急剧调整，也是对所谓"社会下等人士"的公开蔑视（Gong, 1984: 161）。

　　从过程社会学的角度来说，对于本章所讨论的整体变化过程的简要总结可以先从这一点开始，即权力分配向有利于西方国家的方向倾斜。之后，通过垄断权力，西方国家发动了文明攻势，促使中国在文明国家与外交实践方面与西方观念接轨。这一阶段中，中国学习西方的文明攻势，试图提高中国在全球秩序中的地位。中国发明了诸如"文明"一类的新词汇（详见序言），改变传统思想方式，使之更为贴近西方有关文明和进步的理念。用过程社会学的语言来说，不平等的权力分配迫使局外群体臣服于外部势力，但并没有消除潜在的紧张局势、人们的愤懑之情或是遭受屈辱的痛苦。比如说，欧洲要求享有自由贸易权，并在北京设立常驻外交代表团，这些都遭到了中国政府的反对。不平等条约规定某些港口不在中国的管辖范围内，还有治外法权的条款，这都是征服与压迫的象征。这引发了中国内部的斗争与冲突，而其中，自诩进步力量的一方与被指控为文明绊脚石的腐朽当朝政府针锋相对。这些针对外来势力压迫所做出的反应彰显了社会群体中反复出现的特点。根据埃利亚斯（2007a: 9–10）的说法，由于权力关系出现的重大转移，人们丧失了集体"自爱"的能力，从而遭受创伤。中国人的反对加剧了鸦片战争爆发，引发了1899—1901年的义和团运动。面对西方的政治经济优势以及屈服于西方文明的压力，人们发起了有组织的暴力反抗，而义和团运动是这种反抗形式的高峰。诸如此类的反抗最终遭到了无情的镇压。

在此种情况下（在严重失衡的权利关系中），当时的统治阶层可能会认为服从才是最谨慎的策略，因此他们发表公开声明，表示自愿接受局内群体提出的不友好要求。义和团运动被镇压十余年后，1912年1月1日成立了中华民国，第一任总统孙中山宣布他将履行职责，为中国赢得文明群体应当享有的权利（Wang, 1993）。民族独立后，有关"第三世界"运动的公众言论接踵而至，一份英国学派的时评对此见解深刻，令我们铭记于心。在这段时期，时评认为这些国家领导"在仍旧由西方列强统治的世界上，以恳求者的身份发言"。若要向西方列强提出上诉和索赔，也必须在由西方列强构筑的话语体系中进行审判，他们的措辞"必须赢得西方社会的共鸣"（Bull, 1984a: 213）。这些表述暗示了相关政府本质上并不愿意屈服于西方秩序之下。根据过程社会学的观点，只有当权力分配变得"更加平等"时，"起义、抗争和解放"才更有可能成功。我们应当从这种角度来看待一个问题，即在特定时代，在诸如中国这样的社会中，为何特定团体似乎能够自由接受欧洲的文明话语体系？

▶ 日　本

　　当中国因为西方列强的蚕食而焦虑、局势紧张且发生冲突时，日本也面临同样的情况。譬如，1863年日本孝明天皇（Emperor Komei）颁布了"尊崇天皇、驱逐蛮夷"的法令。这一口号在1873—1877年逐步被"文明与启蒙"的宣言替代。但这并不意味着日本被动接受了更为优越的西方文化。当时的日本统治阶级强力支持"东方道德"与"西方技术"的融合。许多团体捍卫传统的观念与行为，他们强调日本文化在精神层面优于粗鲁的西方唯物主义（Miyoshi, 1979: 121–2; Benesch, 2015）。即便如此，日本还是于19世纪50年代成立了专门机构，旨在提倡"西学"和"研究野蛮人的书籍"，尤其是通过引入西方军事技术以及西方组织制度，实现了日本的"现代化"（Beasley, 1995: 45ff; Miyoshi, 1979; prologue, 169ff）。日本曾对外国人充满敌意，这一观念根深蒂固，比如17世纪30年代的"德川锁国令"（Tokugawa seclusion edicts）就是为了避免日本受到腐败蛮夷的影响。然而日本向外进行文化转型，则标志着这一传统思想的式微。另外一项影响深远的举动是在19世纪三四十年代，日本改变了对海上遇难事件的传统态度。19世纪早期的日本官员拒绝履行救援"遇险船舶"的道德义务，并将其纳入1825年的"无条件排斥"声明。后者作为彰显日本优越性的声明，在西方人看来，却残忍地提醒着他们日本人恬不知耻，"对待外国人的态度极其野蛮"（Suganami, 1984: 189）。日本对外来者的传统态度，从客观意义（参见Ohira, 2014）来说代表了典型的日本文明进程，但当西方列强蚕食东亚时，这种态度难以为继。最明确的标志是 1853 年美国海军将领佩里（Commodore Perry）抵达日本，随后向日本政府施压，要求他们同意成立首个美国驻日领事馆。

1868 年以来，明治领导层（Meiji leadership）敏锐地意识到，欧洲领导的全球秩序在文明核心与野蛮边缘中泾渭分明，而后者注定将成为殖民地（Suzuki, 2009: 56ff）。为了避免日本帝国沦为从属国，统治精英们呼吁改革治理体制，将日本建成一个文明的现代国家，因为按照欧洲标准，日本的传统体制相对脆弱（Smith, 2018: ch8）。"为了让西方列强认可日本是一个文明国家"（Suzuki, 2009, 2012），日本朝廷采取了诸多方式，其中之一便是加入欧洲人的战争（比如帮助欧洲人镇压中国的义和团运动）。在 1905 年的日俄战争中，日本尊重西方国家对于武力使用的法律限制，于是，一些欧洲观察员据此声称，在争取达到文明国家标准的过程中，日本取得了实质进展。

在众多事件当中，西方政府通过日俄冲突得出结论：目前来看，比起俄国，日本是更加文明的国家（Howland, 2007）。西方之所以认为日本民族比斯拉夫民族更加贴近盎格鲁－撒克逊民族，是因为在抵制俄国领土扩张的问题上，日本与西方列强的立场是一致的（Henning, 2000: ch6）。日本因为 1894 年的"旅顺大屠杀"事件（日本军队在旅顺杀害中国军人和平民，据称是对日本人尸体被肢解的回应）受到广泛谴责，但这样一个政权在某些方面却被抬高到"东方英国"的地位（Megret, 2006；参考 Howland, 2007: 196。根据西方法律观点，"旅顺大屠杀"是日本在遵循国际法过程中"情有可原的短暂过失"）。日本成功获得了西方的认同，并延伸至更远领域。在奥斯曼帝国，日本的军事成就受到了"现代化人士"的欢迎，他们认为这证明了非西方列强并不会因为内在缺陷而无法实现从野蛮到文明的进步（Worringer, 2014）。

日本精英接触了欧洲世界秩序的二元论观点后，开始相信文明大国有道德义务将文明成就带给尚未开化的民族。统治集团开始认为，要在一个充满抱负的文明国家（也就是模仿欧洲国家形式的以民族为基础的帝国）形成民族认同感，其关键在于通过殖民的形式展开文明攻势。日本是第一个成功模仿欧洲民族国家形式的非西方国家，而其也因此受到国际社会的广泛赞许（Lam, 2010; Suzuki, 2012）。

要分析日本将自己重新定位为西方国家的举动，就需要考虑日本政府官员福泽谕吉（Fukuzawa Yukichi）发挥的作用，他曾在前文提到的日本专门机构中学习英语，并于1872年作为岩仓使团（Iwakura mission）的一员访问欧洲（还在19世纪60年代作为代表团成员到访了美国和欧洲）。作为最具影响力的"现代化人士"，福泽谕吉于1875年出版著作《文明理论概论》（*Outline of a Theory of Civilization*），向日本读者介绍西方文明的主要特征（Fukuzawa, 2008 [1875]）。日本传统观念认为，中国才是举世仰慕、制定标准的国家，但书中的观点与之背道而驰，以下引用段落成了福泽谕吉背离日本传统观念的醒目证据：

> 我们不能坐以待毙，等待我们的邻国达到一定文明程度后联手为亚洲的发展做出贡献。我们宁可打破陈规，像西方文明国家那样行事……和西方国家采取的方式一样，我们在对待中国和朝鲜方面会做得更好。（引用自Miyoshi, 1979: 53）

该论调进一步发展为惊世骇俗的评论，认为中日军事冲突将会成为东亚地区唯一"文明"的国家与"野蛮"敌人之间的战争（引自Miyoshi, 1979: 53, 167ff; Benesch, 2014: 56ff）。福泽谕吉在其他场合提到过"逃离"亚洲（Eskildsen, 2002）的观点，以该观点为核心，日本终结了对中原帝国的传统敬畏，实现了国家层面的重新定位。

西方社会迅速以正面形象问世，但这绝不意味着西方文明就无可指摘。福泽谕吉（2008 [1875]: 33）认为，几千年来，西方文明也曾经"原始落后"，但在19世纪晚期危机四伏的大环境下，日本别无选择，只能将西方当作衡量本国社会与政治进步水平的标杆。由于权力关系的迅速变化，日本社会在许多方面较为脆弱，但日本也实现了一项重大进展，即意识到了日本社会缺乏社会凝聚力和有组织的政治力量。这两种力量是西方社会将民族主义（nationalism）相结合后所拥有的力量（福泽谕吉 2008 [1875]: ch10）。只有在公民之间培养密切的情感认同，而不是强调他们作为天皇子民的身份，日本才有望在短期内保持政治独立，并在未来数十年里与实力更强的国家竞争。如果日本无法成功效仿西方在社会、政治以及军事方面的发展，那么中国所遭受到的屈辱和西方殖民扩张所带来的暴力，则可能预示着日本未来的命运。英国和法国于1863年和1864年炮击鹿儿岛市（Kagoshima）和下关市（Shimonoseki），证明了军事抵抗是徒劳的，日本也绝不可能逃脱惩罚性的不平等条约（Benesch, 2015: 253）。

在全球权力平衡发生剧变，给许多国家带来创伤的情况下，日本走在非欧洲国家的前沿，通过遵守外来文明有关国家结构、外交规则等方面的标准，调整了自身状态。以相对客观的视角来理解"文明"在西方世界的社会定位中所扮演的角色，对于国家的成功至关重要。日本文献曾扬言要将"东方道德"与"西方技术"相融合，福泽谕吉对日本后代该如何看待西方文明做出了点评，这些都意味着日本并不只是在奴性地模仿外国的风格。我们在岩仓使团的官方记录员、公卿岩仓具视（Prince Iwakura）的私人秘书久米邦武

（Kume Kunitake）的著作中发现了这种细微差别。久米邦武理解"文明内部分裂"的本质。对他而言，显而易见，"文明"的民族彼此间打交道时所遵循的行为准则，和他们与所谓蛮夷或半开化民族的打交道方式是不同的。但是很关键的一点是——久米邦武在此视俾斯麦（Bismarck）为西方国际关系基础的权威指导，因为俾斯麦曾言：虽然文明的"兄弟姐妹"统一遵循独特的外交准则，却总会为了保证安全和争夺霸权而卷入暴力战争（Kunitake, 2009: 53ff, 98）。从这一点看，要重新定位西方在东亚进行政治军事干预的实际情况，必须客观分析"文明内部分裂"中那些相互关联的方面是如何改变了日本的政治军事环境。得益于前所未有的全球影响力，欧洲国家将东亚社会纳入了地方性的紧张局势和斗争，而对日本而言，如何适应这样一种欧洲国家体系至关重要。

通过对外国蛮族行为的剖析，日本决定效仿西方国家的组织形式，同时进行文明的殖民扩张。明治时代的统治精英决心证明他们致力于追随全球建制的领导，这成了当时日本帝国野心膨胀的部分动机。这也证明了日本人决心"在外交事务方面符合西方文明标准"（Gong, 1984: ch7; Suganami, 1984: 198）。该计划的核心部分是设立殖民办事处（Colonization Office），官方名称为蛮族事务管理局（Bureau of Savage Affairs）。1874年日本提议将中国台湾殖民化，即对中国台湾发起文明攻势是主要的例证之一（进攻中国台湾不久后，因忌惮与中国开战，该殖民计划很快否定）。提出该战略时，日本正着急反驳西方对其半文明状态的评判，热切希望向西方宣传他们在创建现代民族和政治意识方面所取得的进展。当时最具影响力的刊物绘制了身着西式军装而非日本传统服装的武士，以此来庆祝对中国台湾的入侵（Eskildsen, 2002）。岩仓使团出访西方后，日本决定采用"文明与启蒙"（日语译为"文明开化"bunmei-kaika）的说法，作为"赶上"西方提议中的部分内容。也正是这一政策出台后不久，日本开始接受西式服装（Gong, 1984: 180）。

> 长期以来，西方国家相信它们肩负重任，要在全球未开化地区完成殖民任务，并把文明的好处带给原住民。不过现在，从东方海洋里冉冉升起的日本人，希望作为一个民族参与这项伟大而荣耀的工作。（引用自 Suzuki, 2012）

日本国内的计划也让外国人认为日本在促进文明的传播中发挥了作用。一些美国观察员指出，日本与土著阿伊努人（Ainu people）之间的关系，可直接类比于美国对"野蛮印第安部落（Indian tribes）"的"文明开化任务"（Henning, 2000: ch6）。这种褒义的类比十分重要。因为这种类比，日本统治精英受到鼓舞，认为日本社会正在以平等的主权国成员身份正式加入文明国家的行列。

福泽谕吉表示，日本"和西方国家采取的方式一样，在对待中国和朝鲜方面会做得更好"，以及他提出的转向西方的总体战略，表明日本的殖民计划不重视对"亚洲同胞"的情感认同（Suzuki, 2012）。通过将文明攻势与"日式东方主义"（Japanese-style Orientalism，见 Suzuki, 2012）结合，日本在极力争取成为一个文明政权。西方民族国家规范二元论中的一部分是对普世价值和平等原则的支持，然而"日式东方主义"几乎没有受此影响。由于迫切希望赢得欧洲列强的尊重，日本弘扬"自我改良"的国策，旨在证明日本比亚洲其他国家更为先进。彼时，许多亚州政府在制定西式文明政策时都向日本看齐，而日本的区域声望因此迅速上升。如中国政府热衷于学习日本在各个领域的举措，以及 18 世纪晚期在西欧的文明化进程中处于核心地位的警务改革（Neocleous, 2011）。要让西方政府相信现代化的国家体制为公民所提供的保护程度能够达到"文明标准"的要求，则必须取得警务改革的成功。这些旨在废除治外法权的政治举措再一次促进了欧洲文明进程核心特征的全球化（Lam, 2010）。彼时，亚洲社会的"现代化人士"发现传统国家结构在面对外部压力时无能为力，他们为此深感震惊；同时他们高度批判传统文化观念，这对传统精英保持统治地位造成了一定冲击。日本的标杆模范作用在这一时期日益凸显。例如，受日本和中国的影响，20世纪早期的越南改革运动尝试利用"文明思维"的"解放潜力"（Bradley, 2004）。当时的越南人民渴望摆脱死气沉沉的儒家道德规范，认为儒家学说阻碍了政治经济改革，而西方列强的全球影响力正是得益于此。1904年分发的宣传册《新学习的文明》（The Civilization of New Learning）表达了人们这一日益增长的诉求。然而，在一些国家眼里，日本虽然是效仿西方最为成功的东亚国家，但就如何利用现代化来帮助亚洲国家应对和遏制西方国家蚕食来说，日本并不是一个好的学习榜样。恰恰相反，日本的做法为政治自治带来了新的冲击。1875年给朝鲜政府的一份官方备忘录引起并证实了上述担忧。根据该备忘录，日本政府背弃外交公约，威胁要使用武力来破坏朝鲜政府的独立性（Park, 2015: 270–1）。

　　通过效仿西方帝国列强的行为，日本希望作为一个文明社会得到认可，可是该愿望并未达成。一些日本知识分子声称，1905年日本取得了日俄战争的胜利，毋庸置疑，日本已经成为"文明"国家——日语称"文明开化"（bunmei-kaika），并且能够与西方列强并驾齐驱了（Shimazu, 1998: ch4）。日本精英的信心高涨，这一点可以从日本学者冈仓天心（Okakura Tenshin）的讽刺性评价看出。他说："当日本从事和平行动时，西方国家认为日本是一个尚未开化的国家；但是自从日本开始屠杀上千人（比如在'满洲战场'），西方列强开始赞扬日本是一个'文明国家'。"（引用自 Suzuki, 2005: 137）日本之所以自信暴涨，显然是因为日本意外地击败了俄国，并且在全球造成了巨大的象征性影响，因此日本的地位得以进一步提高。在此之前，由于在中日战争里遵守国际法律，日本的国际地位已经提高了。因为成功效仿西方国家体制和相关实践，传统殖民列强承认了日本的国际地位，同意其加入文明国家的行列。日本驻英国和德国的大使青木周藏（Shuzo Aoki）宣称日本于1899年加入了"文明"社会的行列，这一年《治外法权条例》被正式取缔。

然而，正式加入文明国家的行列并不意味着日本获得了平等的尊重与社会地位。这就涉及了埃利亚斯的观点：他认为局内群体和局外群体关系中有一种反复出现的趋势，而同样的趋势也表现在传统贵族建制和专制宫廷社会中的新兴资产阶级之间不断变化的关系。传统贵族长期以来都在确保"他们会远离所有让人联想到下层阶级的事物和所有粗鄙的事物"，尤其是当"下层阶级持续施压"想要跻身权贵圈的时候（Elias, 2012 [1939]: 464ff）。

面对这种诉求以及害怕丧失权力和特权，上流社会一直都在"打磨所有能够让他们与下层阶级人民区分开来的东西：不仅仅是作为外在标志的地位，还有他们的语言、手势、社交娱乐和行为举止"（Elias, 2012 [1939]: 467）。他们善于创造新的社会区分形式，或者说新的壁垒，来保护他们的特殊性或"群体魅力"。

埃利亚斯（2012 [1939]: 425）在"西方文明扩张"的"双重趋势"里也发现了类似的过程。一方面，帝国统治阶级成员"自身的行事风格与组织制度"相关元素不可避免地会传入下属地区。精英阶层的态度与行为对新兴社会群体或富有理想抱负的社会群体而言充满吸引力，这是以上发展趋势的推动力之一，同样也是"该义明进程中最引人注目的特征"，无论是对于欧洲内部，还是欧洲外部而言

（Elias, 2012 [1939]: 473）。帝国强权所采取的行动，"连同普通民众支持帝国强权所发起的运动，从长远角度迫使他们不断在行为标准方面缩小贵族与普通人的差别"（Elias, 2012 [1939]: 425）。展开来讲，殖民形式的文明攻势与非西方社会的效法相结合，至少部分减少了当时统治精英们之间的文化差异性。"双重趋势"的另一方面是"西方国家作为一个整体，扮演着上流社会的角色，并且不惜一切代价也要保持他们的特权与掌控力，以此作为贵族与平民的区别"（Elias, 2012 [1939]: 425）。他们一直在寻找新的方式，"在他们自己和被殖民的群体之间构筑壁垒，根据'强者的权利'，被殖民的群体是西方列强眼里的下等公民"（Elias, 2012 [1939]: 425）。

1919 年 4 月，日本提议将种族平等原则载入《国际联盟盟约》（Covenant of the League of Nations），然而西方列强拒绝了这一提议。这是一个典型的例子，证明了局内群体是如何一方面欢迎致力于现代化改革的精英朝着文明进步，另一方面则竖立新的屏障（或者至少在这个例子中，重新推出曾经的屏障）来确认他们相对于局外群体的优越性的（Shimazu, 1998; Hobson, 2012: 167ff）。大国霸权巩固了种族与文明之间的联系，并以此否认日本是国际社会中的半等成员方。西方列强拒绝向日本让步，对文明规范与实践的全球化产生了深远影响。受到西方羞辱后，日本涌现出一批反西方的民族主义者和军国主义者，他们强调日本文明具有特殊性，必须开拓具有日本特色的民族命运（Benesch, 2015）。民族国家规范中所包含的普世价值和平等原则几乎没有影响日本的外交政策导向，虽然该原则在 19 世纪晚期的欧洲都出现了倒退。鉴于美国总统威尔逊（Wilson）一方面信仰自由民主，另一方面任凭种族主义泛滥；而像英国之类的大国则认为种族与文明之间的联系在其规划的世界秩序中处于核心地位，因此他们联合反对日本提倡的种族平等原则之举并不出人意料（Ambrosius, 2007）。德国人认为，所谓人性与文明的论调不过是"虚伪"或"谎言"，是英国赤裸裸地谋取私利的遮羞布；而日本民族主义者同样抗议西方的国际秩序（这里可以回顾一下，俾斯麦曾说文明的"兄弟姐妹"统一遵循独特的外交准则，却总会为了争夺霸权而反复且频繁地卷入暴力战争。久米邦武曾对这段话做过专门批注）。德日的反应可谓殊途同归。

正如埃利亚斯所说，"双重趋势"的第一部分是非西方精英被帝国强权鼓吹的文明观念所吸引；第二部分是西方列强为了巩固并加强社会优越性而发起的反攻；另外还有第三种趋势，即非西方国家组织社会政治力量来保护和恢复濒危的传统生活方式。德国人认为文化（kultur）高于文明（civilization），并视前者为"赞美之词"，这种做法和上述第三种趋势有类似之处，且不仅限于日本。奥斯曼帝国的一些知识分子认为，1871年德国取得法德战争的胜利证明了文化的优越性（Wigen, 2015）。对日本来说，民族主义–马基雅维利原则（nationalist-Machiavellian principles）所带来的影响，远远超过了普遍平等规范（universal-egalitarian norms）的情感力量，后者缺乏强大的社会群体的支持。民族主义和文明这两大输入性理念相结合后，任何企图以文明的方式"批判民族"的政治运动都受到了打击。对于那些相信西方列强已经为第一次文明全球化做好准备的人来说，因为欧洲民族国家道德规范中存在若干矛盾元素，随之造成的权利平衡局面并不是一个好兆头。

▶ 暹 罗

正如中国和日本发明了"文明"的新词汇（见序言），在预见未来可能被外国统治或吞并的情况下，本着同样想要了解和融入西方文明的热烈愿望，暹罗也发明了新词汇 siwilai（文明）和 charoen（物质与技术的进步）（Winichakul, 2000）。我们可以站在长远角度理解暹罗的这种发展趋势。直到 19 世纪，暹罗一直遵循中华皇权制度的规则与仪式，对柬埔寨、老挝和掸邦（Shan States）却实行霸权主义（Englehart, 2010: 435, note 4）。早在 1684 和 1685 年，暹罗朝廷派出使者到访凡尔赛宫，时任君主纳莱国王（King Narai）曾聘请亲法派希腊冒险家康斯坦丁·波孔（Constantine Phaulkon）向路易十四（Louis XIV）请求法国派驻军保护暹罗要塞。随后法国派军驻守暹罗，引发了暹罗的"排外情绪"，因此政府决定将法国人驱逐出境，后来则是将所有西方人驱逐出境（Gong, 1984: 203–4）。暹罗统治精英在 19 世纪中晚期首度从圣彼得堡、伦敦和柏林的宫廷社会获得了第一手资料，一边学习如何让欧洲承认他们是一个"文明的王朝"，一边学习日本的先驱经验（Gong, 1984: ch7）。朱拉隆功国王（King Chulalongkorn）在这一过程中起到了关键作用。他和俄国沙皇（Russian Tsar）建立了密切关系，后者写信给瑞典和丹麦的国王以及维多利亚女王（Queen Victoria），表示传统的"超国家"宫廷社会可以开始向外扩张了（Englehart, 2010: 430）。由于俄国沙皇的推动，暹罗政府派遣"最高级别"的使臣前往英国接受"正规礼仪和欧洲语言"的专门培训，这是在周边地区无法学习到的内容（Englehart, 2010: 423）。由于暹罗成功理解并遵守了"宫廷礼仪",《伦敦公报》

（*London Gazette*）以一种高高在上的口吻赞扬了暹罗代表团，表示"在培养敬畏之心和良好品味方面，暹罗以身作则；如果时常拜访我国王室，东方国家也能够效仿，那将再好不过了"（Englehart, 2010: 425）。

专家的研究详细分析了暹罗融入欧洲国家社会时对外来习俗的适应情况。为了保证西方列强能够认可暹罗为文明国家，朱拉隆功国王做出让步，在日常举止和外交礼节上遵循欧洲标准。1897年和1907年，他两次访问欧洲国家首脑，完全遵守欧洲的外交习惯，尤其热衷于遵循那些能够标榜其为"最独特阶层"的行为准则。很快朱拉隆功国王便意识到，要实现暹罗向文明国家的过渡，在很大程度上依赖于"君主的举止"，这也是最为有效的象征（Englehart, 2010: 433）。国王雄心勃勃，希望向欧洲人证明，暹罗是真心实意想要遵守精英的规则与礼节，同时打消欧洲人的疑虑，证明暹罗的做法绝不仅仅是"下层土著"对优雅风范的盲目模仿（Englehart, 2010: 424）。

值得思考的是，对于前文讨论过的欧洲扩张时所呈现的"双重趋势"，西方列强对盲目模仿的蔑视是其中不可或缺的一部分。在观察当时的局内群体-局外群体关系时，埃利亚斯（2012 [1939]: 473）注意到局外群体付诸"巨大努力"来模仿优势群体的行为准则，以期实现自我改革。但结果往往是他们的"意识形态发生了特定扭曲"，从而陷入"上下夹击"的"长期威胁"。埃利亚斯补充说，只有在极少数的情况下，局外群体才能够在一代人的跨度时间里"完整融入更高级别的局内群体"（Elias, 2012 [1939]: 473）。[2] 暹罗王室决定让年轻的王子们就读英语公立学校，证明他们意识到必须说服英国统治阶级，让后者相信暹罗有加入文明社会的决心；同时还要打消对方的疑虑或避免对方的谴责，向他们证明暹罗的效仿绝不是虚有其表，也不是心怀叵测（Englehart, 2010: 430-1）。英国报纸的报道凸显了暹罗精英在文明改革中取得的一定成功，报道称"他们完全按照英国方式生活，和我们英国人喝同样的酒、吃同样的食物，虽然他们在来到英国之前，连一张英式餐桌都没见过"（引自 Englehart, 2010: 425）。显然，"优雅风范"在文明评级体系里的地位并非明日黄花。类似的行为方式被赋予的价值展现了"贵族国际主义"，即遵循基于阶级的行为准则的统治精英集团的力量。朱拉隆功国王巧妙地利用了这一点，在英属印度和缅甸强调暹罗人和被殖民群体是有种族区别的，目的是得到白人文明阶级的认可（Englehart, 2010: 428ff）。

在外国使团首领的选择上，暹罗政府心思机敏，让王子带队出访欧洲，包括 1880 年派出的代表团，在伦敦成立了暹罗常驻代表处（Englehart, 2010: 425）。欧洲承认身居高位的暹罗人是文明人士，这直接暗示了暹罗有望成为文明国际社会的一员（Englehart, 2010: 424）。反差明显的是，之前暹罗在试图重新定位的过程中曾发生了一件不愉快的小插曲。1857 年，拉玛四世蒙库国王（King Mongkut）在任期间，暹罗使团因为无意间违反了英国王室规定而向对方道歉，尝试修复被损害的声誉。在和维多利亚女王见面时，暹罗使团成员穿着传统服饰，"四肢伏地，从宫门一直爬到王座下面"（Gong, 1984: 226），这一行为令英国王室大为震惊。随后暹罗使团给克拉伦登伯爵（Earl of Clarendon）写了一封长达八页的信，乞求英国王室的原谅，并正式请求有关王室礼仪的指导。我们似乎可以相信，这件小插曲所产生的情绪反应，与许多欧洲人的经历并无不同。在文明进程初期，欧洲人也面临必须更加自律的压力。主要目的是防止无意中冒犯他人，保护自己不沦为笑柄，避免像下等人那样因为违反规则而蒙羞。

暹罗使团对英国王室的拜访成了一场有悖于文明的仪式（与局内群体精心安排的"降级仪式"恰好相反），由此可以看出，人们受困于特定的形象或微观结构，且形势在不断变化，这反映了全球秩序重组的过程。局内群体–局外群体关系中的"群体魅力"和"群体耻辱"具有政治意义，从上述事件与随之而来的焦虑情绪中可以看出围绕礼仪而产生的象征主义在其中扮演的角色。彼时，三种潜在的社会力量发挥了作用：吸引力，即局外群体希望通过模仿局内群体的行为，从而得到后者的认可；文化适应力，即下等社会要接受自己的劣等性，就像在地位与声誉方面具有垄断性决策权的社会所鼓励的那样；自控力，即下等群体认为自己必须进行自我监督和自我约束，以赢得上流社会的认可，因为后者决定了他们是否能够进入由文明国家组成的国际社会（Zarakol, 2014: 319ff）。

朱拉隆功国王在任期间推动了一系列内部政治改革，以期证明在政府现代化方面，暹罗是真心实意想要达到西方的"文明标准"。1873年，国王废除了古老的跪拜习俗，引入新的"宫廷礼节"，这"有助于将其政权合法性与国王本人分开"。自此以后，皇家参赞宣誓"效忠于国家，而非国王"（Gong, 1984: 220）。建立了欧式君主立宪制，暹罗朝廷开始将王室成员从公共机构中剥离出来，就像西欧之前将私人垄断权过渡为公共垄断权一样。通过遵守欧洲外交规则，暹罗想证明自己是一个文明国家。另外，也有必要证明暹罗是一个欧式现代国家，对其全部领土行使主权并在边界内实施法治，而不是像以前一样，边境无人管辖，没有法律约束（Englehart, 2010: 429）。朱拉隆功国王还颁布了其他政策，鼓励统治精英抛弃传统服饰，穿"文明服装"。他废除了奴隶制（相关法律于1905年颁布）并发起文明攻势，取消一夫多妻制，因为这两种制度在欧洲人眼里都是野蛮的象征（Gong, 1984: 228）。朱拉隆功带领军队到东南亚的殖民国执行任务时，要求军人要像"欧洲人"一样穿着打扮，不准"嚼槟榔"，因为欧洲人觉得嚼槟榔会导致牙齿发黑，这看上去很恶心，但暹罗本土审美却欣赏染上黑渍的牙齿（Gong, 1984: 221; Winichakul, 2000）。

为了符合外部定义的文明行为，暹罗采取了上述举措，这是一个东南亚小国面对列强侵略时做出的反应。日本也遵守了欧洲的外交规则，建立了欧式政体，却选择了现实政治的道路。相较之下，暹罗的政治军事野心远不如日本（Englehart, 2010: 433）。对暹罗而言，保留统治精英的自治权，避免沦为殖民地，才是首要任务；实现主权平等则是长期目标。然而 1907 年出现了一个转折点，即当时暹罗外交使团批准了一项条约，由此终止了法国在暹罗的治外法权。1939 年，暹罗达成了进入国际文明社会的目标。从这一特殊案例中可以看出，欧洲文明进程、局内群体–局外群体的国际形象，以及本土文明攻势这三者之间的关系对西方国家主导的国际秩序的影响。

▶ 沙皇俄国

和日本一样，沙皇俄国想通过宣传自己是文明国家和文明殖民者的模范代表来获得国际认可。1697—1698 年，彼得大帝（Peter the Great）对西方国家进行了正式访问。随后，他下令俄国人必须摒弃传统服饰，还要剃光胡须；他们也不必再行磕头大礼，因为在西欧国家看来这是野蛮奴役的象征；另外还必须促进妇女解放（Gong, 1984: 103–4; Watson, 1984: 69）。与之相关的雄心壮志还包括瓦解"反西方教会以及贵族传统主义者的势力"（Watson, 1984: 69）。意

第 5 章 文明、外交与国际社会的扩张

识到政治象征主义的作用,彼得大帝于 1717 年访问凡尔赛宫归来后,在圣彼得堡模仿路易十四的王宫建立了楼宇与花园。他效仿法国宫廷,利用经典寓言使君主的绝对权力合法化。例如,"崇拜理想化的女性形象":将象征军事力量和战争征服的大力士赫拉克勒斯(Hercules)、英雄珀耳修斯(Perseus)、战神马尔斯(Mars)的形象与美丽女神维纳斯(Venus)和智慧女神弥涅尔瓦(Minerva)相结合,塑造出一种善意的征服者形象,表明这样的征服者会给被征服的土地带来"安宁的生活、教化当地的子民并教会他们优雅的生活方式"(Wortman, 2006: 29)。凯瑟琳大帝(Catherine the Great)执政的俄国同样重视古典世界。跟法国一样,通过引经据典,沙皇俄国将自己比肩伟大的古罗马帝国。凯瑟琳为彼得大帝建立的纪念碑(一匹将蛇踩在蹄下的马,象征着彼得大帝的权力凌驾于自然之上)名为"马可·奥勒留"("Marcus Aurelius",参见 Wortman, 2006: 65–6;也见 Burke, 1992: 194,论罗马首都的马可·奥勒留雕塑在多大程度上为后来的马术雕像提供了模板)。但是这种自吹自擂的举动成效有限。1784 年,路易-菲利普·德·塞居尔伯爵作为路易十六的特命全权公使到访凯瑟琳当朝,他对圣彼得堡的描述如下:"集野蛮与文明于一身,既有 10 世纪的影子,也有 18 世纪的样子;既有亚洲风俗,也有欧洲特色;既有粗鄙不堪的斯基泰人,也有光彩夺目的欧洲人;既有辉煌自豪的贵族,也有沦为奴隶的平民。"(引自 Wolff, 1994: 22)[3]

这番评论是埃利亚斯做文明进程调研的核心素材,而与其相关的一件事是,彼得大帝下令摘录欧洲礼仪书籍的重点内容并汇编成册,确保所有俄国外交官都能充分理解必要的欧洲礼节。作为汇编成果,1717 年出版了《光荣的青春之镜》(*The Honourable Mirror of Youth*),旨在指导将出访"西方宫廷社会"的外交官员"如何得体

用餐、恰当用语"以及如何"优雅"行事，从而与纯粹的"农民"区分开来（Wortman, 2006: 54）。为确保必要的培训和教育，100 多名俄国贵族精英被送往斯特拉堡外交学院（Strasbourg），在那里学习"贵族宫廷以及国际化"的"仪表姿态"，俄国外交官必须遵循此类外交文化规范（Scott, 2007; Mastenbroek, 1999）。

至于俄国作为文明殖民大国的身份，自 18 世纪末以来，俄国就效仿英国对印度的帝国统治，在中亚采取了相关政策。在一些欧洲观察员，比如寇松勋爵（Lord Curzon, 1967 [1889]: 383ff）看来，俄国为缺乏法治的中亚地区带来了"和平"。然而，俄国向中亚的扩张并不意味着"文明的欧洲征服了野蛮的亚洲"，而是"东方人对东方人的征服"。通过派遣贵族"旅居文明欧洲"并获得相关教育，俄国净化了"自己的原始血缘"，在改头换面实现"文明"的过程中取得了有效进展（Curzon, 1967 [1889]: 392）。寇松（1967 [1889]: 401ff）对"政府"和"文明"进行了区分，表明与大英帝国相比，俄国人民在历经"几百年的懒惰"后，所取得的进步是有限的。然而，俄国精英轻松地让被统治阶级"融入"自己的帝国统治，这一点值得赞扬。不过，考虑到"并没有无法逾越的智力或品格问题"，这种方法相对来说并没有想象中那么复杂（Curzon, 1967 [1889]: 392）。

上述评论把俄国描述成了一个正在解放的社会，俄国人的行为方式体现了"亚洲遗风"，欧洲因此将俄国污名化，称其为"门口的野蛮人"，难怪会招致俄国人的不满（Neumann, 1999: ch3; Neumann and Welsh, 1991）。然而，俄国精英急于证明"即使身处亚洲，我们也还是欧洲人"（Kaczmarska, 2016）。1859 年，车臣（Chechen）叛徒领袖沙米尔（Shamil）被俘，他在俄国所受的待遇，显示了沙俄帝国的文明使命或文明攻势是如何极力消除西欧对俄国的"下等"印象的。沙米尔出席了俄国的官方游行和仪式，沙皇亚历山大二世认为这象征着俄国成功降服了来自"野蛮社会"的精英战士,并且确保他们成功融入了文明社会(Wortman, 2006: 203-4)。一位野蛮社会的领袖战俘在欧洲许多地区享受名人待遇,对俄国社会的怀旧人士而言,他是高贵的野蛮人,这些做法的目的是证明俄国已经达到了一定的文明水准,能够发起"亚洲使命,启蒙东方,同时协调欧洲与东方"(Barrett, 1994: 363ff;另见 Layton, 1991)的运动。过去蛮族敌人被俘后会受到严厉对待,而此次俄国想通过宽宥战俘来宣扬其在文明或 tsivilizatsia(Barrett, 1994 译者注:俄语中指代"文明"的词汇)进程中取得的显著成效。根据俄国观察员的说法,此举还有一个目的,即宣传俄国优于欧洲,因为在俄国看来,欧洲社会信仰种族优越性,从而无法像俄国这样实现文化融合,也无法像俄国一样团结不同民族,让各族人民都能从俄国人这一共同身份中获得认同感(Becker, 1991)。

1864 年 11 月,俄国外交大臣戈尔恰科夫(Gorchakov)庆祝俄国领土扩张,以此证明俄国已经成了享有崇高文明的帝国列强之一。俄国东进是对文明国家做法的效仿,"后者接触了没有固定社会组织的半野蛮游牧民族";"亚洲人"只尊重"看得见摸得着的力量",为了安全起见,他们臣服于强权;"教化"东方邻居是一项"特殊使命",也是对文明进程扩大化的卓越贡献,美国、法国、荷兰以及大英帝国都在自己的帝国疆土中完成了这一任务(Wortman, 2006: 203-4)。19 世纪 40 年代开始,俄国以"肩负白人重任"的名义,向西伯利亚东南部的阿穆尔地区(Amur region)扩张,这是一个有趣的转折(Bassin, 1999: 10ff)。俄国扩张领土是为了向欧洲人表示,俄国也走了相似的"文明"轨迹,但是对于许多俄国统治精英而言,领土扩张还存在基本民族主义方面的因素,这是俄国针对西方入侵中国所做出的部分反应(Bassin, 1999: ch2, 112ff)。俄国别出心裁,将民族主义目标与文明攻势结合，目的是迎合欧洲人对文明的理解，同时创造出独一无二的俄国文化认同感；后者与殖民统治可能带来的更大利益相关联（Bassin, 1999: 182ff）。对西伯利亚地区的入侵旨在确立俄国的文明潜力，创建一个理论上在许多方面都优于欧洲社会模式的国家身份（Bassin, 1999: 199ff）。通过对欧洲文明"精神分裂式"的回应，俄国卷入了国内与国际层面的权力斗争，并且从某种程度上来说一直延续至今（Bassin, 1999: 199ff）。

有些欧洲人支持俄国的文明攻势，认为其代表了启蒙强权的自我形象。俄国对东部民族"文明化"的支持给英国自由主义者留下了深刻印象，比如理查德·科布登（Richard Cobden），他指责英国因克里米亚（Crimea）问题并向俄国宣战，理由是"相对文明的俄国"进步显著，应当允许这样的国家殖民土耳其，把"文明的福音"带给"落后野蛮的东方国家"（Hobson, 2012: 36）。诚然，与像土耳其这样的"蛮族"在文化上区分开来，是俄国努力的核心内容，以此证明他们在成为欧洲国家，或者说，在明显欧洲化的过程中所取得的成就。凭借这一点，俄国声称自己有权作为一个平等的帝国列强成员，受到国际社会的认可。

与许多其他西化社会一样，面对欧洲的政治军事优势，围绕国家定位的问题，俄国也出现了内部争议和权力斗争。彼得大帝发起的改革激起了贵族和神职人员的反对，后者想要"背离西方"，"恢复"濒临灭绝的传统"礼仪与习俗"（Watson, 1984: 69）。政府推动文明进程的政策遭到了内部亲俄主义者的强烈反对，他们害怕在别有用心的"伏尔泰主义者"（Voltairians）的鼓吹下，欧洲化会让俄国丢失政治特色和文化特色（Gong, 1984: 105-6）。利用欧洲化与文明化相结合的外来现代话语体系来改造俄国社会与传统社会力量之间发生的冲突，在后者眼中，俄国具有优越的欧亚身份，必须加以保护（Tsygankov, 2008）。人们不愿意公开接受俄国面对欧洲列强时处于弱势地位的局面，由此引发的国内政治断层令人联想到第二章提到的文化与文明之间的冲突。当局外群体与欧洲或西方社会进行创伤性接触时，当优势文明向外延展从而在全球范围内产生迅疾的、意外的以及非自愿的国际纠葛时，当局外群体面临巨大压力，需要臣服于优势文明的规则时，这种冲突一直在反复上演（有关该话题的深入讨论见 Abu-Lughod, 2011; Mishra, 2012）。即便在当代，此类冲突仍未停止。尤其是动荡时期，冲突会加剧，比如说苏联（Soviet Union）解体后，各敌对团体就俄罗斯是应该开始"回归文明"还是恢复"苏联"（pre-Soviet）的文化遗产与集体身份发生了争执（Neumann, 1999: ch6）。问题又一次聚焦到了"国家"与"文明"的理想关系上。[4]

然而在 19 世纪，并不是所有欧洲精英都支持俄国标榜"进步"的自我形象。恰恰相反，鉴于其与"东方专制主义"（Oriental Despotism）极为相似的专制政府形式，有些欧洲精英认为他们的东方邻居没有比"半亚洲人"好到哪里去，充其量算是一个"野蛮的文明人"（Buranelli, 2014）。[5] 例如，俄国曾因为没能阻止多瑙河（Danube）沿岸的违法行为并提升周边环境条件而受到谴责，多瑙河则被认为是西方到东方的"文明通道"。欧洲指责俄国违反了"文明标准"，因此于 1856 年成立了多瑙河委员会（Danube River Commission, Yao, 2019: 347–8）。部分俄国知识分子利用上述批评与旧势力做斗争（Becker, 1991）。反过来，许多欧洲观察员揪住"传统主义人士"和"现代化人士"之间的内部矛盾不放，尤其是当前者看似占了上风时，声称俄国不过是一个"半文明"的整体时。俄国为赢得列强尊重所做的尝试，却在更大层面的全球秩序中，为局内群体–局外群体的区分创造了一个新的变量。本章注意到以下几个国家的举动存在相似之处：俄国宣称自己作为帝国列强取得了一系列成就；日本的"日式东方主义"；暹罗对大英帝国殖民地印度和缅甸的种族歧视态度；下一节将讨论奥斯曼帝国和早期土耳其共和国（Turkish Republic）发展的相似经历。显然，其中一些现象是相互交织的。比如说奥斯曼帝国声称其在克里米亚战争中与欧洲列强联合对抗俄国，证明奥斯曼帝国已经得到了更加"文明"的政府的接纳（Aydin, 2007: 引言, ch1）。所谓的"改革法令"（Reform Rescript），或许是首个使用文明概念的官方公告。其宣称，随着克里米亚战争于1856年接近尾声，奥斯曼帝国计划通过与"欧洲协调"（Concert of Europe）合作，"在文明国家取得正当且崇高的一席之地"（Wigen, 2015: 108），由此变形成了一张复杂网络。其中，国内与国际的污名化运动和反污名化运动相互交织，让欧洲概念里的文明世界的秩序走向全球化。不过其中夹杂着明显的民族差异，证明该全球化的世界秩序并非同心同德，而且这种潜在的离心力会在未来几十年里日益强化。

▶ 奥斯曼帝国

从欧洲和奥斯曼帝国关系的标准阐释中可以看出，二者的关系类似于欧洲与中国的关系，领土国家主权平等的观点在世界秩序霸权主义中没有立足之地。16世纪早期，一方面，奥斯曼帝国在与法国建交时，奥斯曼朝廷坚决反对在巴黎设立常驻使馆，因为当局相信这种创新做法会传达社会平等的理念。另一方面，法国在君士坦丁堡（Constantinople）设立大使馆的决定却受到了欢迎，因为奥斯曼朝廷认为这象征着法国对奥斯曼帝国的臣服，标榜了两国之间不平等的地位（Jensen, 1985）。奥斯曼传统文明标准规定，真正的信徒和异教徒之间存在不平等关系，这一规定影响重大。就像中国一样，奥斯曼帝国在面临类似的权力关系变化所带来的外部压力时，创立了新的国家机构，包括成立专门机构负责处理对外事务，以此应对欧洲国际社会的文明准则。在这一进程中，奥斯曼帝国传统的局内群体–局外群体关系发生了变化。

值得一提的是，奥斯曼与波斯朝廷的代表和法国政府代表于18世纪早期有一次外交会晤。法国和伊斯兰外交使臣的会晤并不完全是直截了当的。波斯大使穆罕默德·里扎贝（Mehmed Riza Bey）于1706年访问巴黎，法国人认为他"残忍、古怪、凶猛、粗俗，心志不坚，而且从不愿意接受好的建议"（Göçek, 1987: 30）。奥斯曼帝国大使穆罕默德·埃芬迪（Mehmed Efendi）于1720—1721年对路易十五（Louis XV）当朝的访问更像一次民事访问。然而，当认为自己的餐桌礼仪"更为优越"的法国贵族傲慢地询问是否可以观察奥斯曼的用餐习惯时，穆罕默德·埃芬迪深表震惊。在奥斯曼大使看来，这是一项无礼的要求，如果接受了该要求，会让奥斯曼帝国蒙羞。由此可以看出，统治精英们担心外来文化对用餐习惯的理解可能会影响各宫廷社会的相对地位（Göçek, 1987: 37ff）。需要补充一点，此次外交访问后，奥斯曼帝国对欧洲宫廷行为的模仿与日俱增（Göçek, 1987: chs 4–5）。不出意料，随后奥斯曼帝国邀请欧洲宫廷社会的代表访问伊斯坦布尔（Istanbul）时，教导他们文明的外交礼仪，这在奥斯曼人看来是极有必要的（Naff, 1984）。

像其他国家一样，奥斯曼帝国经历了若干阶段，才逐渐融入欧洲国际社会。这些阶段包括："以自我为中心"的传统世界观出现动摇；在郁金香时期（Tulip Period, 1703—1730）涌现出一批欧洲主义精英，他们决定引入支撑欧洲雄厚军事政治实力的科学技术；还有随之而来的内部社会矛盾，主要问题聚焦于引入的欧洲技术是否能够以及在多大程度上能够与奥斯曼本土的社会结构相融合，并且不破坏局内群体的权威性和本国尊崇的传统宗教教义与习俗（Abu-Lughod, 2011: ch7; Behnam, 2002）。奥斯曼帝国的任务是判断欧洲社会在哪些方面超过了伊斯兰世界，然后进行必要的改革，从而在经济、政治、军事方面与欧洲社会形成有效竞争。日本成功引进了西方的成果，但在精神层面并没有丧失自我，这一先例引起了奥斯曼精英的兴趣，他们觉得可以借鉴日本自我提升的国家战略。奥斯曼精英尤为崇拜的一点是日本采取的"区别利用"（differential usage）策略，将西方完美的"技术物质文明"（technical-material civilization）成就与东方更为伟大的"精神文明"（spiritual civilization）结合（Maruyama, 1963: 140ff）。尤为有趣的是，奥斯曼帝国派官方使团前往欧洲学习，这些使团回国后自信满满地宣称欧洲之前是向伊斯兰世界拜师学徒的，尤其是在自然科学和数学方面（Said, 1993: 317; Abu-Lughod, 2011）。这种"群体自豪"的表述并不能改变既定事实，即最强大、最具威胁性的国家坐落西欧，有着无与伦比的"群体魅力"。不过这种表述表明，欧洲扩张过程中的"双重趋势"概念还需进一步修改，以强调非欧洲社会为保持集体自我价值感所做的努力。存在争议的是程度问题，即在多大程度上接受欧洲文明信条的影响，才能不破坏"群体自豪"。

当时的奥斯曼统治精英慎重考虑了在不屈服外部压力，也就是不承认低人一等的情况下，应该借鉴欧洲的哪些方面。然而，许多奥斯曼群体，包括越发自信的资产阶级，都被欧洲有关人类群体的"文明等级"（civilizational hierarchy）观念吸引（Worringer, 2014: 引言）。就像其他社会一样，内部权力平衡随着不断变化的全球秩序关

第 5 章 文明、外交与国际社会的扩张

系而发生转移，文明理念成了围绕传统价值观所展开的争论的中心，尤其因为 19 世纪 30 年代奥斯曼外交官访问了欧洲主要首都城市后，提出了一系列改革措施（Palayibik, 2010: ch7）。1858 年，奥斯曼改革派官员萨迪克·里法特·帕萨（Sadik Rifat Pasa）出版了《论欧洲的环境》（*A Treatise on the Circumstances of Europe*），书中援引文明思想来解释"欧洲的权力与优越感"，正如近 20 年后福泽谕吉在他的著作《文明理论概论》中谈到的那样（Aydin, 2009: 125ff）。截然不同的是，帕萨采用的有关文明的术语，是未经翻译的法语词汇（civilisation），奥斯曼帝国希望能够融入后拿破仑时代的国际政治秩序，因此他将文明与支撑这一秩序的治理结构和治国形式关联在一起（Wigen, 2015: 110ff）。值得注意的是，帕萨并不是从一个卑微外来者的立场来表达这一雄心壮志，而是宣称奥斯曼帝国和欧洲世界之间具有基本共同点，即双方共享"希腊遗产"（Aydin, 2009）。[6] 具有影响力的一点是，领头知识分子们相信欧洲文明理念具有基督教世界所缺乏的包容性。他们并没有认为欧洲文明的自我形象中长期存在反伊斯兰情绪和种族歧视，是奥斯曼帝国想要进入国际社会的过程中不可逾越的障碍。

然而，奥斯曼帝国的社会政治精英似乎还是陷入了两难：一边是他们想要效仿的文明欧洲人，一边是他们想要极力与之划清界限的野蛮东方"异类"（Other）。另外，殖民式的"文明攻势"被证明是通往国际认可的桥梁。与沙皇俄国和日本的观念一样，"奥斯曼东方主义"（Ottoman Orientalism）采用了二元划分的方式，将群体分为已经完成文明开化的群体和正在开化中的群体，将现代化群体与落后的交战部落区分开来，后者游离在尚未被帝国驯服的边缘地带（Becker, 1991; Makdisi, 2002）。所谓的改革大队（Reform Brigade）鼓励不懂法律的游牧民族通过迁居来实现文明化，理由是游牧与文

明不可能同时存在（Wigen, 2015: 111; Deringil, 2003）。官方承诺要进行奥斯曼式的文明改革，但这一改革没有考虑启蒙思想里提到的时态和进展的影响。于是，1892年10月，奥斯曼帝国成立了部落学校（Tribal School，1907年由于学生暴动而关闭）。部落学校的目的是给阿拉伯部落带来"文明的曙光"，提升他们对奥斯曼帝国的忠诚——简而言之，像沙皇俄国一样建立一个"无关宗教或民族"，属于所有国民的"文明的奥斯曼帝国"（Deringil, 1998: ch4）。

在奥斯曼帝国重新定位的漫长过程中出现了一个决定性的时刻：1839年颁布的"格尔哈内敕令"（Gülhane Imperial Edict，后世称为坦齐马特公告Tanzimat Proclamation），该敕令确定了政治改革的必要性。1876年奥斯曼帝国进行宪法改革，旨在完成国家结构的现代化转型，为进入欧洲国际社会助力。起草该公告的两位委员会成员都在欧洲的首都城市做过外交使臣，他们咨询了奥地利帝国总理梅特涅（Metternich）和英国首相帕默斯顿（Palmerston）有关改革的建议，尽管后者曾将奥斯曼人称作"野蛮的种族"（Wigen, 2015: 113）。该法令由大维齐尔（the Grand Vizier，译者注：奥斯曼帝国苏丹以下最高级的大臣，相当于宰相的职务）向包括欧洲外交官在内的观众宣读。奥斯曼人非常清楚这种集会意味着什么，也知道遵守外交的"必要性礼节"，绝不仅仅只是遵守礼仪那么简单。要想得到国际认可，就必须这么做。[7]切中要旨的一点是，大维齐尔组织召开的会议为局外群体提供了一次机会，让他们能够在局内群体中获得一席之地，这和前文讨论的"降级仪式"正好相反。采取自我提升战略的国家可以借这类仪式或表演来宣传其正在向文明君主制过渡（Deringil, 1998: ch6–8）。而且，如前文所提，奥斯曼帝国在车臣战争中协助法国和英国，在人们看来，此举证明欧洲对奥斯曼帝国的印象已有所改变。19世纪早期，奥斯曼帝国因为支持希腊争取民族独立，让欧洲人产生了反奥斯曼情绪。

追随西方文明轨迹的改革派政府热衷于相互学习。它们共同面临的问题是：如何在一个受欧洲"民族国家"（the nation）概念启发所产生的新的集体身份里，一边团结各个民族，一边又实现国家结构现代化（Deringil, 1998: 108ff）。奥斯曼人崇尚日本的现代化工程，可能因为在奥斯曼帝国派出高级使团访问欧美前一年，岩仓使团访问了伊斯坦布尔，因此奥斯曼人受到了日本代表团的影响。日本通过将传统文化与对西方文明的选择性借鉴相结合，在如何保留国家自尊并促进爱国主义的问题上树立了榜样。用土耳其的词语来表达，叫 medeniyet（Worringer, 2004, 2014）。[8] 日本并没有通过支持签订平等条约来对上述赞誉做出回馈。就像西方列强与日本之间的关系，日方的条约也要求奥斯曼帝国承担不平等的义务。这意味着，在他们眼里，奥斯曼帝国是一个劣等文明国家（Wigen, 2015: 114）。

对奥斯曼帝国的统治者而言，一直到第一次世界大战开始，现代化国家结构和虔诚的伊斯兰信徒之间并没有基本矛盾。他们认为无论在何种情况下，都没有必要，也不可能在奥斯曼的领土上精准复制出一个欧式民族国家。19世纪末以及"一战"前的这段时期，奥斯曼帝国是伊斯兰世界"追求尊严与正义"的核心象征。即便1924年废除了哈里发（Caliphate，译者注：伊斯兰教国家政教合一的领袖的称呼），也无法抑制追求"跨国伊斯兰秩序"的泛伊斯兰热情。因为在"一战"结束时，欧洲列强决定瓜分奥斯曼帝国，而这样一种"跨国伊斯兰秩序"可以消除伊斯兰信徒的耻辱感（Aydin, 2007, 2009）。但是"一战"清楚地表明，在和高度组织化的民族国家进行暴力斗争时，杂乱无章的君主国家是无法幸存的。在凯末尔·阿塔图尔克（Kemal Atatürk）的统治下，继任的土耳其共和国企图以世俗国家的身份锚定现代国家结构，用强大的文明攻势取代奥斯曼帝国失败的现代化实验。现代化人士争论说欧洲不是"目标",而是"范例",并坚持认为宗教信仰应属于私人活动,就像文明的西方世俗国家那样。

1925年8月,阿塔图尔克发表演讲,以激进而夸张的形式宣布与过去决裂,他声称"土耳其共和国绝不能是酋长、苦行僧、狂热宗教分子和疯子的国家……我们要从文明和科学中汲取力量"(引自Sakallioglu, 1996: 236)。政府的官方政策是消除过时的奥斯曼政治体制,建立现代公共机构,用阿塔图尔克的话来说,这些公共机构会让土耳其"成为当代文明中的一个先进而文明的国家"(引自Ahmad, 1993: 53)。[9] 土耳其共和国于1924年11月废除了哈里发;1924年宪法中的第二条款规定伊斯兰教为国教,该条款于1928年4月被删除;1937年世俗统治的承诺被写进宪法。随着国家开始采用公历,传统的穆斯林每周祈祷日被取消。其他文明攻势包括:废除宗教学校(madrassa,译者注:伊斯兰宗教学校)和伊斯兰教法法院(sharia courts),后者被取自瑞士民法和意大利刑法的审判原则与程序所取代。1928年11月,土耳其意图明显,想与欧洲结盟,同时疏远东方的伊斯兰社会,比如政府宣布用基于拉丁语的字母代替传统阿拉伯字母,结果是土耳其人不再自主学习古兰经(Koran)上的字母(Ahmad, 1993: 81–2)。在奥斯曼帝国晚期,一项重要的运动得以加速推进,并无意中反映了启蒙思想所带来的影响。根据启蒙思想的观点:可以用女性在男性主导的社会中所享有的地位来衡量文明成就的水平。土耳其不再要求女性佩戴面纱,这一习俗的终结证明该国想要在男女之间创建更加平衡(但远远还没达到平等)的关系(Göle, 1996: ch2–3)。这是受外部影响、自上而下发起的"文明推力"(civilizing thrust)中一个主要元素,目的是创建一个西式的土耳其民族国家,所有土耳其公民都将团结起来,共同为实现社会政治进步而努力(Sakallioglu, 1996: 233–4; Cagaptay, 2006: ch2)。

第 5 章 文明、外交与国际社会的扩张

在男女关系方面,土耳其下决心遵守西方标准,这体现了社会改革派对日常生活和公共机构进行改革所赋予的价值。土耳其还发表了一系列具有影响力的论文,研究礼节和礼仪以及针对儿童的指南。这些文章发挥的作用,就如同欧洲文明自我形象形成时那些行为手册所发挥的作用一样(Findley, 1998)。改变着装规范也是局外群体效仿局内群体时所发起的文明攻势之中不可分割的一环。1925年,凯末尔·阿塔图尔克谴责红圆帽(fez,奥斯曼穆斯林男性所戴的头饰,大约一个世纪前取代了头巾),称其"象征了无知、不修边幅、狂热主义以及对进步与文明的仇恨"(Cuno, 2008: 72)。随后,佩戴红圆帽被宣布是非法行为。新法律规定男性必须佩戴象征文明与现代化的西式帽(Cagaptay, 2006: ch2; Zarakol, 2011: ch3)。还有一系列有关文明化的举措,包括剃须、打领带、握手、从左到右书写,以及在欧洲餐桌礼仪中十分关键的一点——用叉子吃饭(Dösemeci, 2013: 30)。还有一项举措让人联想到了古希腊人看到波斯人偏女性化、缺乏肌肉线条的体形时所表现出的态度——阿塔图尔克式的文明攻势强调要改造"病态的土耳其体形",以符合西方对男性身材的理想审美(参见 Alemdaroglu, 2005,该研究强调了自以为文明的西方优生学理论对土耳其建国工程的影响)。音乐审美也受到了影响,土耳其政府禁止演奏传统单声道音乐,想以此促进人们对西方复调音乐的欣赏与热爱(Alemdaroglu, 2005)。

通过按照新的社会标准重新规范日常行为,所有上述改革都是对公共机构重组的补充。更深层次的目标是改变定位方法,为国家灌输新的自我约束形式,以期与心理基因的变化同时进行。在制定标准的欧洲文明进程中,后者与社会基因同步发生变化(Alemdaroglu, 2005)。为了让土耳其以文明主权国家的身份在国际秩序上获得认可,上述重组改革被认为是必要的。

▶ 结　论

埃利亚斯在20世纪30年代晚期评论说，越来越多的国家开始接受西方文明理念，这是在持续发展的文明进程中能观察到的最新阶段。本章就这一观点展开了讨论，但关注重点有所转移。以往的分析侧重于研究欧洲国家发起的文明使命（civilizing missions），利用垄断权力所做出的举动。本章的分析重点是特定的非欧洲统治精英如何利用他们的政权发动文明攻势，以实现以下三个目标：创建现代国家体制、理解并适应西方有关国际社会的观念，以及如前文提到的三个例子所展示的那样——效仿西方列强实施帝国主义。由于各国在上述方面的综合发展，文明进程在全球占据了超级主导地位。换句话说，西方国家体制、外交礼仪习俗以及帝国统治形式的外延，形成了19世纪下半叶的全球政治秩序。

正如当时的分析家所言，欧洲海外扩张导致了不同文明标准，或者说各种君主社会中不同文明进程之间的联系与冲突。每个国家的统治阶级都有自己对世界秩序的看法。他们对其他民族的地位有自己的评判标准，对上下级之间的责任与义务也有自己的想法，对下级在面对上级时该遵守何种规则、以何种形式表达敬畏也有自己的理解。由于西方的军事、政治和商业扩张，非西方国家传统的局内群体-局外群体关系被破坏了，作为统治阶级的局内群体变成了局外群体，被迫融入西方主导的国际秩序。在失衡的权力关系中，非西方国家发动文明攻势，在一定程度上导致精英阶层对全球秩序态度的融合。虽然紧张局势仍然存在，尤其是相关社会中，传统社会阶层与现代化力量仍在角力。不出所料，许多西方精英认为他们是把其他民族纳入了最好的普世文明。但是，他们往往忽略了非西方国家效仿西方以求作为国际社会中的平等成员获得认可的文明行动中还包含着民族主义的维度。用埃利亚斯的话，在这些西方精英生活的时代，从主位意义（emic sense）而言，欧洲文明进程相对于非欧洲文明进程具有压倒性优势。对许多观察员而言，虽然非欧洲国家努力想要保护传统文化，维持群体自豪，并且在现代国家滥用垄断权力的新形势下，将民族与文明联系在一起以表达不满，但是持续西化的趋势看起来似乎是不可避免的。

20世纪上半叶，非西方国家通过对西方列强的效仿和抗争，拒绝给予西方列强通过不平等条约强行要求域外特权。随后国际社会承认主权平等，比如日本在1899/1900年加入国际社会，土耳其于1923年加入，暹罗在1939年加入，中国则在1943年获得了国际社会正式成员的身份。上述变化还有引申意义，即"第三世界"反殖民政治组织成功打破了殖民列强的反对，进入了国际社会。

随着全球权力关系的转移，欧洲传统的文明标准变得声名狼藉。这一转变反映出的趋势是，以前占据权力优势的主导群体企图垄断文明互动的意义，但现在"局外群体通过反叛、抗争以及民族解放"，逐步获取了主动权。随着民族主义思想的全球化，非西方国家以牙还牙，对西方强迫他国服从高级文明规范的行为表达不满，并实行抵制行动。不过文明标准的变式以及局内群体和局外群体之间的二元论并没有彻底消失，下一章将会谈到该问题。

第 6 章

后欧洲全球秩序中的文明标准

第6章 后欧洲全球秩序中的文明标准

埃利亚斯（2012 [1939]: 426）在20世纪30年代晚期就当时正在形成的全球秩序发表评论："东方人或非洲人开始向西方标准看齐，是现在我们能够观察到的持续文明运动的最新发展趋势"。非西方社会统治集团的态度与行为已经开始向全球权势集团的观念和行为靠拢；后者则实现了非欧洲民族的文明标准与"西方国家自身标准的统一"（Elias, 2012 [1939]: 425）。因为看到英国在印度实施殖民统治的可能性，任何想要反对这一文明融合的政体，都可能会和从前那些过度扩张权力的政权遭遇同样的命运（Elias, 2012 [1939]: 300）。第二次世界大战结束后，极其出乎意料的是，埃利亚斯一笔带过的上述可能趋势在加速发展。非西方国家的民族主义组织发起反抗，要求主权独立，他们往往反对西方价值观，并且要求恢复"传统"道德观。在重新调整西方全球建制和非西方局外群体之间关系的过程中，民族主义领导人反对殖民统治的主要象征之一——文明标准。[1]

西方国际律师撰写的专著里反映了这种正在发生变化的情绪，他们谴责说，西方文明标准已经过时了，而且对越来越多的非西方国家而言，这是一种"侮辱"（Gong, 1984: 84）。有些律师把矛头指向早期法学家，如詹姆斯·洛里默（James Lorimer），他曾"绘声绘色"地形容过遵守全球互惠原则的上等民族和遵守国际法方面无法取信他国的落后民族（Lauterpacht, 1947: 31–2）。这些律师反对称："就认可政权这一点，现代国际法无法对文明国家和非文明国家，或对处于国际文明社会内外的国家做出区分。"（Lauterpacht, 1947: 31–2）这一发展趋势论证了埃利亚斯在其他场合曾经说过的观点，即"基于局内群体的群体魅力信仰以及局内群体对局外群体的压迫，都在逐渐失去力量与信心，并且最终会消失"。或者说，随着权力关系的转移，某些群体的"集体自夸"（collective self-praise）和在其他群体身上同时发生的"集体毁谤"（collective abuse）正逐渐归于沉寂（Elias, 2009: 75）。结果至少是对早期阶段的部分逆转：局内群体把"相对温和且听话的其他群体"转变成了更加"恶毒且好战"的群体形式（Elias, 2009: 75）。与文明标准的"侮辱"本质说法相呼应的，是文明国家内部更为广泛的转变，人们要求局内群体不得再颐指气使或公开羞辱他们眼里的低等国家，并以此取乐（Wouters, 1998）。随着权力关系变得更加平等，人们希望局内群体能够更加约束自我，因为有关文明行为的概念已经发生了转变。

"二战"后的全球秩序中也出现了类似情况：文明与野蛮的经典话语因为反映了老牌局内群体和局外群体之间的权力差距而被视为禁忌。曾经在所谓上等民族用语中被视为"赞誉之词"的话语，开始被当作不尊重其他民族的诋毁之词。在文明进程的新阶段，更加平等的伦理观开始蔓延至全球政治话语体系，古典文明标准失去了许多西方群体的支持，并且在官方声明和法律公告中被悄然抹去。如第一章所述，在文明叙述得以幸存或重现于世的方面——例如，政府同意使用武力来对抗世界政治中的无赖或"不法之徒"（Simpson, 2004）时，文明话语被用来为下述观点正名：国家目标完全符合所有文明共有的原则要求。欧洲人声称他们对文明关系的本质享有真理垄断权，而"进步"圈层则持有争议，认为大多数文明都存在于一个或多或少平等的层面上，没有哪个文明比其他文明高级，也没有哪个文明有权将自以为是的高级生活方式强加给其他文明，从而改造他者未来的社会政治面貌。在这二者之间，权力的平衡发生了变化。[2]

这并不意味着当代全球秩序建立在成功沟通了文明差异，而且公正客观的礼貌概念之上（Jackson, 2000: 11–13, 408）；同时，这也不是说在中立的社会化过程中，新独立的国家自愿接受全球组织原则，从而重塑了当代全球秩序。后殖民时期的批评家认为这种话语没有意识到西方霸权的延续性（Seth, 2011），或者说没有意识到西方列强作为原始"社会化人士"的程度（socializers），他们声称要做普世有效的道德和政治原则的唯一监护人（Suzuki, 2011）。从以上观点可以看出，不平等的权力关系是当代"文明攻势"的基石，这些"文明攻势"与帝国时代的殖民任务有直接关系（Bowden, 2009: ch7）。这些权力失衡为"差异动力学"（dynamic of difference）奠定了基础，根据该学说，"在两种文化之间创建鸿沟的进程永不停歇，一种文化被看作具有'普世'价值且被贴上了文明的标签，而另一种文化则被视为'特殊'且不文明的存在，而且该进程一直在想方设法使异常的社会恢复正常，从而弥合两种文化之间的差距"（Anghie, 2005: 4）。上述说法与埃利亚斯的分析有相似之处，后者认为欧洲帝国与非欧洲殖民地之间关系的最新进展证明了局内群体-局外群体关系发展的普遍趋势。如上文所述，埃利亚斯（2012 [1939]: 425）认为欧洲社会表现得像一个遭受困扰的"上层阶级"，不断改变方法来区分他们自己和那些遵守欧洲标准的民族。"差异动力学"的理念还增加了一个埃利亚斯忽略的维度，即有计划的文明攻势将继续展开，从而改善"异常"社会。结果是当代全球秩序或许超越了欧洲，却没有完全超越自身的文明进程。尽管西方列强摒弃了文明标准应当作为全球统治基础的观点，但他们并没有放弃殖民时代的目标和实践做法。文明标准最近发生了一些变化，而这些变体继续对文明程度参差不齐的民族进行划分，对其他民族的正常化攻势和文明化攻势也因此变得合法合理。

本章将对上述问题进行详细讨论，首先讨论的是"对西方的文化反抗"，以及殖民地在转型为后殖民或后欧洲国家社会的过程中，对古典欧洲文明标准（the classical European standard of civilization）的抵制。然后将讨论普世人权文化、民主倡议运动以及市场关系全球扩张相关议题，这些内容被广泛认为是经过改造后的文明标准的主要支柱。西方对战乱国家的人道主义干预也可以纳入议题。最后本章将简要讨论非西方国家对西方文明攻势的批判，主要借鉴埃利亚斯的观点：随着局外群体的权力越来越大，以及集体自豪感和自尊感的养成与提升，天平开始发生倾斜，从一开始局外群体受局内群体的"吸引"，逐步变成局外群体对局内群体的"反抗"。考虑到上述情况，改造后的文明标准和对西方的文化反抗之间存在的冲突，对全球发展的主流趋势提出了质疑——简而言之，即特定政权将自身意志强加给其他社会以追求普世文明的时代是否将要终结。本书"结语"将进一步思考当代全球文明化（civilizing）与去文明化（decivilizing）的交叉趋势。

▶ 对西方的文化反抗

前文提到的《国际联盟盟约》第22条规定，在新建立的"授权系统"（mandate system）中，"对文明的神圣信任"处于核心地位。后来根据联合国的"托管制度"（trusteeship system），列强宣称帝国政权有法律义务和道德责任帮助殖民地做好加入国际社会的准备。这里的前提假设是"非欧洲、不信基督教，甚至不是由白人组成的"国家只要做好了准备，"可以遵守国际法规定的相对清晰的行为标准"，就能够在国际社会中获得"正式平等的成员方资格"（Donnelly, 1998: 8）。还有一个前提假设是全球列强没有提出质疑，那就是对于殖民地在宗主国的监督下，何时取得充分的进步，从而能够被考虑赋予主权国家身份这件事，列强享有单方面决定权。该假设受到了

"反抗西方"运动的抵制，沦为帝国殖民地的国家为了民族独立发动的政治起义；种族起义，比如日本要求在《国际联盟盟约》里加入种族平等的条款；³ 以及在 20 世纪 70 年代早期占主流的呼吁"经济公平"（economic justice）的全球经济抗议。另外还有文化抗议，即当时被纳入"第三世界"（Third World）的国家要求脱离西方霸权统治，从而实现"文化解放"（cultural liberation）。

对该反抗过程的开创性分析进行补充说明：反抗斗争中的前四个维度都是基于西方的政治语言和西方价值观进行的。文化反抗之所以被排除在外，是因为其支持者秉承要不质疑、要不就抵制西方的核心道德准则，包括自然人权的理念（Bull, 1984a）。争议在于大多数"第三世界"政府都已经接受了国际社会的基本制度，如领土主权理念（the idea of territorial sovereignty）和不干预原则（the principle of non-intervention），但是很多政府拒绝接受支撑西方国际体系的文明精神，因为其对未来秩序和稳定水平的影响尚不可知（Linklater, 2010; Hall, 2017）。

从过程社会学的角度解释，文化反抗标志着一个时期向另一个时期的过渡。第一个时期是"殖民或同化"的时期，局外群体模仿"先进群体"，而后者有意或无意地将自身的行为准则渗透于前者当中。第二个时期是"排斥、分化，以及解放"的时期，"新兴群体逐渐获得社会权力与自信"，开始对局内群体发起反攻（Elias, 2012 [1939]: 472–3）。在对西方的文化反抗中，局外群体试图摆脱文明标准的束缚，殖民列强正是依靠这套文明标准，自诩有权决定局外群体的发展路线。对发展中国家的批判家来说，两次世界大战中欧洲列强的行为证明了他们声称享有全球道德权威的做法是多么愚蠢，他们自以为对文明存在的真理享有垄断权，而这种权威性就建立在这种自以为是的垄断之上。印度的反抗形式是谴责"不惜一切代价获胜"的战争精神，在这种精神思想的指导下，"一战"期间敌人"丧失了所有象征着文明的自我约束（或者说自我控制）"，在"阵地战中蛮态尽显"（Adas, 2004: 52，参考孟加拉国"圣哲"拉宾德拉纳特·泰戈尔 Rabindranath Tagore 的著作）。[4] 此外，"二战"期间"先进"强国"完全废除了战争法"，根据旧版国际法，文明民族和半文明民族或野蛮民族之间存在一定区别，而此举是对这种区别的扩大化抨击（Bowden, 2005: 21）。这些表述想要重点强调的是，作为帝国扩张的特征之一，缺乏的文明约束已经渗透到了西方，并且给西方所谓的道德使命，也就是将其先进的"文明意识形态"输送给全世界这一使命，带来了清晰可见的影响（Schwarzenberger, 1962: 77; 另见 Mishra, 2012: 209ff）。对于诸如泰戈尔的思想家而言，在有关"一战"破坏性的争论中体现了反抗与分化的力量，他们认为"一战"所带来的破坏证明了"某文明并不适用于统治并决定大多数人类的未来，殖民地的民族（必须）依靠自己的文化资源，为他们自己的命运负责"（Adas, 2004: 51）。在泰戈尔的作品里，曾有一组引人注目的鲜明对比，一边是"欧洲民族主义的傲慢与沙文主义（chauvinism）"，一边是"世界主义"（cosmopolitanism）和"约束"（restraint）在印度文明中享有的地位，而欧洲在这一点上的确可以向印度学习（Adas, 2004: 53）。

对文化优越性声明的拒绝给了西方家长式观念致命一击。根据西方观点，文明强国可以单方面决定殖民地何时具备自我统治的能力以及何时能够试行主权独立。如果说有一件单独的大事象征着这一剧变的发生，那便是 1960 年 12 月 14 日通过的联合国大会第 1514 号决议（the United Nations General Assembly Resolution 1514），该决议否决了西方列强的传统观点，即相关政府必须先证明善政能力，然后才能享有自治权利。"二战"后，各国以去殖民化的形式来实现解放的速度让大多数西方国家感到震惊。由于新兴国家掌握了更大的权力，取得了更多的自信，这些国家对西方文明价值观霸权主义的文化反抗愈演愈烈。法农（Fanon）曾讽刺描述说"有些文明不打领带，有些文明系缠腰带，还有些文明不戴礼帽"，这可能是对"殖民主义或同化主义"与"反抗、分化以及解放"之间权力平衡转移的最佳形容了（Fanon, 1970: 21）。

在讨论此类斗争的现代性时，人们通常忽视了反抗西方过程中的文明维度，而法农的评论则提醒了这一点。从过程社会学的角度来说，"现代性"（modernity）理念是有问题的，因为这是一个削减过程的概念（process-reducing concept）。最明显的替代词是"现代化"（modernization），该用语的优点在于暗示了社会的动态变化过程，但缺点是该词描述的是一种从前现代社会（pre-modern societies）转变为现代社会（modern societies）的线性渐进式变化。"多元现代性"（multiple modernities）分析学家曾经质疑过"现代性"和"现代化"的区分。他们认为，通常被视作反现代的宗教激进运动（fundamentalist movements）在某种方面是"非常现代"的——就像许多激进世俗主义组织承诺实施"现代性工程"（project of modernity），其中政治行动是实现乌托邦愿景的手段（Eisenstadt, 2000: 23; Göle, 2000: 96ff）。

上述分析缺少对"反现代"群体（'anti-modern' groups）的文明维度的关注，而该维度是亨廷顿在"文明的冲突"（clash of civilizations）一文中强调的重点（Huntington, 1996）。该分析的局限性将稍后讨论。只需补充一点，对文明维度的关注意识到了反西方情绪在诸如激进伊斯兰主义团体（radical Islamist groups）中所发挥的作用。伊斯兰作家贾拉勒·艾哈迈德（Jalal Al-e-Ahmad）于20世纪60年代引入了"西化瘟疫"（gharbzedegi）的概念并产生了深远影响，该概念体现了其对西方生活方式的敌意。他谴责西方的"文化疾病"，包括容忍被视为违反伊斯兰原则的性行为（Behnam, 2002: 189; Dunning, 2019）。对腐朽西方的批判与相信更伟大的文明正在经受异教徒进攻的信念密不可分。譬如"IS"这类伊斯兰组织从客位意义（etic sense）上发起了文明使命，或者说恢复文明的攻势，企图实现过去黄金时代哈里发的乌托邦愿景。如第一章所述，对许多观察员而言，激进伊斯兰主义团体对基于文明原则的世界秩序造成了最大威胁。作为对西方文化（与宗教）的反抗的延续，激进伊斯兰主义运动鄙视西方文明标准并反对西方霸权主义。这些运动加强了西方政府和西方民族对"文明价值观"（civilized values）的坚持。而对于多种现代性的分析缺少相关的文明分析来解释上述过程。

▶ 善　治

新自由主义全球机制（neoliberal global establishment）将结构调整政策强加于"第三世界"政府的做法遭到越来越多的反对。为了应对这一趋势，善治话语在20世纪90年代横空出世，而前文提到的修订后的文明标准则充斥其间（the discourses of good governance, Anghie, 2005: 247ff）。批评家强调说，结构调整政策在扩大社会不公、助长政局动荡与增加政治不稳定因素方面发挥了作用，进而导致诸如联合国这样的国际组织本着借给经济自由化（economic liberalization）面子的理念，求助于国家结构转型（Weiss, 2000; Manjiand O'Coill, 2002）。随之而来的文明攻势，包括人权倡议

（human rights initiatives）在内，都是以国际社会和世界社会日益"互补"为标志的全球秩序中不可分割的一部分（Clark, 2007）。其中一种表现形式是国家政府和非政府组织在设立全球标准和创建强有力的跨国问责形式方面展开了更加紧密的合作（Peters et al, 2009）。这段时期内，文明标准发生了显著变化。大多数情况下，19世纪的殖民文明攻势专注于非西方国家机构的蜕变和对野蛮行径的选择性根除，而不是推动"欧洲文化取向"（european cultural orientation）和欧式生活方式的普及（Zhang, 2014: 682）。鉴于跨越广袤空间对常规社交产生影响的能力有限，还有"集约权力"（intensive power，能够对下级"实施严密的组织，进行高效调动或委以重任"的能力）无法跟上"粗放权力"（extensive power，向"遥远的领土"投射权力的能力）日益增长的步伐，这些文明攻势的野心必然受到限制（Mann, 1986: 7ff）。当代占主导地位的强国具有更大的集约权力，并在深化其他国家的社会经济改革这一雄心勃勃的计划中表现得尤为明显，比如加强对人权的尊重，同时加强对随之而来的人格特质变化的尊重，这些都是符合西方文明价值观的生活方式。

人　权

在分析以个人人权作为全球政治秩序核心的自由主义工程（liberal project）时，埃利亚斯所说的文明进程中"我们／我的平衡"（we/I balance）发生的重大变化值得占据重要地位。该表述用于形容，自文艺复兴以来个人和社会的关系加速发生的深刻变化。第二章曾列举了相关例子，包括新树立起来的"壁垒"将人们之间的隔阂程度上升到新的水平（Elias, 2012 [1939]: 522ff）。有三幅画面值得铭记：不起眼的叉子成了新兴的餐桌礼仪标志；为了适应不断变化的羞耻标准而退居幕后且被隐藏起来的生理功能；很晚才出现的私人空间，代表形式是资产阶级家庭中孩子的独立卧室（Elias, 2008g）。埃利亚斯坚持认为日常生活的微小变化对研究社会组织中大规模变化（如国家的出现带来了暴力与税收的垄断控制权）的分析可能没有内在价值，但他补充说这种二分法具有误导性。日常行为中看似微不足道的转变可以反映出人们共同经历的基本结构变化。上文的例子印证了一种整体运动方向，即追求更大程度的"个体化"，或者说"个性化"，这是欧洲文明进程与非欧洲文明进程的区别所在。这些行为上的改变标志着新势头的发展，包括追求新的"我们／我的平衡"，追求个人与社会之间的新关系，其中人们开始珍惜并期待获得一系列的个人自由，比如隐私权、身体完整权、暴力豁免权、言论自由权，以及作为平等公民参与民主政府的权利。

上述权利在人类语言中找到了独特的表达方式。对埃利亚斯而言，儿童权利的最新进展代表了文明社会整体发展方向的一个方面。保护儿童不受暴力影响、免遭劳务剥削，以及免受其他形式的伤害，这与出于道德考量的儿童福利相关。在《父母的文明化》（Civilizing of Parents）一文中，埃利亚斯（2008g）引用了 1979 年国际儿童年（International Year of the Child），这里必须加上 1990 年联合国的《儿童权利公约》（Convention on the Rights of the Child），表示近期的社会约束标准在不断发生变化。必须从长远角度理解有关儿童权利的国际公约，并将其看作欧洲社会"我们／我的平衡"这一更大转变中的一部分。从相关条约中可以看出，在文明进程的最新发展阶段里，人与人之间的情感认同发生了怎样的变化。

对不断变化的"我们／我的平衡"的分析提醒人们，人权绝不是与生俱来的，而是"一种特定社会的副产品"，这种社会异常"文明且安全"（Brown, 1999: 120）。"自然权利"（natural rights）的概念或许曾是争取基本自由的有力武器，但这是一个过程递减的概念，其暗含的意思是，不需要对高度文明和安全的社会从一开始是如何产生的这一问题给予社会学解释。自由派和保守派曾在关于理想的"我们/我的平衡"这一理念上展开斗争，而现在又出现了普世人权话语（the discourse of universal human rights），理解这二者之间的联系也极为重要。例如，18世纪晚期的法国保守派反对当时相对新颖的"个人主义"（individualisme）概念，认为这威胁到了传统"社会"的留存（Lukes, 1973: ch1）。在19世纪30年代的美国，个人主义和披着文明语言外衣的"国家价值观及理想"联系在了一起，显而易见，此时"对个人主义这一术语的评价意义迅速发生了变化"（Lukes, 1973: ch6–7）。在那个时代，捍卫个人权力的民族自豪感是"文明进程"重新定向的愿景中根深蒂固的一部分（Lukes, 1973: ch6–7；另见Williams, 1976: 133ff）。该分析承认人权话语是在特定的权力关系中发展的，人权的兴起从一开始就受到了质疑，哪怕在今天的自由民主社会和更大的世界范围内仍旧饱受争议。这意味着如果自由民主社会内部发生了巨大的权力转变，如果对其有利的全球权力分配格局告一段落，那么既定的人权也可能被逆转。

关于全球权力关系和文明攻势，第4章曾指出19世纪的个人权利与文明之间的关联是殖民计划的一部分，为的是确保西方商人和旅者在非西方社会的安全。在文明进程的后期阶段，重心发生了转移，自由主义国家和非政府行为人在著名法律公约里利用普遍平等原则（universal egalitarian principles）来确保所有人都享有不可剥夺的个人权利，如1976年的《公民权利和政治权利国际公约》（*International Covenant on Civil and Political Rights*）。从某些角度来说，人权文化享有"包容和普世"的声誉：一方面，该理念体现了真正符合"文明正向要求"的"共性"；另一方面，该理念表达了人们广泛认同的观点，即根据"共同人性"的规定，对人权的严重侵犯是整个国际社会的"合法关切"（Donnelly, 1998: 11ff）。从另外的角度来看，文明中有关人权的当代标准并没有逃脱与殖民时代息息相关的"致命污点"（Donnelly, 1998: 16）。

普世人权话语看似"相对没有问题"，只要其目的是保护所有个体免受残忍和无端的暴力伤害（Donnelly, 1998: 21）。对文明社会的团体而言，支持采取集体措施以"保护陷入困境的民众"，或者帮助陷入"可怕的人道主义危机"的受害者，是无可争议的（Teitt, 2017: 344）。但对许多评论家来说，根据国际法律，主权政府以人性化方式对待其民众的义务，其实是相当复杂的一件事。"人权帝国主义"（human rights imperialism）捕捉到了一种反复出现的争议，即西方国家毛遂自荐，认为自己是文明原则的监护人，而其他国家面临回应西方国家的压力，这一点重塑了殖民权力关系。早期对文明列强"伪善"的抗议在控诉自由民主政府的"双重标准"中得以重现。这种担忧与对下面两种关系的批判密不可分：人权文化与二分法之间的关系，以及全球社会里的文明成员方和文明程度不高的局外群体之间的关系。从这些角度来看，在人权领域向西方国家和西方统治的国际组织交出控制主权，等同于接受当代全球秩序中相当于帝国主义时代的基本地位划分。

改造后的文明标准重新确立了局内群体-局外群体的等级制度，重新塑造了污名化的联合形式，重新拟定了外来势力在主权领域上进行干预的可能性，包括大国的干预。针对严重侵犯人权的问题，提倡文明标准的自由主义攻势遭到了限制，理由不仅仅是因为相关政权担心该攻势会对全球权力和声望的分配造成影响，还因为不同社会之间存在实质的道德冲突，这也反映了不同文明进程中不同的"我们／我的平衡"的概念。例如，自由主义人士坚信死刑在文明社会中没有立足之地并为之奔走呼告，争取国际支持；而一些国家（不仅仅是非西方国家）的社会政治团体对此持反对意见。诸如此类的抵制通常反映了人们对个人权利和社会权利以及合适的惩罚体制存在不同看法，这与法国保守派和自由派早期的争论有相似之处（Schabas, 1997; Manners, 2002）。人权的特定核心要素在经历了文明改造进程的社会里遭到了一些团体的反对，这并不让人意外，因为其传统文化里没有与自由主义概念相对应的、关于个人至上的本体论（ontological）概念。很有启示意义的一点是，首批翻译约翰·穆勒（John Stuart Mill）的《论自由》（On Liberty）的日本译者在寻找合适的本土词汇以传达个人享有言论自由权这一完整理念时遇到了难题。这种翻译上的难点反映了日本文明进程中的"我们/我的平衡"和西方国家是截然不同的（Beasley, 1995: 213; Howland, 2001）。在有些社会里，主流的"我们/我的平衡"最看重的是对传统责任的尊重，这种责任是在传统家庭和其他社会角色中不可分割的一部分，而那些有悖于集体主义的自然权利，在这种理念下几乎毫无价值，因此这些社会无法理解什么叫作个人享有不可剥夺的权利。

诸如种族灭绝和虐待这些令人发指的酷刑从未逃脱过人们对"双重标准"的担忧，而对于全球人权共识是否能够超越对上述行为的谴责，不同的"我们/我的平衡"概念对此明确提出了质疑。不同文明标准在女性社会地位的问题上产生了联系与冲突，为反对西方道德准则的文化反抗、权力关系的转移，以及彼此吸引又相互排斥的国际政治形势做出了进一步的解释。有种观点认为，文明的试金石是男性和女性在免遭暴力方面享有平等权利的程度，一些重要的启蒙思想家对该观点予以肯定（Towns, 2009; Towns, 2010: ch4–5）。如前文所述，相关殖民文明标准谴责非欧洲社会的野蛮行为，如印度部分地区的寡妇自焚殉夫的习俗。对于该习俗，1828年11月

10日英国政府发表声明，宣称"每一位理性的文明人都必须发挥热情，终止如此有悖人性的做法"，并补充说，如果英国的统治不能确保饱受奴役的"东方世界数量庞大的人口在未来获得幸福并取得进步"，那么"英国统治的延续"就不具备"完整的正当性"（引自 Yang, 1999: 9; 参见 Towns, 2017：论通过殖民手段向他国强加文明标准的做法如何削减了若干非西方社会的女性权力）。出于对"野蛮"行为的憎恶，英国政府于1829年取缔了寡妇自焚的习俗，并于1856年规定印度教寡妇享有再婚的合法权利。此类文明攻势在后殖民时代的继承形式，包括政府组织与非政府组织为取缔残害女性生殖器官的习俗所做出的努力，还有在许多社会里，这些组织会起诉因违反文明法律标准而侵害妇儿权益的罪犯。

此种文明形式的范围进一步扩大：包括提倡女性在参与公共事务方面享有与男性平等的权利，以及在性或堕胎权方面享有私人自由。在有些社会，男性习惯于对女性的生活选择强加控制，这也符合相关客位文明进程的要求。在这些社会里，上述有利于女性的权利与"我们/我的平衡"的传统理念往往会发生冲突。对西方社会的许多团体而言，"穆斯林的面纱"作为无意义限制自由的例子，显得尤为凸出。有人认为，"没有其他符号"比穆斯林的面纱更有象征意义，面纱标志着伊斯兰教之于西方的"他者"身份（Göle, 1996: 1）。从"启蒙"的角度来看，面纱代表着男性统治，代表着"女性被强制隔离"在"文明人类"的世界之外，而且是突出的表现形式之一（Göle, 1996: 13）。然而，众所周知，许多穆斯林女性将面纱或罩袍视作一种自由选择的表达宗教身份的方式，并且/或者和西方的放纵相比，这是一种自我约束的美德声明，因此上述解读错综复杂（Göle, 1996: 93）。这样的立场是否最终反映了传统父权关系，是专家需要考虑的问题。还有一点需要补充，特别是自从1979年伊朗革命（Iranian revolution）后，激进的伊斯兰势力谴责西方文化对伊斯兰世界的污染，具体理由是西方文化打着庆祝个人主义的旗号，提倡自由追求的生活方式，而这种生活方式允许进行"非法"性行为（Mozaffari, 2002: 208）。为了保存或提倡特定的"我们/我的平衡"观念，相关组织发动了伊斯兰文明攻势，这是在对西方的文化反抗最新进展中尤为引人注目的一个特点。经由这些文明攻势的提醒，人们发现西方几乎认为理所当然的"世俗化议题"（secularization thesis）存在缺陷，该议题支持一个已经过时的假设，即所有社会都在朝着相似的、文明化的社会政治取向靠拢，这种取向包括对于个人至上理念的共有信念。[5]

下面对本节进行总结：在西方统治全球的时期里，由于特定国内权力关系的影响，有关普世人权的新文明标准实现了文明进程核心特征的国际化。受到西方自由主义"我们/我的平衡"理念的吸引，许多非西方团体支持资产阶级的普世平等原则，以通过各类斗争结束殖民统治，并促进国内解放。但是在反抗西方的过程中，激进伊斯兰主义揭露了特定自由主义假设的弱点，该假设认为形成以尊重普遍平等原则为基础的普世文明迫在眉睫。在不同的社会与地区，无论是被西方价值观吸引的政治团体，还是排斥西方价值观的政治团体，目前看来他们之间的权力竞争一定会继续塑造全球秩序。"9•11"事件后，局内群体定义了"我们"的身份（we identity），宣称进行"全球反恐战争"是为了打败"文明的敌人"（Dunning, 2016）。在此节点，回顾过程社会学对上述行为的分析或许是有用的。我们注意到随之而来的污名化与去污名化循环，相关的"去文明化"或"野蛮化过程"（brutalisation processes），还有因此陷入的"双重束缚过程"（double bind processes，参见 p.41–2）。此种情形下，自由民主文明的西方标准得以加强，由于形成了新的全球权力分配格局，西方取得成功的信心逐渐下降，因此比起过去，相关人士在提倡西方标准时采取了更加防御性的姿态。人们原本认定普世人权话语的本质是不言自明的，这种信念却被削弱了。传统自由主义乐观派也遭到了打击，他们原本相信普世人权在正在出现的世界文明或者说在更加文明的全球政治秩序中占据着核心地位。越来越多的人开始带着批判的眼光进行反思，反思普世人权在特定文明进程中的起源，反思其与特定国内权力平衡相互依存的关系，反思其与国际权力和声望竞争之间的关系。这些反思侵蚀了普世人权在自由主义社会里的地位，而自由主义社会曾经信心满满地将其视为一项全球文明标准。第 7 章将详细讨论上述变化所带来的一些影响。不过作为该部分的结语，值得一提的是许多西方人仍旧认为人权文化是西方文明"特殊属性"的纪念碑。

自由民主

经由改造后的文明自由标准在人权方面还有另一项特色，那就是国家的合法性取决于政府是否采取民主的治理方式（Hobson, 2012: 261）。其核心思想建立在"威尔逊主义"（"Wilsonian" thesis）的基础上，即国家内部宪法是其外交政策与行为的主要决定因素。两极时代结束后，许多学术讨论和公众讨论的主题都是"民主和平"，在这种氛围的感染下，领头的倡议人士收集了大量实证证据，证明稳定的自由民主社会之间不会相互开战（Doyle, 1983）。用过程社会学的术语来说，自由主义政府在和其他思想类似的社会打交道时，具有高度的文明自制力，但是在与它们认为缺少完全合法性的非自由主义政权打交道时，却倾向于放松对使用武力的约束。用埃利亚斯的话来说，通过改变"民族国家规范"当中的马基雅维利主义维度和普世平等维度之间的权力平衡,至少在自由主义世界内部,已经战胜了古老的"文明内部分裂"(split within civilization)的核心要素。更为乐观的自由主义观点隐含着更加激进的预测,认为一个完全由稳定的自由民主国家组成的世界秩序将会获得独一无二的和平。相关文明攻势所采取的形式是强有力的民主促进措施(Stivachtis, 2006, 2008)。

西方在倡导民主政府时,企图将文明进程的核心特征国际化,包括将私垄断转变为公垄断,后者有义务遵守法制,并且按照普遍平等的道德标准进行统治。从过程社会学的角度来说,客位意义上的文明因素与组织创新及制度创新同样重要,其主要表现形式是对非民主行为从内部和外部施加约束的相关权力发生了整体变化(Visoka, 2017: 163)。民主习惯中的文明元素将在稍后讨论。人对大量自我约束的必要性发表了评论,这与埃利亚斯的观点产生了共鸣。上述观点没有意识到民主化的过程是充满争议的、是不平衡的、是局部发生的,而且是可逆的;另外还"忽略了有关的文明问题",因此"很容易忽视"一些社会在尝试从"由来已久的一党专政转型为多党政体"的过程中所面临的"困难"(Elias, 2013: 404fn 56)。人们太容易轻信一个错误的观点,即"无论社会内部的紧张局势如何,或者社会成员承受紧张局势的能力如何,所有社会……都可以轻松接受并保持多党执政的民主形态"(Elias and Dunning, 2008: 11)。

对民主化的进一步观察同样值得关注,那就是自由民主派对于改造专制社会的权利和能力有信心,而这种信心通常表现为文明社会"特殊属性"中的集体自豪感,这也是"文明"使命的基石(Elias, 2012 [1939]: 15–17)。不难找到例子作为证据。这些例子包括布什总统2003年9月8日发表讲话,为美国在伊拉克的军事干预做辩护。他声称美军的做法是为了促进伊拉克的政权转型,褒奖美国之前在"提携战败国德国和日本"时所发挥的作用,比如在两国战后建立"代议制政府"的过程中予以支持(参见 Hobson, 2012: 306-7：论"民主联盟"的新保守主义愿景,该愿景将以类似的方式扶持其他社会并"拓展文明民主的和平空间")。[6] 可能是因为在德国的"去军事化和民主化",以及"前现代"日本的"无害化"(detoxification)过程中成功发动了文明攻势,或者说"重新文明化"(recivilizing)的攻势,美国及其欧洲盟友受到鼓舞,于20世纪90年代早期在北大西洋公约组织(North Atlantic Treaty Organization)和欧盟(European Union)中为苏联集团的成员提供了入会资格,但有一明确前提,即他们要认可民主政治组织的必要性(参见 van Benthem van den Bergh, 2001：对重新文明化进程的探讨；另见 Dower, 1999: 79ff; Jackson, 2006; Jarausch, 2006：论德国和日本的民主化)。欧盟成员方准入制度中的文明维度在一定程度上延续了殖民时代的文明攻势(Stivachtis, 2008)。在许多圈子里都有一个心照不宣的假设,那就是"西方民主国家"是最高级别的"文明"国家形态,这是早期对局内群体与局外群体进行二元划分的翻版,而这种二元划分是19世纪文明标准的基础(Stivachtis, 2006)。

埃利亚斯(2013a: 405)坚持认为西方社会对"多党制议会系统的理想化"常常阻碍了对基本"结构问题"的"公开讨论",这必然为西方社会带来了"困难"。西方社会一方面对自己的问题视而不见,另一方面盲目乐观地认为非西方社会也能实现民主转型。在一些后殖民时期的社会里,相关转型困难重重,这些社会存在各种信仰不一的团体,迫于帝国权威而聚在一起,屈服于殖民政治下的"分而治之"理念(Broadhurst et al, 2015: 246ff, 316ff：论国际组织在促进柬埔寨的文明进程时所遇到的困难)。如果政治对手垄断了国家暴力工具,那么有关团体将担心他们自己的权力会被永久削弱,甚至被摧毁，一旦出现这种情况，那么民主化的进程通常都会停滞，甚至被逆转（Wydra, 1999; Visoka, 2017: 166, 173）。说回伊拉克，人们忽视了上述困难在伊拉克存在的规模之大，因为根据充满幻想的假设，大部分伊拉克人都在默默盼望着向民主统治的转型，而且还会欢迎外部军事干预——对于一直在等待"拿破仑时刻"（Napoleonic moment）的近代变体的人们来说，这是必要的催化剂。美国没能意识到随之而来的伊拉克内部权力关系的变化会将整个社会卷入双重束缚的螺旋，最终导致伊拉克爆发激烈的内战，造成上述结果的内在因素是美国的超脱程度过低。

过程社会学家分析了围绕外来势力促进民主化这一问题的迷思，这与评估其作为全球文明标准这一角色密切相关。埃利亚斯认为，如果要用更加超脱的眼光去理解某些国家向议会制转型的困难，就必须仔细关注"相关的文明问题"，尤其是相关政府的自我约束模式，这对想要扎根并生存下去的政府形式而言至关重要。自我约束的必要模式不仅包括避免使用国家垄断权力解决与对手的老旧分歧（如前文所述），还包括选举失败后坦率地放弃公职（Elias and Dunning, 2008: 11）。埃利亚斯和邓宁（2008: 17）以英格兰为例，英格兰的案例是18世纪的例外，而不是18世纪的惯例，展现了如何通过"包括辩论、修辞以及游说在内的语言手段"，在"文明的口水仗"中以非暴力手段解决重大争端和冲突。"这些语言手段都对约束力提出了更高的要求。"利用这些重要的议会技巧，势均力敌的竞争团体得以避免受到双重束缚，在该束缚之下，争霸的形势可能一发而不可收。另外，议会制政府中文明维度的出现和改良，是贵族阶级和资产阶级偶然间权力平衡的结果，而不是"知识分子"因为思想变化，青睐于新统治形式的结果（Vertigans, 2017：论非洲民主化进程和权力平衡之间的关系）。由于竞争对手享有相对平等的权力资源，他们清醒地认识到，通过暴力手段大获全胜是不可能的，最好毫无保留地采取谈判与让步的方式来保证基本利益（Elias, 2013: 406）。竞争对手在以下结论中达成共识：要维持政治秩序，就必须实施更加严格的自我约束，不过并不是所有政治团体从一开始就在朝着这个方向稳步前进（Elias, 2012 [1939]: 352-3）。更加典型的情况是，必须经过几十年后，当地政府才能达到更高水平的自我约束，从而取代外部势力所发挥的作用，确保当地政治秩序符合"议会要求"，并遵守民主化的"会议制度"（van Vree, 1999: 230ff; Elias and Dunning, 2008: 11）。

作为对埃利亚斯观点的补充，近期的过程社会学调查认为，相较于"制度"特征，民主重建的倡议者对议会制政府的"习惯"特征关注不够（Alikhani, 2014, 2017）。对"习惯性民主人格"（habitually democratic personality）的分析进一步探索了多党制的心理基因维度（Alikhani, 2014, 2017）。该调查扩大了已有的人格倾向清单，尤其强调了高水平的个人自控力，以及对和平解决争端的坚定承诺。其他特质包括：在不依赖、也不屈服于外部势力的前提下，进行自主判断的能力；从长远角度思考问题的能力，尤其是面临危机时，因为在争夺眼前利益时人会变得短视，所以在看待世界时，要有超越二元论（非黑即白）思想的能力以及对差异的尊重；还有最后一点，具有包容精神，尊重传统局外群体（尤其是女性、少数民族等）的人权（另见 Vertigans, 2017：论若干非洲社会的需求——超越"部落"或"种族"团结的民主式"我们的身份认同"）。

因此，要实现安全的民主过渡，就必须将制度创新与民主习惯的培养相结合，而习惯的养成是极为艰难的。与之相关的一个议题是，支持民主的人士可能意识不到，要求改革政治结构的外部压力可能会引发"有害的竞争"，这类竞争将会削弱而不是加强"文明"，尤其是当人们以为欧洲经历了多个世纪才实现的社会政治发展，可以在其他地区压缩更短的时间跨度得以实现时（Behnam, 2002: 191; Paris, 2004: 170; Berman, 2013; Visoka, 2017a）。简而言之，民主倡导者必须以身作则，具备并展现出基本的心理素质，比如能够预测并规避危险结果的远见。根据序言部分有关过程社会学方法的评论，为了减少因为过度投入（highly involved）而产生的危险，就必须养成更加超脱的能力，这些危险主要是指社会干预失败的风险加大，导致人们长期陷入预期之外的冲突中。

埃利亚斯（2013a: 404–5）认为，"多党议会制国家"的出现是"国家形成过程和文明进程中的里程碑"，因为这种国家形式"减少了统治者和被统治者之间的权力差异"，同时也"提高了双方的文明自控力"，而对于普世平等原则的大力支持促进了后者的提升。在西方社会，民主化过程中产生的集体自豪感并不让人意外。但是，对西方和其他国家的许多观察员来说，以民主成就为基础的"群体魅力"往往伴随着志得意满和对所谓落后群体的高傲态度。这种观点与早期文明理念指代意义的转变密切相关：文明不再指代一个不完整的、甚至可以逆转的漫长过程，而是描述了一种既定的状态，以作为自满精英特殊属性的佐证。对能够从过程削减的角度理解文明的殖民者来说，根本问题是如何将文明的益处带给启蒙程度较低的群体。

类似的危险也存在于促进民主的文明攻势中。对文明战略与文明进步之间的假定联系持批判态度的学者呼吁人们关注一个问题，那就是民主社会与非民主社会打交道时，前者所呈现出的"排斥态度、等级观念，以及暴力行为"的"阴暗面"（Hobson, 2008）。这些批评家将促进民主理解为一种手段，目的是"利用并延续'冷战'结束后所建立的权力不平衡格局"——也就是说，促进民主是一种提升"西方国家权力"的工具。用过程社会学的术语来说，该工具被包裹在与早期文明标准相呼应的人道主义话语之中（Clark, 2009）。乐观主义者不能否认的是，就像与之相关的人权文化一样，促进民主在构建局内阶层中"我们的身份"方面发挥了有效作用，与之相伴而生的还有对所谓社会下等群体的污名化。在有些社会，外部势力提出了基于自愿原则服从文明约束的共存模式，而这一外部干预受到了当地社会非理性的返祖式抵制，因此西方团体将这些社会妖魔化，认为它们不可能完成文明改造。促进民主的作用在上述情况中表现得尤为透明。

在此种情况下，基于民主促进的文明标准复制了殖民思想的特定特征。该观点与过程社会学对神话（myths）的反思不谋而合：当人们采取措施来改善人类处境时，这些神话可能是施展举措的基础，也可能伴随这些举措而出现新的神话，不过这些神话缺乏必要的现实对等性（reality-congruent knowledge）。重点关注的是，要成功实现从专制到民主的统治转型，需要满足复杂的文明作为先决条件，而人们对该先决条件的理解有限。要改善这一状况，需要注意在文明领域的失败干预如何会导致"责任归咎"——认为局外群体根深蒂固的缺点要对文明干预的失败负主要责任（Vertigans, 2017）。按照这种逻辑，同样未被关注的一点是，局内群体对于实现民主转型情况的了解不够充分，也会导致上述文明干预的失败。面对民主转型的复杂情况，干预失败可能会加剧在投入（局内群体对其他生活方式做出的道德评判）与超脱这两种态度之间的不平衡关系。自由民主文明标准的倡导者通常受到的指控是：优先考虑社会理想，却不顾局外群体的社会现实条件；而且因为他们对民主政府的先决条件有自己的假设，但缺乏对这一假设的自我批判，因此饱受非议。面对随之而来的争议，这里不会采取选边站的策略。要实现改善社会政治状况的有效干预，就要研究文明这一先决条件，本节尝试详细说明的是，过程社会学能够为文明先决条件的研究带来什么。

干预与文明

近几十年来，西方对若干国家社会内部暴力的反应，进一步证明了现代世界的文明标准延续了传统的思想，那就是现代主权国家仍然是文明条件的基石。有观点认为：通过"推广威斯特伐利亚模式（Westphalian model）"，和平制造者企图"防止在欧洲向全世界现代化国家进行历史性扩张的过程中出现倒退"，相关"文明使命"旨在确保19世纪欧洲对"半文明"地区输出的"威斯特伐利亚国家模式仍然在持续增生"（Paris, 2002; Horowitz, 2004; Visoka, 2017a; Waters, 2016）。尤其值得一提的是，面对前殖民地"现代化"的失败和前南斯拉夫（the former Yugoslavia）意想不到的崩溃，文明民族做出的反应是：就诉诸人道主义干预在道德和法律层面的对错，以及将人道主义原则嵌入国际社会的利弊进行争论（Paris, 2002; Andrieu, 2010）。

由此产生了一些问题：人们曾乐观地以为前殖民地会成功实现国家转型与民族融合，同时在治愈"部落"裂痕与文明解决争端方面也会取得进展。但这样的乐观愿景破灭了（Mandelbaum, 2013; Pedersen, 2015: 70ff）。鉴于许多国家边境爆发了政治动乱，需要思考的一个问题是国家形成的全球化从长期来看是否已经接近尾声（Idler, 2019）。几十年前，欧洲发展模式似乎要在非西方地区扎根，但现实是国家体制和集体身份认同的传统形式"严重不匹配"，从而在各团体之间产生竞争并形成了紧张局势，这往往导致政治镇压和暴力冲突（Zhang, 2015: 365）。例如，东亚的主要冲突源于"当地传统规范与体制"和现代国家的主要属性之间的矛盾，比如对于"合法定义"领土的"专属管辖权"与"直接和绝对权威",而此类领土是建立在"武力垄断"的基础上的(Zhang, 2015: 365)。

从后殖民角度来看,有观点坚持认为,"在20世纪的亚洲和非洲,或者世界上其他地区进行政治去殖民化是一件相当令人失望的事"(Go, 2013: 30)。显然,"政治去殖民化并没有为母国和前殖民地之间带来平等,也没有实现'意识或文化上的去殖民化'"(Go, 2013: 30)。对于"二战"后新成立的许多国家而言,政治去殖民化并没有如人们所愿,即带来应允的政治秩序和政治稳定。过程社会学家没有忽视这些发展变化。针对非洲的后殖民社会,埃利亚斯(2008h: 135-6)认为"国家形成几乎没有不遭遇抵制的"。对社会群体进行"更高程度融合"的尝试,"削弱或剥夺了许多较低级别职位的相对自治能力,比如酋长、长老,或者国王以及他们的朝廷"。埃利亚斯补充说,在"极强的规律"之下,相关团体会发现他们对"之前局外群体的依赖"陡然上升,随之而来的还有"身份、自豪与意义的丧失",从而导致"特定的紧张局势"或"融合的冲突",因此感受到了危机(Elias, 2008h: 135-6)。

鉴于上述复杂性,社会过程学的调查路线强调了"真正全球化进程"的必要性。在该进程中,国际社会的非国家行为体与国内政治团体共同合作,帮助驯服与内部"文明进程"兼容的国家结构,或者说实现此类国家结构的"社会化"(Bogner and Neubert, 2016; see also Neubert, 2009)。或者正如"文明标准全球化"相关研究所表明的观点,过程社会学家强调,在"全球/国际和国内层面"建立"文明进程之间更加紧密的相互联系"是至关重要的(van Benthem van den Bergh, 2001: 3)。这些方法与下述观点不谋而合。该观点认为,精英们努力想在非西方社会(比如阿富汗和伊拉克)实施"威斯特伐利亚-韦伯式国家理想"(Westphalian-Weberian ideal of statehood），并"独享合法使用暴力的垄断权"，而此举忽略了"非国家结构尝试利用过渡性司法和包容性政治对话解决群体冲突"所能发挥的"治理作用"（Andrieu, 2010; Baumann, 2009; Paris, 2015; see also Kühn, 2016）。

虽然分析学家建议要小心谨慎地延续"帝国主义文化"，但西方通过上述全球/当地的政治联盟推动内部和平与保护人权的做法相对来说无可争议（Go, 2013: 30）。然而，作为对20世纪90年代中期卢旺达种族屠杀、南斯拉夫战争，以及近期利比亚和叙利亚危机的回应，打着自由主义名号进行人道主义干预的做法却极具争议（Steele, 2019: ch5，强调奥巴马政府下美国对叙利亚政策的约束性）。由此产生的争论进一步彰显了文明民族特有的扭曲与纠葛。参与争论的一方声称，如果有关社会的统治精英利用对暴力手段的垄断来消灭竞争对手，或者竞争对手在争取此种权力时犯下暴行，而文明民族没能用武力阻止或终结如此严重的侵害人权的行为，那么它们就不能被称为文明社会。反对观点则认为，有些人可能没有能力约束部落的暴力冲动或出于杀人复仇心理的返祖冲动，让军人以身涉险去保护这些人，在道德层面是不负责任的（Hansen, 2000; Jacoby, 2011；另见 Berman, 2013：论西方的迷思——非洲内战强调"文明"的缺席，忽略了全球力量在削弱国家权力以及助长不同族群争夺资源方面的影响）。不过即使文明社会决定不使用武力，他们也不会对人道主义紧急情况坐视不管。出于人们对这种信念的尊重，民族国家行为规范中的普遍平等元素和民族主义元素，在相对权力方面发生了显著而偶然的变化。西方国家对侵犯人权行为做出的回应，体现了一种普遍的信念，那就是"为遭受磨难的其他人类群体做点什么几乎是一种义务"——这一点引自埃利亚斯的观察：针对全球贫困现象的公众价值取向正在发生变化（Elias, 2013: 29）。然而，公众认可的人道主义干预高点已经过去，取而代之的是民族-民粹主义（nationalist-populist）政党的观点，他们坚持认为各种各样的全球化项目走得太远，必须回调。

在终于转向全球秩序中的新变化形式后，大多数国家坚决反对任何在国际社会中采取人道主义干预的做法，主要原因是各国怀疑西方政府会利用相关公约所赋予的正当性为借口，从而对其领土主权进行侵犯再而谋取私利（Collet, 2009; Reinold, 2013: 99ff; Zeigler, 2016）。人道主义干预理念的提出，不是为了成为公认的全球文明标准的一部分。但是人们广泛支持"保护责任"的教条，国家主权问题国际委员会（International Commission on Intervention and State Sovereignty）2001年的报告规定，各国政府有义务遵守国际法对战争犯罪和人权犯罪（包括种族清洗和种族屠杀）的禁令，同时有义务为无法保护公民免遭暴行的政权提供帮助。一些分析学家补充说，人们不应当将"保护责任"仅仅看作另一种"西方思想"，或者认为这体现了西方文明标准的争议之处，而应该认为其反映了仁慈和人道主义政府的原则，这种原则在许多非西方社会或非西方文明中都可以找到（O'Hagan, 2015）。无论如何恰切，在这一层面达成共识意味着，全球文明标准不再仅与西方道德准则以及西方社会政治组织模式相关，而未经殖民时代玷污的文明标准也有了占据一席之地的可能（Zaum, 2007: 231; 另见 Odgaard, 2020）。对西方人来说，他们可能会发现自己总是不断陷入关于人道主义干预正确与否的纠葛与困境之中。

全球市场文明

有观点认为，当代"国际关系中的文明标准"是经过精心设计的，旨在建立"一个由相对统一的国家所组成的国际社会，而这一国际社会在很大程度上基于西方的自由民主理念以及市场经济理念。市场经济倾向于在以上各国之间进行平等贸易，而不是装腔作势或蓄谋战争"（Bowden, 2014: 616）。针对"不够发达"的民族所提出的未来发展方向，则证明了资产阶级的文明规范对当下全球秩序的影响（Blomert, 2002）。马克思（Marx）和恩格斯（Engels, 1977 [1848]: 224–5）在提及资产阶级计划将"他们所谓的文明引入非欧洲民族"时，非常清楚资本主义和非欧洲民族的文明之间的关系。从过程社会学的角度来说，马克思在分析资产阶级时代时，强调了社会群体之间的冲突和资本主义垄断的斗争在该时代所发挥的作用，从而取得了重大进展。但是正如前文所述，由于该分析与政治结果密不可分，并且调查方式不够独立，因此在很大程度上存在误导性。在更大规模的变化模式下，随着国家的形成，国家内部实现和平，从而为资本主义工业化提供了条件，资本主义生产方式和新的阶级结构由此产生（Elias, 2012a）。尤其是，国家的财政需求与日俱增以及对于成功商人阶级的越发依赖，意外地改变了贵族阶级和资产阶级之间在权力资源和能力才干方面的分配格局。后者声称，就如同社会长久以来尊重贵族好战的追求一样，商人逐利的追求也应当受到社会尊重，这表明了资产阶级的权力和声望在持续上升（Elias, 2012 [1939]: 467）。正如方才所言，马克思和恩格斯强调了新兴资产阶级的文明维度，但无法解释这一维度。在对世界体系理论（world systems theory）的批判中，也有相似的观点，不过该观点同样适用于广义上的新马克思主义政治经济学（neo-Marxist political economy）。该观点强调说，由于缺乏对文明的分析，相关理论存在解释性缺陷，而埃利亚斯的著作则对文明做了相关分析（Kilminster, 2007: 158, note 6）。

埃利亚斯本人的分析没有研究欧洲文明进程、全球市场文明，以及非欧洲地区的相关文明攻势之间的联系。这三者在本质上相互交织的特性在 19 世纪的"自由主义全球文明标准"中已经表现得尤为明显，该标准要求非西方政府开放国内市场，允许外国加入市场竞争（Fidler, 2000）。不平等条约和"治外法权"引入了西方规则指导下的商业关系，要求中国团体在和外国人做生意时遵守外国法规。西方攻势与当地反应相互交织，促进了文明进程中资产阶级特征的全球化（Fidler, 2001）。根据之前的观点，文明与上述压力之间的明确联系成了 19 世纪资产阶级进步派的核心思想（Thomas, 2018: 188ff；关于市场关系和"古老道德"弱化之间的联系，有人早期对此持反对意见，然而 Thomas 注意到了这一现象）。

作为经济自由主义的代表性劝诫，理查德·科布登（1835: 36）认为，"商业是万灵药，就像一项有利的医学发现，能够与……世界上所有国家的文明对接"。1875 年，科布登俱乐部（Cobden Club）的主要人物路易斯·马利特爵士（Sir Louis Mallet）为自由贸易而庆贺，因为在他看来，自由贸易摧毁了"原始的野蛮主义"，根据该野蛮主义，"所有外国人都是敌人"，而且人们自以为有权利"利用对手的所有优势，并且尽可能地伤害他，这种思想入驻了所有国际交易的精神之中"（引自 Pigman, 2006: 195）。"基督教经济学"（Christian economics）的倡导者声称，真正的商业不仅会废除残暴的奴隶贸易最后的残渣，还会用文明自制取代习惯性的"本土懒惰"。文明自制包括精准的时间管理，这对有效加入扩张中的世界市场而言是至关重要的（Grant, 2005: 18-21; Adas, 2015: 241ff）。诸如科布登这样的自由主义者认为可以通过和平手段实现必要的改革。然而，以上围绕实现改革的最佳手段所产生的争论，都有一个前提假设，那就是资本主义市场的扩张是全球秩序实现文明进步的关键。

说回当代，带头实现经济自由化的西方政府通常将目标社会描述为全球化程度不足,而不是不够文明,不过后者的表述并没有完全在一些主要国际组织领导人的用语中消失,比如国际货币基金组织(International Monetary Fund,简称 IMF)(Best, 2006)。全球市场文明和欧洲文明进程关联密切,这一点毋庸置疑,然而对经济全球化的研究通常忽略了相关文明元素。关于近期的调查,研究了改革后的市场文明标准对当前全球秩序的影响,重拾了文明与经济全球化之间的联系。这些调研的关注重点是以下文明攻势,包括"所有遭到战争破坏的国家在接受 IMF 和世界银行(World Bank)的资助时,必须进行以市场为导向的经济改革,包括国有企业私有化、降低政府补贴、取消工资和价格管制,以及撤销对外国商品和投资的常规管制与贸易壁垒"(Paris, 2002: 644; Bowden and Seabrooke, 2006)。强行要求市场化的举措被描述为相较于殖民时代而言,"一种更加友好和温和的投降制度"(Fidler, 2000)。古典自由主义信念(the classical liberal belief),即相信资本主义市场的本质是进步的这一信念,在近期发生了变化。之所以出现这一变化,关键因素是苏联的解体。人们认为苏联解体一锤定音,证明了计划经济由于存在大量的结构化低效,无法跟上西方社会的步伐。一种更加温和的"投降制度"侧重于用非暴力手段将发展中的社会纳入声称理性的全球市场文明之中,提倡这些社会遵守相关国际法规,并在转型中的社会里建立"善治"和"文明"法规(Kurki, 2013: ch10)。在众多推动合法理性的现代化资本主义国家建设的举措之中,有一个例子是全球反腐败规定的创建,该规定旨在揭露和防止"公职人员与私人行为者为了谋取私利而开展合作"(Wang and Rosenau, 2001: 26; Kim and Sharman, 2014;另见 Berman, 2013:论国家权力的侵蚀与日益增长的经济不平等如何导致政府腐败程度的不断上升)。此类运动利用了欧洲文明进程的一个核心特征,那就是假定现代化法治国家是对文明存在体的必要反应炉。

资产阶级有关市场文明力量的理念还有其他三个方面值得思考。首先，人们相信市场文明是对国家垄断权力的督查，具有无法用价值衡量的意义，且其对财产权与私人自由的保障而言是必不可少的。其次，自由市场限制了国家能力，改变了前资本主义时代国家间以好战为主导的关系。最后，全球商业文明培养了一种特殊的"我们/我的平衡"，其中个人主义中和了危险的集体主义心态。值得一提的是，这里的心理因素在韦伯（Weber, 1930: ch2）看来，对于"资本主义文化的社会道德"或"资本主义精神"而言至关重要。这些心理因素包括自力更生、情绪自控，还有相关的延迟满足的能力，也就是拒绝短期满足，换来长期奖励，从而对集体主义心态中的非理性主义产生免疫（Weber, 1930: ch2；另见 Haskell, 1985 and Gill, 1995：论"自律的新自由主义"）。这三种观点和以下对市场社会的评价密不可分，用 19 世纪晚期自由主义者描述国际法律的术语来说，该评价认为市场社会是"更为温和的国家文明者"（Koskenniemi, 2001）。在当代全球秩序中，对局内社会阶层中的"我们的身份"至关重要的一点，是区分进步的群体和落后的群体，而以上三种特征仍旧是做出该区分的关键。[7]

不断扩张的市场文明遭到了激烈批评，凸显了全球化的西方自由民主派和普世资本主义社会关系之间的矛盾。有一篇论文提出了民主化会引发"有害竞争"的观点，相关人士坚持认为削减政府补贴和在外部干预下减少社会福利，通常是削弱成功实现民主转型的先决条件之一，也就是对统治精英和公共机构的信任（Robinson, 2007: 10ff; Berman, 2013）。过程社会学家提供了一项补充分析，即西方社会中局内群体和局外群体之间的不平等日益扩大，这种情况是如何在前面几十年里改变了总体发展格局。过去几十年里，传统的局外群体成功扭转了对占主导地位的精英做出重要经济与政治让步的局面。权力的天平大幅向局外群体倾斜。局内群体为了实现重要目标，也更加依赖于局外群体。当时，统治集团面临巨大压力，不得不采取更加公平的资源分配方式，从而在当时形成了新的社会契约。

然而，由于新自由主义主张建立全球市场文明，权利不平等的现象与日俱增，得之不易的胜利果实也因此遭到侵蚀。早期人们要求、占主导地位的群体要对权力更弱的社会阶层做出重大经济政治让步，如今前者得以从这些让步的举措中解脱出来。由于权力关系发生了改变，局内群体不再那么需要将局外群体视为同一国际社会里的平等成员并赋予他们基本的经济社会权利，也没有了那么多需要从弱者的角度进行思考的理由。他们拥有了更多为所欲为的自由，至于他们的行为和支持他们的机构对弱势群体造成怎样的伤害，他们往往漠不关心（Newton, 2003; Mennell, 2007: ch12）。情感认同的范围也相应缩窄。

其他对全球市场文明的过程社会学反思并关注了2008年全球金融危机，注意到了银行业中"行为指南"所起的作用，该指南承诺个人若在金融机构的竞争之中成功承担了风险，就可以获得奖励（Haro, 2014）。为了赚取短期利益，这些激励政策不仅不考虑企业的风险，也不考虑整个社会和全球经济秩序的风险。以上反思对这种行为背后的动机进行了评价（Blomert, 2012; Mennell, 2014 and van Benthem van den Bergh, 2012）。对"驯服金融贵族"的政治必要性提出的质疑已经指出，由于一些团体的精心安排，在全球范围内对经济活动放松了管制，或者说由于新自由主义式的管制松弛，人类社会出现了一个反复上演的特征，那就是沦陷在不可预料和不受控制的过程中，这一现象在当代已经表现得很明显（Blomert, 2012）。

全球市场文明给弱势群体的经济环境和文化焦虑所带来的影响已经招致了反击，表现形式包括反对开放市场和劳务自由流动的民粹主义运动，这些反抗基本不可预测，而且都是推行全球市场文明后的结果。根据埃利亚斯所说的持续的"国家忠诚拖累效应"（drag effect of national loyalties，将会在第 7 章讨论该问题），民族-民粹主义组织发起了对全球主义和全球化的抗议，因为他们认为这只有利于局内群体，局内群体却忽略了局外群体的社会经济条件。作为对全球市场文明标准更大的攻击，民族-民粹主义组织呼吁振兴民族国家，从而在管理不善或缺乏管理的武装力量中谋取安全保障。这些进展标志着文明进程中的重大转变。

更为广泛的争议还包括对西方"市场国家模式"（market state model）的反抗，根据东亚对"发展型国家"（developmental state）的概念理解，商业活动必须受到严格限制（Stephen, 2014; Zhang, 2015）。有观点认为，国家与市场之间的合理关系出现了反面形象，毋庸置疑，这里存在文明的因素。争论就是，经由特定"文明力量"的塑造，资本主义社会关系嵌入了非西方的生活方式（Cox, 2001: 114）。这里隐含了一个假设，即不同的文明进程是东亚批判"市场国家模式"的基础，批判的理由是该模式未能严格控制资本主义关系。[8] 与之相关的主题对"生态文明"的理念至关重要，而该理念是自 2007 年中共十七大以来中国官方政策的重要组成部分（参见 United Nations Environment Programme 联合国环境规划署 2016 年的报告）。"生态文明"受到了西方"生态马克思主义"（ecological Marxism）的启发，鉴于资本主义市场在文明层面所发挥的作用及其秉持的自由主义理念对气候变化所带来的影响，"生态文明"认为必须从国家层面和全球层面相互加强约束（Zhihe et al, 2014）。由此不难相信，"生态文明"的愿景将会成为未来全球文明标准的核心内容，而未来的全球文明标准则是自由市场主义的倡导者和批评者之间权力平衡发生变化的一部分内容。为了有效应对环境恶化的问题,在推动个人与集体进行新的自我约束方面,"生态文明"的理念可能成为全球领导力所要求的宝贵资源。如果发生了这种情况,那么从西方解放出来的(或者说沟通西方社会和非西方社会的差异的)新文明标准可能成为未来全球秩序的主要支柱。[9]

这些评论提出了一个问题,即全球秩序是否已经进入一个过渡阶段,该阶段要求人们进一步理解非西方文明,或者更准确地说,进一步理解相互关联的西方文明进程和非西方文明进程。问题是"应用基于西方价值观的文明标准"来创造一个普世文明的古典工程是否不仅仅是停滞不前,而是正在逆转(Mozaffari, 2001)。对中国崛起的分析指出,作为全球权力平衡变化的结果,服从以西方自由民主资本主义规范为核心的文明标准的时代正在逐渐远去,取而代之的是在不同"文明"标准之间,局势日趋紧张的时代(Suzuki, 2012)。

中国自豪且自信地认为其可以为发展中国家提供另外一套文明模式,从而有观点认为全球秩序的确进入了过渡期。紧随经济高速发展和脱贫攻坚之后的大事是"北京共识"的发表,该论文包含的假设是,中国在经济发展方面采取的模式超越了西方的"市场国家模式",可以成为许多后殖民社会的理想范本(Luo and Zhang, 2011: 1804–6)。

这种对不断变化的全球权力平衡、相互竞争的文明标准,以及抗议全球市场文明的探索,表明有必要对长期文明进程进行比较分析(Hobson, 2007)。过程社会学家认为,埃利亚斯对欧洲文明进程的调研为更大规模的研究项目提供了一个粗略模型。具体观点如下:埃利亚斯社会学是"以欧洲为中心"的,因为其目的是解释一个地区的民族是如何开始认为自己的文明是独一无二的,不过有一点不是以欧洲为中心,那就是埃利亚斯认为该调研问题所依据的分类模式可以在不加修改的情况下直接转移到对其他文明进程的调研之中。为了拓展分析上述发展模式,对柬埔寨、中国以及日本文明进程的初步调研探索了相关的关键问题(Ikegami, 1995, 2005; Mennell, 1996, 2007; Ohira, 2014; Stebbins, 2009; Broadhurst et al, 2015)。

对文明进程的进一步比较分析只能充实对不断变化的全球秩序的调研内容。关键是要采纳一种"相关"方法,该方法能够规避"文明孤立主义"(civilizational isolationism),并从长远角度看待不同的文明进程如何在数百年的时间里相互影响(Hobson, 2007)。该观点的核心内容是:看似独立的欧洲文明在全球占主导地位的时间段大约是在1800—1840年这个"关键分水岭"(Hobson, 2007: 425)。由于权力分配的变化,世界现在正回归到另外一种状态,经历过其他文明进程的非西方社会能够在更加平等的条件下塑造全球政治经济关系,甚至可能从根本上改革全球市场文明(Hobson, 2007)。对于现代全球秩序发展至关重要的一点是,必须对国内和国际关系进行长期探索,而过程社会学正好可以派上用场。

▶ 结　　论

由于对西方的反抗和全球权力分配的变化,古典文明标准失去了在由西方主导的世界秩序当中的指挥地位,但是该标准的痕迹在有关人权、民主促进、市场关系,以及建国工程这些存有争议的规范之中保留了下来。在许多西方团体看来,这些规范证明了他们的文明所取得的现代化成就。若干研究分析了西方社会和非西方社会是怎样从共同的文明生活标准中渐行渐远的，并思考了这种变化可能给未来的国际秩序带来怎样的影响。用埃利亚斯的话来说，这些研究讨论了吸引力和排斥力之间关系的变化，也讨论了传统的局内群体和局外群体之间权力关系的转移。由于反对西方文明主导全球，因此产生了上述问题，这些问题将在第7章展开讨论。讨论重点是全球文明进程的前景，或者用埃利亚斯的话来说，将影响人类整体的文明进程的前景。

过程社会学家意识到该术语可能会在学术圈外引起困惑，因为学术圈外的人士不了解文明的主位意义和客位意义之间的不同。第7章的论点是相对于其他更容易理解的概念而言，该过程社会学的概念更具优势。可以利用后者分析影响了所有社会发展的社会政治力量，从而对埃利亚斯的观点做进一步拓展。还可以利用该概念来识别全球变化的主要方向，更具体地说，就是世界政治中各方势力是否有明确的发展趋势，比方说是呈趋同的趋势，还是发散的趋势。以前对后西方国际秩序发展趋势的分析忽略了过程社会学的作用。接下来的章节旨在证明对当前紧张局势的分析时，值得借鉴埃利亚斯的观念，因为埃利亚斯在思考千年以来塑造人类社会的文明进程时，运用了过程社会学的理念。

第 7 章

有关人类整体的文明进程

第 7 章　有关人类整体的文明进程

前三章讨论了一个时代向另一个时代的过渡。在上一个时代，世界文明的轮廓是以欧洲的价值偏好为基础的；而如今，人们似乎不再支持基于欧洲或西方文明标准的全球秩序。埃利亚斯对影响人类整体的文明进程进行了反思，有关权力关系变化的分析与之尤为相关。针对长期变化模式的调研范围最初仅局限于欧洲大陆，而埃利亚斯的关注重点则代表了研究范围的拓展（Mennell, 1998: ch9）。该研究背后的驱动力是一种将社会学视为全球社会科学的理念，该理念提倡"教育与知识转换"，且不限于对特定社会的短期关注，而是以"全人类的视角"研究"新兴的世界社会"（Elias, 2008d: 268）。

过程社会学的调研范围需要进一步扩大，不是因为有任何特定的规范愿景，而是因为现实世界中各社会相互联系的纽带在不断延长与深化。根据埃利亚斯的观察，在对"人类发展"过程中更加"令人愉悦且充满希望"的特征进行反思时，想要理解上述变化的人们可能盼望从中得到安慰。但这种偏颇之心才是"'知识分子的背叛'（trahison des clercs）的真实含义"。

埃利亚斯（2010c: 149）坚持认为，无论我们是否"欢迎人类日益融合的趋势"，毋庸置疑的是，在全球联系更加紧密的情形下，"相对于人类顶层正在发生的变化，人类个体的无力感越发明显"。关于个人在当代条件下无能为力的评论，凸显了人类屈服于无法掌控的力量这一事实（考虑到全球新冠疫情，这一点具有明显的现代相关性）。对于相信未来的全球融合会导致民族之间更高水平的情感认同这一假设，评论家们持反对意见。实际上，结果可能恰恰相反。国际社会出台了一系列实验性举措，用于应对全球联系趋于紧密所带来的后果，而具有离心作用的民族忠诚感保留了不说逆转、但至少可以限制上述实验性举措的能力。为了理解反对经济全球化的民族-民粹主义的兴起，本章后续将会讨论与该主题相关的内容。

埃利亚斯（2013b: 280ff）坚信，要让人们认同超越地方"生存单位"（survival units）的观念、并对人类整体负责的全球政治组织，无论是在生物学方面还是文化方面，都没有不可逾越的障碍。埃利亚斯进一步拓展了之前介绍的主题，认为这将会是一种"非常高级的人类文明形式"，在此种文明中，人们和平聚居，无须使用暴力和强迫手段——简而言之，"人们在处理与他人的关系时，不需要借助外力来限制对暴力的使用"，而是通过自我约束或内在良知来梳理与他人的关系。这种状态或许永远不可能实现，但埃利亚斯（2007: 140-1）认为这是值得设立的目标。社会科学调研的目的之一，就是深入理解不可控的过程，就是形成能够帮助人们面对诸多困难的知识体系与意识水平，这些困难源于全球联系趋于紧密这一意料之外的结果。人们并没有就更高水平的融合这一议题提出明确的规范要求（不过应当再次注意的是，序言部分讨论过该立场的人文基础）。需要重点强调的是，社会科学如何能够提供一个更加超脱的视角来理解社会冲突与分裂，如何能够更加深刻地认识往往与之相伴而来的充满幻想的世界观。若能做到上述两点，各社会将能够做好更加充分的准备，以减少不可控过程中的暴政。

在影响了大多数人类的文明进程中，权力垄断占据核心地位，本章第一部分对埃利亚斯从长远角度看待这一问题的观点进行了思考。作为对埃利亚斯观点的拓展，该部分还思考了各社会之间的联系在人类族群融合过程中发挥的作用。在此情形下，本部分还讨论了埃利亚斯对近期全球文明发展趋势的观察。本章第二部分对相关标准进行了讨论，这些标准可以用来评价全球文明化进程和去文明化进程对社会与政治方向所产生的影响，这些社会与政治方向关乎全人类。从该角度出发，本部分回顾了全球秩序文明维度的两个方面，一是亨廷顿（Huntington）认为正在出现的文明冲突，将在本章

第三部分展开讨论；二是英国学派（English School）的论著所提出的问题，即共享文明规范曾经是古典欧洲国际社会的基石，而在此种文明规范缺席的情况下，该如何重塑世界秩序。以上内容将在第四部分展开讨论。

亨廷顿的论文，用埃利亚斯的话来说，预示了全球秩序中去文明化的主流趋势，例证了在权力平衡发生变化，从而影响到局内群体的影响力和声望时，充满幻想性的思维模式是如何决定事件发展轨迹的。相反，英国学派的论著采取了更加超脱的观察视角，研究国际社会与曾经推行霸权主义的西方文明生活方式价值观脱钩所带来的影响。

从过程社会学的角度来看，根据亨廷顿和英国学派的研究方法，当人类族群被迫卷入更加错综复杂的关系纽带时，对于"融合冲突"（integration conflicts）的反应可以是截然不同，甚至几乎是完全对立的。亨廷顿的论文强调了文明冲突日益增多的可能性。英国学派的论著则侧重于文明作为桥梁在首个全体国家社会中沟通主要分歧的潜力。根据这些议题，本章第五部分展开思考了"国家忠诚拖累效应"对建立国际机构的持续影响，这些国际机构的设立是为了解决随着人类之间相互依赖的程度越来越高而相应产生的一些问题。民族-民粹主义反抗运动尖锐地提醒着人们，民族象征主义（national symbolism）占据着主导地位，而传递着强烈人类认同感的全球象征符号或世界性象征符号则处于相对弱势地位。这种发展趋势表明，要建立一种通过全球文明进程来大幅度减少融合冲突所带来的危险的世界秩序，是一项艰巨挑战。在全球秩序的形成过程中，对文明理念研究的总结认为，需要对象征符号和世界政治进行更加细致的分析。这意味着，对于未来世界秩序尤为重要的一点是，民族群体象征符号和全球或人类文明象征符号之间的权力平衡。通过这些象征性框架的相关感染力，人们得以洞察更多大体趋势，尤其能够深入观察文明进程和去文明进程之间关系的进展，这二者之间的关系在人类融入首个世界性政治秩序时对自身造成了影响。

▶ 全球文明进程

埃利亚斯（2008: 4）提出了一种长期的"复杂的、覆盖人类全体的文明进程"，这种用词当下已不再流行。该论文想表达的观点是，有"重要理由"将"人类的成长视为知识增长的基石。从长远来看，任何一个特定的人类亚群想要占用特定的先进知识，都是相当困难，甚至不可能实现的。"埃利亚斯意识到了国际政治竞争所带来的影响至少塑造了人类社会的大部分。基于这一点，他补充说明：知识习得和知识转换过程中的诸多步骤和"人类族群的竞争"密不可分（Elias, 2011: 23–4）。整个过程包括：首先是垄断强权发出进攻，随后幸存下来的单位改变了地球，其中个体和集体的约束模式也随之发生了改变。再进一步拓展讨论范围，将国际秩序的相关研究囊括在内之前，需要考虑与上述论点相关的两个案例，这两个案例代表了埃利亚斯从长期视角对社会政治生活的研究。

首先是早期人类族群对火的使用垄断权以及该技术向全体社会的传播（Elias, 2010c: 125; 特别参见 Goudsblom, 1994a）。埃利亚斯（2008: 4）坚持认为"覆盖全人类的文明进程"在以下方面表现明显：人类学会了克服对火的本能恐惧，掌握了火的使用技术，并利用火作为他们进行农业和战争这类活动的优势力量。对火的垄断控制是认知突破的产物，此举的实现得益于人类能够以更加超脱的视角看待世界。对接下来的讨论至关重要的是,这种现象与人类社会历史中最复杂的一些特征有关——个人与集体形成了一定的约束力,并在社会规划方面取得了相关进步,从而人类有可能利用存在固有危险的力量(Elias, 2010c: 125–6; Goudsblom, 1994a)。这里有一个关于三重控制(the triad of controls)的概念——人对自我的控制、人与人之间相互施加的控制,以及人对自然的控制——这一概念与这里的讨论内容尤为相关(见 p.24–5 页)。对火的垄断主要提升了对自然过程的控制水平,但如果没有一定程度的自制力和预见性,将原始人类与人类从非人类社会中区分开来,那么这种控制过程也不会发生。过程社会学对上述转变做过最详尽的调研,坚持认为这种文明进步是改变人类与非人类之间权力平衡的基础(Goudsblom, 1994a)。伴随复杂工具和武器的发明(这是同等物种垄断产生的地方),对火的社会性控制让人类开始从被捕食者变成了捕食者——从而人类的地位开始慢慢上升,在地球上占据了惊人的统治地位(Goudsblom, 1994a; Mennell, 1998: 207ff, 223)。一项重大的过程社会学研究认为,"对火的引进是人类在干预自然过程时进行的首个伟大行动",也是社会力量超越自然力量的第一步(Goudsblom, 2002: 28)。在利用火的方面,集体约束(collective restraints)的出现是一项文明进程,为后来的革命时代奠定了基础,比如农耕定居与早期以国家组织为形式的社会的兴起(Goudsblom, 2015: 193–4)。这些进步标志着人类的破坏能力(存在于对相关文明进程固有的个体和集体约束中)实现了前所未有的历史性突破。

这些趋势让各个文明进程的第二次交叉互联成为可能,这次互联是在全人类层面展开的,也就是形成了更大"规模"的生存单位,比如"乡村演变为城镇""部落演变为国家"等剧烈的转变(Elias, 2008: 4)。该观点认为,最初只是小规模的"亲属集团"(kinship groups），如今已经出现了拥有数千万公民的现代民族国家。对卷入存亡战争的生存单位而言，尤其是对那些实现了"新形式的突破，或多或少实现了内部和平，就存留、独立以及文明方面实现了新模式突破"的生存单位而言，规模的扩大给他们带来了巨大的优势（Elias, 2008: 4）。这里提到了文明，再次强调了新发明的约束标准对生存单位规模的大幅增加是多么重要。随着垄断权力的转移，以及其他族群在社会、政治和军事能力方面对最成功的人类族群进行必要效仿，生活在更大领土疆域上的民族之间的关系明显变得更加缓和。经过这些转变，第二次"综合性的、广泛的人类的文明进程"开始了。在"乡村演变为城镇""部落演变为国家"的过渡过程中，占据核心地位的是更加集权化的政治结构的出现，其伴随对使用暴力工具的控制权的增加。族群之间为安全和生存展开的斗争加深了人类族群的多元性，或者说导致了不匹配的"文化差异性"（Goudsblom, 2002: 39）。通过突出内部人员和外部人员，或者朋友和敌人之间的差异性，成功的象征性创新将同一生存单位里的群体联合到了一起。在"更大规模"的社会层面上，象征性创新是其文明进程的决定性环节。生存单位在淘汰赛中的抵抗力或获胜力很大程度上依赖于有效社会约束标准的存在，该标准的基础是一系列象征符号，这些符号几乎总是要求人们服从可怕的、神圣的或超自然的力量（Linklater, 2019; Linklater in preparation）。

关于影响全人类的文明进程，国际层面的发展是第三个例子。埃利亚斯（2007: 101）认为国家"形成了另一种组织化程度相对不高、融合程度相对较低"的秩序中的"一部分"，该秩序的核心点是现代世界的"权力系统平衡"。这种安排位于社会政治组织模式"等级"的顶端，构成了人类族群"最高层次的融合形式"，或者说代表了"有组织的权力"的最高水平，这种权力"能够调节自身的发展

第 7 章 有关人类整体的文明进程

轨迹"（Elias, 2007: 101），能够在一定程度上掌控国际关系的集体能力，证明生存单位之间及内部存在着各种文明模式，这些生存单位各自享有对暴力工具的垄断控制权。另外，正如之前对国家社会（societies of states）的讨论提到的，这些文明进程与野蛮主义话语息息相关，且以后者为基础。这些二分法与国家联合垄断相关，在联合垄断中，相关国家严格控制国际社会的准入标准。相关局内群体-局外群体的形成对此意义重大，由于权力平衡的变化，国家必须通过外交互动约束其政治野心；必须具备先见之明，放弃既得战略利益，充分考虑集体约束，从而维持有利于国际秩序和国际稳定的力量平衡。这些现象反映了人类族群面临的主要威胁发生了重大转变。在许多地区，相较于自然力量所构成的威胁，各社会相互制造的危险数量大幅度上升（Elias, 2007: 76ff）。回到三重控制的概念，虽然人类对自然的控制力提高了，但各个更大规模的社会在处理对外关系时，并没有同步提高自我约束和集体约束的水平。

然而，权力平衡系统的发展趋势和生存单位内部尤为明显的发展趋势相同：各社会之间相互依赖的程度越来越高，迫使各社会高瞻远瞩，务必加强自我约束，尤其是在权力相对平等的大环境下（Mennell, 2012）。因此，即便有些生存单位不需要对垄断暴力手段的全球政治机构俯首称臣，这些生存单位在彼此联系时也能产生文明进程。在生存单位规模扩大的近期发展过程中，另一侧发生的变化是破坏能力的提升与聚积，因此导致了上述文明进程的出现。权力垄断所造成的根本后果，国家能够以更具杀伤力的方法，远程伤害更多人——在"歼灭单位"的情况下，还能摧毁成百上千万的人，并在人类聚落上留下垃圾。作为对这种权力垄断的回应，文明进程进一步演变（Elias, 2010c: 186ff）。人类发展的矛盾本质不言而喻。由于"新文明模式"的兴起，杀伤性军事能力越发具有破坏性，人类控制自然的能力也越来越强,但人们达成共识并统一执行国际约束标准的进程却远远落后于前者。

埃利亚斯认为,从长远来看,当代的情况与之前略微不同。人类社会"仍然无法理解和掌控社会动力学,在社会动力学的推动(威胁)下,不同国家统治者倾向于使用武力解决冲突"(Elias, 2007a: 128)。尽管如此,或许仍可证明当代是"人类发展的早期阶段"或"人类的史前"部分(Elias, 2007a: 128)。人类种族可能早已进入全球文明进程的早期阶段,在该进程中,各社会在处理相互关系时越发克制,也能更好地做出调整以符合彼此的核心利益。诚然,民族国家近期面临的压力越来越大,它们需要"向超国家单位"(supra-state units)交出部分"保障其公民人身安全的功能,也就是作为生存单位的部分功能"(Elias, 2010c: 195)。有证据表明,"有效生存单位的功能正在发生可见的变化,从民族国家层面逐步转型为后民族国家联盟(post-national unions of states),然后进一步超越前者,变成了覆盖全人类的存在形式"(Elias, 2010c: 195ff)。实际上,一个新的历史时代可能即将到来,在新时代里,"单个的国家将不复存在,取而代之的是作为主导社会单位为全人类提供服务的国家联盟"(Elias, 2010c: 147;另见181)。

根据埃利亚斯对服务全人类的后民族国家形象的强调可以看出,整体提升对物理暴力的约束程度只是文明进程中的一个维度。正如他在《德国人》(*The Germans*)中解释的那样:"人们之间相互认同的广度与深度,以及相应的他们的共情与同情能力的广度与深度",同样是"文明进程的核心标准"(Elias, 2013: 122;另见 de Swaan, 1995)。当今时代,社会科学家可以利用人类的概念来考察"人类种族中所有彼此独立的亚群之间越发相互依赖"的"社会现实",在早期的世纪里,这个概念还只是一个"美好却不切实际的理想"(Elias,

2008a: 86–7）。显然，有些社会阶层"开始认同国界以外的事物，（且）他们对'我们'这一集体身份的认同感开始走向全人类的范畴"（Elias, 2010c: 207）。可以从旨在保护个人不受国家暴力与暴行伤害的人道主义计划中辨别出全球文明进程的轮廓。或许此类举措（保护因觉得本国法律不人道而对本国法律持反对态度的个人）代表了"漫漫长征中的早期阶段，在该长征中，人类作为最高级别的整体可能与主权联盟实现平起平坐"（Elias, 2011: 167）。

因此，埃利亚斯特别指出，"诸如国际特赦组织（Amnesty International）这样的私人组织"体现了人权文化，这是一种重要象征，标志着"人与人之间的认同范围扩大了"，标志着"个人对远超出自己所在国家或大陆边界的其他人的命运所负有的责任感"升级了（Elias, 2010c: 151）。鉴于当前的全球联系程度，从未有过如此多的人意识到：

> 人类当中有很大一部分终生都徘徊在饥饿的边缘，实际上总是有人死于饥荒，而且很多地方的人都死于饥荒。这当然不是一个新出现的问题。几乎没有例外，饥荒一直是人类社会反复出现的一个特征。但是我们的时代有一个特点，那就是贫困与高死亡率不再是人类生活中理所当然的天灾。（Elias, 2013: 29）

虽然人们的道德义务感在逐步加强，但必须承认的是"实际上人们做的还是太少"（Elias, 2013: 29）。即便如此，"良心的形成（conscience-formation）在20世纪整个过程中还是发生了变化。用绝对值来形容，人们对彼此负有的责任感的确是最小值，不过比起从前，还是有所提升"（Elias, 2013: 29）。

总之，埃利亚斯坚持认为，尽管是以不平衡和试探性的方式，人类还是参与到了"伟大的集体学习过程"中，包括形成了更高级别的社会组织，目的是推动"人类和平与有组织的统一"，将人类从不必要的痛苦与折磨中解放出来（Elias, 2008a: 92）。这种构想明确了用于判断社会群体或整个全球秩序是否正在经历文明进程的关键标准，或者说，由于文明化和去文明化两股力量之间的关系发生了变化，上述标准的目的是用来确认实质的方向性改革是否正在进行。这些是下一节要探讨的问题。更为紧要的是埃利亚斯对相互对抗的社会政治力量的观察，这些相互对抗的力量可能会逆转之前提到的进步。大多数人对其他社会最为弱势的成员所负有的责任感比"最小值"要多一点点，这一观点凸显了全球秩序中的一个核心特征，即生存单位继续赢得了极高的忠诚度。跨越国界的情感联结或许在特定社会阶层得到了加强，但该观点认为，整体来看这种情感联结的发展速度还是落后于人类相互依存范围的扩张速度。对人类过去最基本的理解表明，"假设"目前的"主流"趋势一定能够在未来几十年甚至几个世纪里继续下去是"没有现实基础"的（Elias, 2008: 4）。至少"迄今为止——也就是从石器时代到我们的时代"，整体趋势是人类实现了更高水平的融合，以及更高水平的联合文明模式，但也有"持续的冲突，伴随着对抗和去文明化的过程"，进而导致了许多复杂社会的崩溃（Elias, 2008: 4）。现代社会和它们所隶属的全球秩序或将屈服于相似的命运。近几十年，"广泛的融合过程"伴随着"许多次级分裂"，但这些都能被"主流分裂过程"所取代，其中反对全球相互依存的去文明化反应强烈，占据上风（Elias, 2010c: 148, 另见 202）。

显然，历史悠久的"霸权战争"和"淘汰竞争"正"行将就木"，而一次重大的核冲突可能让人类"重回洞穴"。然而，赤裸裸的现实是"人们对国家社会（现在叫民族国家）的情感联结高于对其他社会组织形式的情感联结"（Elias, 2012b: 133ff；另见 Kaspersen and Gabriel, 2008）。纵观人类历史，政治忠诚通常指向重大"生存单位"，指向"将人们团结在一起，为了共同的目标，比如共同保卫他们的生命，共同抵御外族的进攻"而奋斗且"对他人使用武力"的集体（Elias, 2012b: 134）。生存单位之所以成功幸存下来，得益于单位成员之间强烈的情感与物质联结，也得益于作为"公认对象"的"公共象征符号"的力量（Elias, 2012b: 133）。有关文化身份的深刻问题，往往对相关人士构成了威胁。相当清楚的一点是，人们十分重视"传奇、历史、音乐以及许多其他文化价值观的传承"。诚然，这种联结的主要"生存功能"之一就是其在独特语言和文化实践的"连续性"方面所发挥的作用（Elias, 2010c: 200）。当人们以集体成员的身份创造了"超越实际物理存在的生存机会"，也就是知道自己为一项持续进行的集体行动做出了贡献，并且有可能像少数天选之人那样长存于"一代又一代人的记忆"中时，个人通常会找到巨大的满足感和伟大的意义（Elias, 2010c: 200）。

正如本次讨论所言，埃利亚斯对人类社会与全球文明进程之间日渐相依的复杂关系做了反思，这种趋势是人类对火的垄断与更大规模的社会发展的产物。他的研究集中在全球互联对以下三种现象的影响：社会间关系里内部约束和外部约束的主要模式；社会对伯格森（Bergson）的问题（相关团体在多大程度上仅限于"同一个国家的成员"，也就是"公民同胞"，在多大程度上又包含"人类整体"）的态度；以及人们对处理全球融合问题的后民族形式社会政治组织的态度。埃利亚斯的研究强调了全球互联的深度模糊性（Linklater, 2010a）。一方面，就像欧洲文明进程的早期阶段那样，全球互联的结果是"越来越多的人被迫更频繁地关注越来越多的其他人"（Goudsblom, 引自 Liston and Mennell, 2009: 60）。随着新出现的纠葛关系，人们出现了新的强迫症，要对其他民族给予更多关心与回应，而且也有了动力去创建反映这种变化情况的政治机构。不过在人类社会的发展过程中，融合（integrative）与分裂（disintegrative）的趋势往往密不可分，证据包括：非洲近期形成了国家，而非洲传统的"部落单位"曾反对国家的模式，因为在他们看来，这意味着关键决策是由遥远的政治机构所做出的，部落对这些决策的掌控能力下降了，还可能在权力、特权以及声望方面造成不可挽回的损失（Elias, 2008e: 136–7; Elias, 2010c: 180ff; 另见 pp. 206–7）。为了联合应对全球联系网越拉越长的挑战，人们进行了国际制度创新实验，这些创新制度的设计者们认为这是必要之举。作为对上述实验的回应，和平的"融合冲突"出现了。但是，对有些群体而言，传统的民族自我形象受到了威胁，因为国家机构与远端大陆管辖制度和全球会议制度之间的责任平衡可能发生变化，或者已经发生了实质变化（van Vree, 1999: 332）。集体回应表明，建立一个以共享文明为基础的世界秩序任重道远——也就是说，形成一套达成共识的约束标准，以情感强烈的全球象征符号为表达形式和支撑基础，这种全球象征符号代表了对狭隘民族身份认同的超越。

　　作为对以上问题的回应，埃利亚斯认为，"个人的习性，以及他们局限于人类亚群的身份——尤其是局限于单一国家公民的身份"，落后于全球互联的上升水平，阻碍了新形式的社会政治协调与规划的建立（Elias, 2010c: 206–7）。因此，许多群体承认区域组织的作用，比如欧盟，但并没有在这类组织中找到太多的情感意义（Elias, 2012 [1939]: 508, note 13; Elias, 2010c: 195ff）。民族忠诚感对创建更高级别的联盟造成了阻碍（Elias, 2010c: 188ff）。在社会内部和社会之间的融合冲突中，这种忠诚感会被定期调动起来，用于逆转在倡导者的眼中越发必要的"后民族"制度创新进程（Elias, 2010c:

180ff; Delmotte, 2012）。埃利亚斯对在国际舞台和民族国家内部愈演愈烈的融合冲突做了反思，事先预见到了当前反对新自由主义经济全球化的民族-民粹主义运动，后者还要求恢复国家被迫向诸如欧盟这类遥远且不负责任的组织所交出的权力（Alikhani, 2017a; 另见 Alikhani, 2017b：论民族-民粹主义和由大国强权与局内社会阶层的不负责任所导致的"民主化"与"去民主化"进程关系变化之间的联系）。位于抗议核心的是对非自愿纳入全球相依关系链的集体不满，局外群体认为这种关系链会损害他们的利益，而且他们无力（不过现在已经开始付诸努力）掌控（Elias, 2007: 76–8）。对民族国家的情感依恋在扭转互联模式的权力斗争中得以加强，因为在局外群体看来，这种互联模式会将他们束缚在一个遥远的全球机构之中。如埃利亚斯观察到的那样，对察觉到自己的民族身份受到威胁，以及由于集体自尊和集体威望的降低而感到深受伤害的群体而言，通过打破制造焦虑或不确定性的社会关系网，从而尝试重建早期的政治自治形式是相当具有吸引力的（Dunning and Hughes, 2020）。

对新自由主义经济全球化的民族反抗，以及陷入更长的相依关系网的感知，都体现在对传统忠诚以及相关政治符号的支持度上。这些被视为共同情感认同对象的政治符号，似乎在短短 30 年里丧失了一些效力。整个运动表明，在诸如欧盟这样的区域国际组织占主导地位的群体及其支持者缺乏能够让民族主义党派运用的象征性力量。这些群体无法激发能够和民族归属与主权国家的神话与叙事相提并论的情感符号（Theiler, 2005; Della Sala, 2010; Manners, 2011; Linklater, 2019）。全球文明或许不存在生物和文化方面的障碍，必要的通用符号也不存在障碍。但不清楚的是，代表更广泛的团结的符号如何能够发展起来，以及形成具有情感号召力的后民族符号需要具备哪些条件。最近一项过程社会学分析强调说，如果大部分人都认为领导机构严重偏袒精英阶层的利益，主持深化社会不平等，未能满足民主问责制的期望，那么朝向后民族欧洲文明进程发展的重大运动就不会发生（Alikhani, 2017a）。

在选举社会里，如果局内群体和局外群体之间的权力资源没有重新分配，那就很难会发生变化。如果许多人都害怕丧失民族自尊，害怕损失经济利益，那么情况也不会发生改变。埃利亚斯认为只要"不是以人类整体作为有效的参考框架"，那么"融合趋势"将继续与"分裂趋势"相互交织，这一观点的核心内容是成员社会内部的融合冲突（Elias, 2013: 174）。国家内部与国家之间的紧张局势提醒着人们，对许多人而言，人类"作为'我们'这一身份的参考框架"的理念几乎没有意义，这仍然是"许多人情感地图上的空白处"（Elias, 2010c: 181）。不过不能排除未来实现全球文明进程的可能，尤其考虑到全球变暖。有必要利用社会学资源检测以集体符号为表达形式的民族情感依恋和后民族情感依恋之间权力平衡的变化。

▶ 分析全球变革方向

问题是如何确定全球变革的大方向是文明进程占上风，还是去文明化的趋势更胜一筹？有哪些标准可以让分析学家用来识别可能细微的方向变化？埃利亚斯社会学拥有对上述问题展开调研的精确标准（Fletcher, 1997: 82ff）。埃利亚斯从文明维度对影响人类整体的垄断过程进行了分析，本书之前对欧洲文明进程的核心元素给予了阐释，这两部分内容都包含了上述标准。上一节已经表明，在对领土垄断权力日益扩大的总体历史趋势进行的研究中，对武力的限制处于核心地位；此外，面对更多和平社会关系的出现，诸如"适度"和"储备"这类的心理因素也处于核心地位。这些心理基因的发展为人们控制侵略性和暴力性冲动补充了外部压力。正如第2章所讨论的，比起对暴力进行外部约束，从内部约束暴力所带来的影响与日俱增，这是埃利亚斯研究欧洲文明进程的一个主要议题。另外一个主要研究议题则是属于同一社会或生存单位的人们之间日渐增长的情感认同。另外，埃利亚斯对火垄断的评价以及古德斯布洛姆（Goudsblom）的详细研究（1994a），强调了更大规模社会协调的引入，包括在人类社会和非人类竞争物种之间权力关系转变的过程中，个人和集体自制达到了新的水平、实现了新的形式。

可以更系统性地梳理上述要点，以便检测群体内部关系和群体间关系取得的文明进展程度。可以使用四条标准来尝试确认社会形式中的主要变化方向。这些社会形势涵盖了从小型亲属集团到大型国家的社会和安排的一切，如权力制衡体系以及包括全人类社会在内的国际组织等。这些标准是：第一，"在社会群体联合承认的条例基础上解决冲突"的做法是呈上升趋势还是下降趋势（Elias, 2013a: 268）？第二，相比于从外部对暴力和行为进行约束，内部约束是否普遍风头更盛，还是正在失势（Elias, 2013: 35ff）？第三，人与人之间的整体情感认同范围是否扩大了？例如"对其他人表达共情和同情的能力"（Elias, 2013: 122; 见 p. 223）。第四，以保护人们不受伤害为目的的社会协调与社会规划的水平是上升了还是下降了？

在埃利亚斯对本章之前总结的全球秩序的反思中，可以明确找到这四条标准。第一，越来越具有破坏性的现代战争形式给国家驯服暴力和调整行为带来了新的外部压力。第二，各社会对行为的自我约束还远远没有达到优先于外部约束的水准。第三，人们对贫困和饥荒的担忧表明，特定群体之间的情感认同有所增加；然而，一旦人们开始担心自己的安全问题，民族忠诚便会阻碍人类忠诚，而在此情况之下，后者也会在意料之中迅速缩减。第四，尽管人们对弱势群体的责任感有所提高，实际上和现代主权国家的内部计划相比，全球协调所能做的极度有限。埃利亚斯没有系统性地运用这些标准来评估全球变革的主要方向，这四条标准也尚未运用于过程社会学的研究。人们确定了全球秩序中的具体"文明推动力"。然而，更受重视的内容是：稳定和平社会中的社会内部文明进程与国际关系中反复出现的双重束缚现象之间存在长期鸿沟。

重新表述最后一点，在欧洲社会内部，国家的形成与内部和平化为其他轨道奠定了基础。"相互依存人群网络的不断扩大"让更多人为了满足基本利益而依赖于他人（Mennell, 1994: 369, 374–5）。占主导地位的群体开始感到压力，在和传统下层群体打交道时必须展现出更强的克制力，必须戒掉或克制对"社会下层群体"表现出公开蔑视的早期习惯，必须以更加尊重和更加体贴的方式对待社会下层群体。由于权力关系的平等化，出现的一种趋势是："无论对方的社会出身如何，越来越多的人变得更容易与他人产生认同感"，这种趋势是"更加均衡且彻底地控制情感的长期文明趋势"的一部分（Elias, 2012b: 150）。局外群体有了更强的能力来改变统治阶层的行为和态度，并在争取基本权益方面取得了成就。由于"权力比例"的变化，局外群体获得了新的"权力机会"，表现形式是主导群体做出让步，成立了有效的组织机构和动员机制。广泛承诺进行并建设旨在保护社会弱势群体的社会规划和社会组织，进一步推动了社会政治变革的早期模式。这些承诺与以下条件密不可分：在相关社会里，文明进程比去文明进程更具优势。

上述发展轨迹发生在相对和平的社会，这些社会由具有垄断权力的国家统治。埃利亚斯的著作反复强调，在不稳定的国家组织社会里尝试上述发展模式相当危险。他的分析解释了文明进程和去文明进程的相关影响如何能够在这些社会中发生迅速转变。在有些社会，没有更高级别的武力垄断能够对争夺权力和争取安全的斗争进行管控，在这些社会相互间的关系中，任何全球文明趋势的弱点都必然变得更加明显。正如第3章所讨论的那样，这种情况下，对社会世界持有高度情绪化的取向是十分危险的。而且，正如本章早就提到的一点，人类互联水平的增加证明了主要变革方向通常伴随引爆融合冲突的集体恐慌与集体焦虑。考察社会内和社会间文明进程与去文明进程的平衡变化可以作为未来全球发展轨迹调研的起始点。埃利亚斯的研究对此类调研有三方面的启示：为如何在全球层面进行此类探索提供了范本模式；为如何评估探索国际关系文明维度的视角提供了解释；还有最后同样重要的一点，为未来有关最强大的集体符号所彰显的全球主导趋势的实证考察铺平了道路。

▶ 冲突中的文明

在过去25年有关全球秩序文明维度的评论中，亨廷顿对即将到来的"文明冲突"所发表的观点是讨论次数最多的。其核心论点是近期文明认同程度的提高增大了国家间冲突的可能性。亨廷顿论述中的社会学分析尚未涉足诸如国际关系等方面。接下来的讨论对亨廷顿的全球问题分析提出了过程社会学方面的解读与批判，并做出了政策预测。该研究仍聚焦于以下三个方面：武力约束遭到侵蚀，民族之间相互认同的范围在收缩，对全球挑战的联合回应在削弱。本研究认为，亨廷顿的论著展现了局内群体在察觉到与传统外来社会之间的权力关系发生变化所带来的危险时，是如何屈尊纡贵，以高度投入的形式做出反应的。不过我们可以首先简单总结一下亨廷顿有关世界政治格局发生变化的主要观点。

根据亨廷顿（1996: 53）的说法，当代的明确趋势是从"一个文明对其他文明的单向影响"转为"所有文明之间的多向互动"。该论点反驳了自由主义的观点，后者认为苏联的解体移除了以自由民主为原则的全球秩序所面临的主要障碍。根据亨廷顿的预测，全球秩序"将会不断去西方化"，因为"非西方文明"不再是传统列强图谋的"对象"，而是成了具有影响力和主动权的"行动者"（Huntington, 1993: 48）。由于西方社会和非西方社会的权力分配变得更加均衡，人们重新提出了骄傲的宣言："鼓励根植于历史的本土习俗、语言、信仰以及体制。"（Huntington, 1996: 91）即将到来的"普世文明"作为自由主义的形象，赋予西方政治理念以特权，而西方的理念与大多数亚洲社会的文化"特殊主义"相冲突，后者"强调民族之间的不同"（Huntington, 1993: 41）。对"人权帝国主义"的反对态度表明了随着人类之间相互依存的程度越来越高，以更加强烈的"文明意识"为基础的紧张局势是如何出现的（Huntington, 1993: 25, 40–1）。似乎"成功的政治、安全以及经济国际组织"将"更有可能在文明内部发展，而不是跨文明发展"（Huntington, 1993: 48）。更加晦暗的前景则是："不同文明中的群体冲突"将会变得"比同一文明中的群体冲突更加频繁，更加持久，更加暴力"。通过这种做法，不同文明间的群体冲突"最为危险，最有可能导致"冲突升级，进而导致"全球战争"的爆发（Huntington, 1993: 48）。

根据亨廷顿的判断，正在出现的普世文明所持有的自由主义信仰未能意识到全球文明是"普世权力"的产物，正如罗马帝国、欧洲殖民时代以及更近期的美国霸权主义所证明的那样。回到讨论的初期内容，上述判断忽略了一点：相伴而来的文明优越感形象，以及对社会自卑感的鼓励，在一定程度上压制了社会的紧张局势，而随着局内群体和局外群体之间相对权力的转移，这种紧张局势变得更加明显。有假设认为，更加均衡的全球权力关系的出现，缓解了西方自由主义者忽略的文明紧张局势，他们错误地以为这种冲突是一个时代行将就木的标志。亨廷顿的观点与19世纪晚期西方的担忧相呼应，后者害怕的是，改造其他社会的"文明使命"已经开始面临挑战，需要处理边远地区野蛮民族所带来的威胁（Hobson, 2012: chs5, 11）。主要观点之一是"伊斯兰边境"存在新的危险，因为"穆斯林倾向于暴力冲突"（Huntington, 1996: 256ff）。根据相关预测，在应对"文明正屈服于野蛮"这一"世界范围"的趋势时，美国及其盟友必须确保具备"经济军事力量"以保护自身利益（Huntington, 1996: 321）。这种危言耸听的论调旨在推动美国精英观点和大众态度的重新定位，因为权力结构正在发生变化，而美国曾想掌控的世界秩序前景黯淡。

这些引用表明了人们是如何利用文明与野蛮的话语来推翻全球秩序的自由主义必胜倾向的，自苏联解体以来，这种倾向处于上风。古典现实主义认为，获取充分军事力量以驱逐外部威胁具有战略必要性，这些外部威胁可能源于日益增长的文明认同和不断演变的文明差异。文明与野蛮的话语则被用来印证这一观点。从长远来看，以及鉴于刚才提到的19世纪晚期取向的转变，该观点反映出非欧洲民族没有经历转型，而这种转型是众多文明攻势发起的目标，也就是至少在欧洲和非欧洲社会的精英群体之间，进一步融合不同类型的生活方式，进一步加深情感认同。权力分配演变的结果是：人们拒绝承认西方享有关于文明条件的真理垄断权。可以将亨廷顿的论述解读为由于丧失垄断地位而产生的焦虑反应。

我们不必拘泥于对亨廷顿论述的标准批判，因为本书侧重于采用过程社会学的视角，不过也有一些共同的反对意见。文明意识概念的前提假设是特定的态度与信仰很大程度上不会改变，而埃利亚斯认为有一种趋势在反复上演，那就是从可变性到不可变性，或者说从善变到不变。这二者的观念是吻合的。从上述角度来看，文明理念的社会科学效用有限，这是一个"过程递减"的概念（Bilgin, 2012）。人们与民族和国家的情感联结比对文明的依恋要强烈得多，这个观点显然是正确的（Henderson and Tucker, 2001）。不过埃利亚斯在分析国家形成、文明取向、"文明内部分裂"以及文明话语的模糊性（人们可以利用文明话语的模糊性，为暴力行为正名或予以谴责）这四者之间的联系时，进一步探讨了上述观点。与这里的讨论相关的是埃利亚斯探讨了诸如英国这样的社会是如何在19世纪将民族主义和文明相结合的（Coker, 2019; 另见 pp.100–1）。近期研究了俄罗斯和中国是如何推动"文明国家"话语体系发展的，发现俄罗斯和中国的发展似乎印证了亨廷顿观点在自由民主西方之外的影响力。这种影响表明了在以自我表扬的文明语言为装饰的民族忠诚所带来的挫败效应里，"融合冲突"是如何得以体现的。

　　亨廷顿对"文明意识"水平上升所带来的挑战进行了讨论，相较来看，显然他的讨论里也提到了类似的问题。如前所述，"文明冲突论"认为由于权力分配的变化，美国影响或塑造全球秩序的能力正在下降。该理论声称已经明确了一种清晰的趋势，即"非西方文明"（日本除外）尝试"在不被西化的情况下实现现代化"，从而取代早期由西方提供社会理想来效仿的情况（Huntington, 1993: 49）。从过程社会学的角度看，局内群体和局外群体之间的权力关系发生了更为普遍的转变，这一点为亨廷顿理论的关键特征提供了解释。至关重要的是，随着权力平衡变得更加均匀，局外群体呈现出了一种

第 7 章 有关人类整体的文明进程

爆发"反叛、抵制、解放"的趋势。在这种情况下,权力平衡通常在受局内群体曾经崇尚的理念与行为"吸引",以及对其产生"排斥"这两种状态之间转换。在统治精英强调"反差"和"区别"的话语体系里,下层群体形成了日益增长的"自我意识",从而激发相互污名化的螺旋模式(Elias, 2012 [1939]: 472–3)。通过相互加强"自我代言"的"自恋"形象,局内群体与局外群体之间的关系随之形成,而这种分裂式的待人态度,也是"人类族群对彼此"构成的主要"危险"之一。正如早前所言,在相关权力斗争中,人们对自己和对他人的印象可以变得非常简单。高度情绪化的观点因为缺乏重要的超脱态度,限制了"自我约束"和"耐心"的程度,而这两者则可以帮助"人们逐渐淡化对彼此的憎恶、怀疑以及仇恨"(Elias, 2007: 7)。简而言之,人们在"看待自己、看待对方",以及他们发现自己处于一定程度的超脱视角时所面临的问题,都可能导致危险的"卷入冲突"(Bucholc, 2015: 150ff)。此分析揭示了一种新兴全球秩序在形象上的缺陷,这种秩序应当是由日益增长的文明冲突与文明竞争所塑造而成的。

亨廷顿的理论并没有完全忽视上述考虑。根据亨廷顿的说法,西方可以扮演正面角色,方法是"更深刻地理解其他文明的宗教与哲学思想基础";而且,通过明确"西方文明与其他文明之间的共同元素",西方与非西方文明能够"学会和谐共存"(Huntington, 1993: 41, 49)。作为对批评者的让步,亨廷顿坚持认为西方强权必须"接纳非西方的现代文明",后者具有和西方不同的"价值观和利益"(Huntington, 1996: 321)。这里的前提是,不同社会的确能够构建并"认同对各类文明起补充作用或替代作用的独特全球文化"(Huntington, 1996: 57)。但是该观点的总基调是必须对新的安全威胁做出强硬的政治或军事回应。因此,所谓"穆斯林倾向于暴力冲突"的假想借鉴了有关伊斯兰文明的古典"东方主义"（Orientalist）神话，进而影响了后"9·11"时代的"新东方主义"（neo-Orientalist）思想，该思想确信更加和平的西方正在遭受"穆斯林狂怒"带来的"野蛮"攻击（Bottici and Challand, 2006; Linklater, 2014）。

该观点展现了错误的判断和预测会如何加剧焦虑与恐慌，也解释了对威胁做出的高度情绪化反应，以及随之而来的对敌人的妖魔化，是如何压倒人们在观察竞争对手关系时，对更加超脱和更加长期的视角的追求的。而这种视角对探索共同点来说是必要的（书中的"后坐力论"认为在分析伊斯兰对美国为何产生敌意时，应当采用更加独立客观的视角）。该观点还展示了"神话式的"威胁表现，比如亨廷顿的过程递减论：人类是由多种文明组成的——以及关于穆斯林有暴力倾向的特定争论，是如何使人类群体陷入伴随残酷影响的双重束缚的过程的。

埃利亚斯认为社会学家是"神话的毁灭者"，目的是颠覆政治导向改变相互依存关系，促进原则上可以避免的融合冲突。从这一角度来说，最好把文明冲突的概念理解为一种象征符号：它象征了对全球权力变化的高度情绪化和狭隘民族主义的反应，这种反应阻碍了人们采用更加超脱的社会科学研究方法来研究"人类整体"。关键任务是要分析社会世界的神话取向可能带来的破坏性后果将如何影响不安全环境下的公众辩论。目的是揭露相关视角的局限性，在这些视角中，最好处于"次要地位"的意识形态偏好渗透进了经验分析的领域。亨廷顿的研究运用了这种分析模式，揭示了一种研究文明力量与世界秩序之间的关系的方法，是如何反映出人们的担忧的——人们担心全球机构中的主导力量正在面临局外群体的反对，如果不采用武力，可能无法控制这些局外群体。将亨廷顿的观点与英国学派对正在变化的全球权力关系的反思进行对比，具有启发意义。从国际社会的角度对文明力量的全球效应进行的经典分析不仅采用了更加超脱的方式，这些分析还代表了社会科学研究的转向，变得更加以人类为中心，并在某种程度上不再受制于民族视角。

▶ 国际社会的文明维度

英国学派对现代国家社会的重组进行了反思，其核心论点构成了对全球秩序文明维度的第二种研究方法，这种方法值得密切关注。英国学派的观点和"亨廷顿理论"有相同之处，都认为全球权力分配格局的转变瓦解了西方文明理念的霸权地位。英国学派的论著旨在从相对超脱的视角去分析西方有关人权的自由民主理念是如何在权力平衡发生变化的情况下得到深化的。布尔（Bull）对欧洲社会向全球国家社会过渡的过程中"不同文化或文明"之间产生的"冲突"进行了反思，上述话题为其思想的核心内容（Bull, 2002 [1977]: 264）。许多英国学派思想家一开始害怕"反抗西方"（反对西方宣称对文明关系的本质享有垄断解释权）会瓦解作为欧洲国际秩序支撑的文明纽带。他们相信权力变化的方向给曾经作为国际社会传统监护人的西方强权带来了新的外交挑战（Hall, 2017）。尤其是从20世纪70年代晚期到90年代中期，革新讨论的重点内容是：从欧洲内部衍生出来，并在近400年里局限于欧洲内部的国家社会文明基础，一经瓦解，将会带来怎样的后果。从这些讨论里可以看出国际社会作为全球文明力量的前景。英国学派对变化模式的思考仍与当代高度相关，在对后西方国际秩序的后续分析中也值得借鉴，接下来的评论对此给予了过程社会学的解读。

有人指出，英国学派的论著研究了国家社会文明基础的消解与其作为潜在的世界政治文明力量之间的关系。接下来的讨论将会表明，这些表述基本都是英国学派带头人的研究术语，不过他们没有借鉴埃利亚斯的作品，甚至也没有含蓄地区分本书序言部分提到的文明或文化优越感中的主位意义和客位意义。怀特（Wight）的论著中出现了主位意义，其文章指出，古代中国、古希腊以及现代欧洲国家社会有着高度发达的集体自豪感，认为自身优于野蛮民族和野蛮习俗（Wight, 1977: ch1）。用过程社会学的语言来说，"群体自豪"（或者说"群体魅力"）是将各政治单位成员联系在一起的元素之一。基于这些主题，布尔（2002 [1977]: 15）认为所有"历史上的国际社会"都享有共同的"元素"，比如通用的语言、广受接纳的宗教与宇宙信仰、相似的艺术审美传统，以及共同的道德信念与审判标准。由于这些显著的共性，人们呼吁在外交上努力维持秩序和稳定，帮助"验证或鉴定国际社会条例的有效性"（Bull, 2002 [1977]: 62）。这些共性是国际社会"通用条例""组织制度"，以及重叠利益的基石（Bull, 2002 [1977]: 15）。作为更高级文明中的一部分而存在的集体意识与一种观念密不可分，即"集体内部与集体外部存在文化差异"，尤其是和"次等社会"所在的区域存在差异。这种观念在人们的共同信念下得以强化，该共同信念是：指导高等民族之间打交道的"行为准则不适用于"高等民族和低等民族"之间的关系处理"（Bull, 2002 [1977]: 32）。

埃利亚斯讨论了"新文明模式"是如何出现在更大规模的生存单位以及某种程度上的权力平衡体系之中的，对"历史上的国际社会"的观察与埃利亚斯的讨论相互呼应。英国学派研究的关键参考点强调了上述观察，也就是黑伦（Heeren）的观点，他认为国家体系是"若干相邻国家的联盟"，这些国家不仅仅因为"利益互惠"而结成联盟，还因为有更深层次的社会助力，包括"社会进步"水平相似、"宗教"和"礼仪"相同——这个观点很有趣，考虑到礼仪以及礼仪相关书籍在欧洲文明进程、国际社会外交习俗，以及局内群体和局外群体之间的关系，尤其是殖民时代的关系中的地位（Heeren, 1834: vii-viii）。随着各社会朝相互同情的模式发展，它们愿意放弃短期利益，以此换取井然有序的关系所带来的长期利益，与此同时，人们的行为常规也在发生演变，巴特菲尔德（Butterfield）对此进行了反思，并同样强调了国家社会的文明维度（Butterfield, 1953: ch7; Sharp, 2003）。对政权之间或民族之间情感认同的强调，以及对远见与约束的强调，凸显了国家社会在漫长的"覆盖全人类的综合文明进程"中所发挥的作用，这是本章之前提到过的客位意义上的文明进程。这种强调表明，对影响全人类的文明进程进行分析时，应当囊括对国家社会和纳入国际公约的约束标准的比较分析。

之所以现代国际社会在这种研究中占据独特地位，恰恰就是因为它囊括了所有以国家为组织形式的人类群体。在反思欧洲转型为首个普世国际社会所带来的主要后果时，布尔（2002 [1977]: 304–5）描述了一种现象，即精英"外交文化"正慢慢和"智力与道德文化"脱钩，在欧洲秩序中，这二者曾有相关性。结成联盟的"国家外交代表"所"共享的理念与价值观"已经开始脱离更深层次的，曾经将欧洲民族团结在一起的"国际政治文化"。该评论强调了一点，即文化融合模式与文化分裂模式之间的平衡在发生变化。当非欧洲政权尝试遵守欧洲文明标准时，文化融合模式占据上风；而近期更为流行的模式是文化分裂，比如非欧洲民族拒绝接受欧洲对文明条件的定义，包括人权自由思想、民主治理、国家重构以及市场文明。显然，人们对诸如主权平等思想、不干预义务这一类的欧洲原则的支持并未消退。对刚刚从欧洲帝国统治之下获得独立的社会而言，它们的统治精英当中有一部分人是上述原则最热忱的倡导者。人们依然承认诸如外交和国际法这样的基本制度是有用的。然而，反抗西方的运动严重影响了外交文化。回到之前提到过的一点，即对于"历史上的国际社会"的文明基础而言，人们共享的信念正在被削弱，这种共有信念曾经为促进和平解决争端的制度与条例提供了支持。布尔对全球方向的分析所得出的结论是：国际社会将丧失珍贵的凝聚力，国家之间或许只存在黑伦所谓的"利益互惠"的关系，而通过外交斡旋来解决重大的政治分歧将变得更难。布尔的研究意识到了后欧洲国际秩序所面临的离心力的影响与日俱增，但是与"亨廷顿理论"相反，布尔的研究重点是高度不平等的，具有文化多样性的社会之间和谐共存的实践理想。

布尔认为，如果首个普世国际社会能够找到一个支撑古典欧洲秩序中的外交文化的文明纽带的对应部分作为基础，将会变得更加稳定。任何与欧洲国际政治文化对等的文化类型都必须对"第三世界"呼吁全球公正的诉求做出专门回应。与亨廷顿的观点截然相反，布尔认为要确保根本性改革的顺利进行，必须将强国假想为领导团体；这种改革要求权力和财富实现从"北"向"南"的重大过渡，并且允诺"世界文化"将吸纳"非西方元素"，这不仅仅要得到各国政府的同意，还要得到"整个社会"（societies in general）的认可（Bull, 2002 [1977]: 303ff）。通过这些调整，后西方全球秩序或能得到一些"支撑基础"，这些"支撑基础"曾经存在于"过去那些地理范围更小、文化更同质的国际社会中"（Bull, 2002 [1977]: 303ff）。

用埃利亚斯的话来说，布尔对变化方向相对超脱的分析与倡导全球公正的预测相关，后者呼吁在世界政治定位中，西方模式和非西方模式都应发生蜕变。与亨廷顿的理论相比，布尔的分析显然更接近"人类整体"的概念。考察传统局内群体和局外群体在国际社会中的权力关系演变时,相伴而来的还有客位意义上的全球文明进程,该进程将拓宽民族之间的情感认同范围,这些民族在艺术、宗教以及道德伦理方面缺乏共同的文明"元素",而古典欧洲国际社会的组成单位则是依靠这些元素而结成了联盟。简而言之,布尔的假设是:在强国的远见及领导之下,国际社会能够在现代发挥文明的作用,从而化解全球权力和财富不平等以及文化差异方面的问题。利用创新的外交机制,一系列核心部署或终将提升构成主位文明进程的民族之间相互同情的水平和情感认同的程度。这里的言外之意是:一个新的"我们"的身份是能够建立在对普世文明的明确归属感之上的。

一项著名的关于人权和世界政治的英国学派研究深化了布尔对全球秩序文明维度的调查(Vincent, 1986)。该研究的主题思想是:前帝国主义列强、殖民地以及超级大国围绕普世权利展开的主要较量可能会被伦理层面的审判克服,即"饱受饥饿与营养不良困扰"是对人权"最恶劣的侵犯";同时,这种较量也会被人们的集体计划而克服,即确保存在必要的"底线",以便让国际社会能够保护弱势群体不受本可避免的困扰(Vincent, 1986: 2, 126)。文森特(Vincent)在论述约翰逊博士(Dr. Johnson)的观点时,也有类似的看法;根据博斯韦尔(Boswell, 1873 [1791]: 179)的报告,"对穷人慷慨解囊是文明的试金石"。约翰逊的观点反映了"富有同情心的世界主义"所产生的激进启蒙主义现象,这种世界主义体现了人们的道德顾虑,担心全球互相依存的情形会对非欧洲民族产生不利影响(最明显的例子是奴隶制和大西洋奴隶贸易),也体现了人们越来越强烈地意识到远方民族在遭受苦难(Linklater, 2016: ch7)。人们敦促对弱势群体产生更加强烈的情感认同,与此同时,对文明社会的宪法章程也有了更为激进的解读。在类似的道德观指引下,文森特认为启蒙后的西方强国能够且应当做伦理准则的旗手,该伦理准则的信条是生存权为"文明生活的基础"(Vincent, 1986: 138)。通过承担旗手的角色,西方强国可以表达其承诺履行"文明"标准的诚意(Linklater, 2011b)。

出于对新权力分布格局和预期权力争斗的担忧,亨廷顿使用了"文明"的概念,而文森特采用"文明"概念却是为了捍卫以促进人道主义目标而存在的全球计划,这二者对"文明"的解读有着显著差异。后者的观点代表了埃利亚斯的看法,即人们如何利用文明理念鼓励行为改变,推动以改变态度与举止为宗旨的"文明任务"(Elias, 2008a: 89-90)。有启发意义的是,鉴于启蒙运动对殖民主义和奴隶制的谴责,文森特(1986: 146ff)将废除大西洋奴隶贸易的斗争视为启蒙后的外交政策对全球秩序产生深刻文明影响的关键象征。从废除大西洋奴隶贸易运动可以看出,外交政治文化与国际政治文化可以通过道德宗旨的"世界化"再次联手,这种道德宗旨受到来自各国"大众"的支持(Vincent, 1980: 254)。

文森特观点的言外之意是,不能把世界主义简单地理解为一个永远和"海外帝国"以及"文明"殖民任务相关联的"独特的欧洲概念"(Pagden, 2000: 3-4; Bowden, 2009: 90ff)。通过保护生存权来促进民族之间相互认同,是西方文明国家为建设更加公正的全球秩序所能采取的方法之一。该观点想说明的是,即便是迥然不同的社会也能在上述生存权问题上找到共同点——这些权利对于民族和政府同样有吸引力。人们相信新的情感认同度能够建立在对生存权的基本作用达成规范共识的基础上,这就表明在客位意义上建立全球文明进程是有可能的。至关重要的是,有观点认为,由于"良心的形成"发生了变化,现在"富裕国家"的许多群体认为必须为"其他受苦受难的人类群体"做一些事情。

在以上方面，英国学派提供了研究国际政治文明维度的独特方法，比亨廷顿的研究高明不少，理由如下：首先，英国学派分析了欧洲殖民运动将非欧洲区域的国际秩序纳入遵循欧洲文明标准的全球体系的过程。其次，英国学派调研了反抗西方与文化和文明之间的新冲突有何联系。从过程社会学的角度来看，该研究追踪了全球局内群体–局外群体关系的长期趋势，思考了国际社会文明基础的收缩对未来的秩序与稳定所带来的可能后果，反思了"文明生活"作为修复国际政治与外交文化之间的关系的手段，以及其支撑基础有哪些改良的可能。英国学派对文化融合与文化分裂之间的紧张局势进行了分析，意识到西方强国塑造国际政治变革过程的能力（或权力）下降了。亨廷顿的理论主要关注的是改变其全球定位取向，因为他相信美国没有做好应对紧急安全威胁的准备；而英国学派的论著则侧重于对西方在后欧洲或后西方时代如何看待世界其他国家做出必要的、关键的纠正。此种背景下，至关重要的一点是对人们就全球准则达成共识的范围进行调研。该准则不受制于任何一种单一的文化或文明，而是代表了追求货真价实的普世权利和责任的前进步伐（Bucholc, 2015: ch5）。

这种研究方法有三个额外的显著特征值得思考。首先，英国学派极具影响力的论著并没有对实现道德理想的"成功世界化"这一可能性丧失信心，就像全球对生存权的支持一样。从埃利亚斯的角度来看，英国学派支持"国家规范准则二元性"中的普遍平等维度，而亨廷顿则正好相反，他认为文明断层线与文明竞争将越来越多，从而强调"民族主义–马基雅维利主义"的外交政策原则。其次，本书讨论的英国学派论著展示了对未来全球文明进程的信心，在该文明进程中，由于全球组织出现了新的形式，提倡全球公正，保护弱小，各民族之间的情感认同水平得以提高。最后，英国学派的观点默认了埃利亚斯（2007a: 91）所描述的危险，即在察觉到威胁和不安时所产生的"短期感觉"会妨碍"对事实的长期判断，无论这种事实有多么不受待见"。这种对权力转变所产生的短期反应，是认为文明冲突迫在眉睫这一观点的典型表现。局内群体-局外群体的关系发生变化，而根据非欧洲民族的特定需求与利益来改变全球秩序的压力也越来越大。英国学派应对上述问题的态度与文明冲突论截然相反，他们侧重于重拾和重塑国际社会所扮演的文明角色。

文森特对人权的看法反映了埃利亚斯（2013a: 29）所谓的"事实观察"，也就是观察到"良心形成"的变化能够与"权力关系的细微变化"同步进行，后者的变化趋势"不利于之前的局内群体，但有利于之前的局外群体"。文森特写作时（20世纪80年代初期）没有考虑到的一点是，权力平衡可能再次发生变化，导致人们支持保护生存权的行动停滞或失败，从而无法产生太多实际效果。自从人们开始呼吁维护生存权之后，全球不平等现象进一步扩大。最富裕的阶层在以下方面缺乏动机：站在弱势群体的立场进行思考；强调弱势群体的利益，或对他们表示同情；建设性地思考通过组织创新以纾解弱势群体困境所能带来的长远益处（Mennell, 2007: ch12）。另外，文森特的立场是让西方掌舵全球变革，如今这一看法与许多对西方人道主义使命持怀疑态度的观点大相径庭，对于传递"温和"殖民政府理念的"白人救世主"思想，上述怀疑论持批判态度。尽管如此，这一时期仍旧制定了许多其他举措，比如和全球卫生项目相关的举措。这些举措表明，纵观西方国家体系的历史，普世平等原则在世界政治秩序中所发挥的作用是独一无二的（Linklater, 2016: 447ff）。其他进展包括将"环境管理"的承诺纳入全球秩序，此举旨在通过保护人类健康来捍卫普世权利（Falkner and Buzan, 2019）。许多文明族群都形成了远见或习惯，在道义层面支持保护全人类免

第 7 章 有关人类整体的文明进程

受无谓伤害和磨难的全球举措。但就民族之间的情感认同程度而言,全球变革的整体趋势深受近期民族-民粹主义反抗全球化运动的影响。

民族-民粹主义运动提供了惊人的证据,证明民族象征符号的力量仍旧存在,而与之对等的国际主义或世界主义象征符号仍旧相对不足。因此,学术界讨论认为,事实上任何全球秩序想要得到强力支持,不仅要满足"利益互惠"的条件,也不仅是像英国学派强调的那样,各民族之间有共享的信仰或原则,而是要具备在情感上能引起共鸣的全球象征符号,作为公共的认同对象。文森特认为,废除大西洋奴隶贸易的斗争是一项鼓舞人心的象征,证明了文明民族在人道主义领域可以实现的成就,即将人道主义的重要性视作新全球主义政策的象征。亨廷顿理论采用的是截然相反的象征符号,比如文明的冲突,以及穆斯林所谓的暴力倾向,目的是捍卫国家对传统战略目标重新做出的承诺。在对德国人的研究中,埃利亚斯(2013a: 159ff)强调了"语言符号"在加强民族忠诚感方面的作用。他指出,"集体符号"可以变成对人们而言"超自然的存在",民族国家的名称可以披上"神圣与敬畏的外衣",集体可以被赋予独特的属性,就如同那些被冠以"超人"名号的人一样。近期的民族-民粹主义言论,比如"让美国再次伟大"的理念就证实了这一点(Dunning and Hughes, 2020)。

基于以上话题,本章总结了新的方法,用于分析世界政治秩序中文明力量的象征符号维度。具体观点是:在任何一个时代,民族象征符号与后民族象征符号的相对实力,都是衡量人们对全球文明进程支持程度的试金石,这种文明进程具有前文提到过的四项特征。这些象征符号各自产生的影响,能够提示全球变革的方向,更具体地说,能够揭示人们对暴力的约束上升到了什么程度,内部约束又达到了怎样的高度，还有民族之间情感认同范围的扩大程度，并展现人们对旨在保护弱势群体的全球计划和全球组织的支持程度是呈上升趋势还是下降趋势。

▶ 集体符号与全球秩序

以后对文明进程的符号维度进行研究，通常可以从以下方面着手：一是埃利亚斯曾讨论过生存单位在更大规模的"全人类文明进程"中所占据的地位，二是之后的研究可以思考他在该讨论中重点强调的那些主题。埃利亚斯的研究重点包括对暴力工具的垄断控制的兴起、以征税或其他形式从社会榨取财富的方式以及定位取向手段。埃利亚斯（2009e: 135ff）强调了统治精英是如何利用象征符号让他们的统治对象在社会以及在更广大世界范围内为自己定位的。有人提出了宝贵的见解，认为国家在符号领域的权力有助于维持国家对其他领域的控制。与该观点一致的看法是，成功的象征符号创新对内部社会与政治斗争的结果有所影响——进而对社会的权力分配造成了影响。换言之，象征符号领域的失败，导致了分裂的趋势（Linklater, 2019）。

毫无疑问，几千年来，国家社会的统治阶层在符号领域进行了大量投入。他们意识到政权合法性一部分依赖于公共象征符号，这些符号能够引起统治对象和国家公民的情感共鸣，并将二者相互捆绑，让他们同时臣服于统治集团。集体象征符号，包括仪式、典礼、节日、历史神话、基础叙事以及人物英雄地位，在贯穿整个人类历史的生存单位中，一直占据核心地位。符号的独创性将人们团结在

第 7 章 有关人类整体的文明进程

特定的群体里，并以此为标签，将他们与局外人分开。例如，纪念战争胜利的公共纪念碑体现了"文明内部的分裂"，这是社会群体反复出现的一个特征。强大的国家象征符号已经成为现代政治组织在以上方面的重要变种。公开纪念战争所造成的苦难与牺牲，展示了国家象征符号如何发挥捆绑与分裂的作用：在所谓的冲突中伪造出敌人的概念，并通过让同一个政治群体的人们记住自己与敌人的不同，来实现群体内部的融合。尽管存在争议，但这种做法标志着人们在更大规模的人群层面取得了重要的集体成就。

在更高级别的群体融合中，已经存在共享符号。前几章提到了具有全球意义的文明或文明约束的若干象征符号，包括第 1 章讨论的"酷刑规范"；第 2 章提到的礼仪规范与外交习俗；第 3 章指明的人道主义原则；第 4 章讨论的理想化国家组织社会；第 5 章描述的外交制度、国际法，以及借来的殖民主义；还有最后第 6 章分析的有关人权、民主、现代国家形式以及市场部署的自由话语体系。在思考所有这些象征符号时，都结合了对权力结构与群体斗争的思考。本书还强调了这些象征符号与国家制度和民族自豪感的紧密联系；重点关注了人们出于政治目的而反复尝试控制文明话语的举动，以及文明的超然属性，这些属性是"民族批判"的基石，并坚持许诺在世界秩序的层面存在未来文明进程。

避无可避的现实是，文明国际秩序的象征符号不如社会内部的象征符号强大，并在紧张局势升级的时期倾向于崩溃瓦解。一边是以更高级的形式将各社会团结起来的象征符号，另一边是导致各民族相互分裂的象征符号，很难从根本上改变这二者之间的权力平衡。即便如此，我们也不应低估象征文明人类的符号所带来的影响力。国际非政府组织和社会运动曾用过诸如红十字（Red Cross）或红新月（Red Crescent）等符号来鼓励不同民族之间产生更高水平的情感身份认同，这些民族都对苦难深恶痛绝。对许多人而言，诸如甘地（Gandhi）或曼德拉（Mandela）这样的全球领袖象征着非暴力斗争，以及和平解决分歧的国际化理想。其他象征符号对各社会可能沦陷的道德深渊提出了警告，而这些道德深渊是各社会必须提防的（包括奥斯维辛集中营和各种大屠杀纪念馆）。

这些象征符号究竟预示着全球文明进程将要遭到的阻碍，还是停留在更加基本的国家间权力斗争的边缘，这些问题无法回答。有观点认为，国家决定国际社会核心原则的传统权力已经衰退，这是有道理的。各国政府承受了更大的压力，要尊重国际社会的非政府组织提出的规范声明（Clark, 2007）。然而，民族-民粹主义政治团体与意识形态的复苏尖锐地提醒着人们，民族忠诚感占据了优势地位。近期的方向发生了明显转变，这表明，面对日益增长的全球互联趋势，传统身份的变化并不大，反而由于全球化的增长，传统身份得以复苏和加强。在民族-民粹主义反抗运动中，自诩为局外人的群体利用民族象征符号对抗占主导地位的阶层，体现了新的融合冲突。重申民族主义和国家权力的语言符号获得了意想不到的政治支持，进而阻碍了区域性和全球性的国际政府组织的发展。对全球化的反抗证明，人们抵制国家承诺进行国际合作、扩大民族之间情感认同范围的文明进程。还需补充的一点是，对民族和后民族象征符号的力量进行分析，是一种值得进一步探索的方法，它能够明确国家内部的哪些方向性变化，持续对全球政治秩序的形成造成最大影响。至于确定一种全球文明进程是否正在兴起，其判断标准在于当代的主要方向性变化，包括情感认同范围缩小、对全球计划组织的支持程度下降，以及对"二战"后国家间使用武力的道德与法律约束放松的支持。

民族-民粹主义力量的分裂效应，及其导致的政治冲突，与理解

第 7 章 有关人类整体的文明进程

民族国家道德准则中的民族马基雅维利主义元素与普世平等元素之间的平衡变化尤为相关。这里值得回顾一下之前对美国"酷刑辩论"的分析,该辩论强调了象征符号的维度(见第 1 章)。提倡放宽酷刑禁令的人使用了各种语言符号,包括以下观点:在对抗"文明的敌人"这一"必要性"战争中,强制审讯技巧至关重要。反对者认为酷刑是野蛮的象征,而相关全球道德与法律约束则象征着文明的存在。酷刑辩论凸显了近年来自由民主社会内部,以及呈竞争态势的各类全球秩序之间逐渐加剧的紧张局势。一方面,人们重新利用民族象征符号来应对全球化。另一方面,持相反观点的群体则利用全球象征符号来捍卫他们受到威胁的后民族集体身份,保护在许多人眼中处于弱势地位的国内与国际"文明"原则与实践。

全球象征符号实现重大复兴与扩张的希望似乎十分渺茫,不仅仅因为民族-民粹主义反抗运动的存在,还因为出于政治考量,即任何全球象征符号都将继续反映西方价值观,代表西方利益,因此对非西方人民而言,缺乏情感吸引力(Olesen, 2015 and 2018)。对人类世(Anthropocene)概念的探讨,是一些全球文明进程总结性反思中的核心内容,与这里的讨论也息息相关。人类世的概念代表了象征秩序的一次主要重建。作为一个象征符号,人类世传达的理念是:根据科学评估,人类对自然环境造成的不可预计的影响,导致了新地质时代的形成。这种象征作用,已经与其作为政治象征符号的作用产生了关联,旨在改变人类的自我形象,或者说,改变人类的定位方式。至关重要的一点是,越来越多的人担忧并拒绝接受这样的假设,即统治自然界是进步与文明的象征(Delanty, 2017)。人类世的概念已经被纳入"气候紧急情况"的话语体系,还有一系列来自环保组织,比如"反抗灭绝"组织(Extinction Rebellion)的呼吁,要求个人和集体自制的水平上升到新的高度,以结束毫无规划的破坏性活动。诸如此类的运动都利用了象征符号的技巧，旨在促进更高水平的全球合作，以解决人类社会造成的问题。

对人类世概念的批评家而言，人类世所谓的中立或技术性本质忽略了气候变化的基本事实——最明显的一点是，并不是人类整体都对环境恶化负有责任，而且也不是每个社会都负有相等的罪责。在公平分配未来责任的决策中，人们忽略了权力关系不平等所起到的关键作用（Harrington, 2016）。批评家进一步强调说，创建能够在更大范围的人类群体中产生情感共鸣的全球象征符号，面临着巨大困难。然而，人类世的概念或可视为人类族群间关系的转折点，同样也是民族依恋或民族忠诚感与全球依恋或全球忠诚感之间力量平衡的转折点。要确保人类社会及社会中的个体成员在处理与自然的关系时，遵守新的社会约束标准，就必须实现前所未有的跨民族合作与国际合作，而人类世的概念或将成为这一过程的关键枢纽。

无论人类世的政治象征意义是什么，毋庸置疑的是，呼吁采用激进措施解决气候变化问题的当代社会运动与非政府组织，可能会成为近期过程社会学著作所描述的全球"生态文明进程"（ecological civilizing process）的主要建筑师。在该进程中，不同社会与不同社会阶层对行为的有力限制达成了共识（Quilley, 2009: 117; 另见 Rohloff, 2018: ch5–6，论"绿色指南"新流派与文明生态行为概念的变化之间的关系）。当然，世界定位模式的流通也取得了进展，此前这些定位模式仅限于激进团体和相关公民。人们越来越意识到，为了达成全球目的，需要重塑个人日常行为，相关举措包括支持"生态良心"（ecological conscience），该概念的核心思想是尊重集体需求，实现更高水平的个人与集体约束，并且当人们违反了重要或关键的社会标准时，应当产生"文明"的羞耻感或窘迫感（Quilley, 2009: 117）。

与上述现象交织出现的还有建立新"社会生态政权"的政治行动。这种新政权有责任牺牲"短期目标换取长期利益",并且在更加清楚地意识到人类活动可能对自然界造成"计划之外和不可预期"的影响时,负责监管人类行为(Goudsblom and de Vries, 2002: 411ff)。这种政权的发展为埃利亚斯的观点提供了支撑,埃利亚斯认为有些群体的信仰已经发生改变,以前他们对主权民族国家有强烈依恋,如今却相信一个在政治上有组织的人类整体才是核心生存单位,因为他们担心当下的气候变化可能会造成大规模的社会政治动荡。这种信仰的转变表明,人们不再相信传统观点,即非人类的自然可以被无限操纵与剥削,从而为人类的目的服务。从人类层面来看,这是一些文明进程在漫长发展过程中所产生的不可预计的后果之一,标志性的事件包括:对火、复杂工具以及武器的垄断使用;农业革命;还有第一批大型"生存单位"的形成,如城市和古代国家。这种信仰的转变还标志着人们越来越相信,对自然的掌控力是必不可少的,虽然埃利亚斯(2009g: 59)在接近生命尽头时,对这些问题进行了简要反思,认为"人类仍旧没有完全理解与掌控与自然相依相伴的避无可避的责任"。之后一项过程社会学研究表示,人们更深刻地认识到,通过更好地"掌控自然",各社会希望能够让"自然过程更加容易预测",但矛盾的是,"那些人类最能掌控的过程可能也是最难预测的过程"(Goudsblom and de Vries, 2002: 406)。至少,埃利亚斯(2009h: 259)认为越来越多的案例表明,"我们对所谓乌托邦的希冀与憧憬正在转移至国家间层面"。"全球团结精神"却遭遇了挫折,因为人类的忠诚感仍旧"局限于地方和国家层面",虽然"实际上各个社会群体早已在全球层面相互依赖"(Elias, 2009c: 256)。呼吁人们对自然承担更多责任,就必须实现一定程度的"自我约束",但这种"自我约束"的水平仍旧"难以达到",仍旧是"乌托邦"的理想（Elias, 2009c: 255）。

必须补充的一点是，因为依赖于"化石燃料的全球社会"具有不可持续性，换句话说，人们担心因争夺稀缺资源而日益激烈的暴力斗争将破坏文明的生活方式并摧毁多个社会，所以开始研发新技术，但这种新技术发展运动，并不是全球生态文明进程的全部（Quilley, 2011: 76ff）。人们只能推测文明话语在未来政治计划中的地位，这些政治计划将解决人类整体（虽然并不平均）面临的问题，并且设想全球秩序的重大重构。不清楚的是，"文明"是将被视作核心问题（因为"文明"不再是"褒义词"）还是被视作解决方案的关键部分。埃利亚斯研究的社会政治过程导致了国家在形态、城市化、工业化以及人口增长方面呈全球化趋势，因为医疗水平的提升和人类寿命的延长，人口增长对生物圈的诉求变得不可持续。用埃利亚斯的话，"技术化"，或者说人们通常"为了获得更好的生活"，从而学习如何"利用无生命的物质"，一直是文明进程的核心内容（Elias, 2008a: 57）。意料之中的是，许多生态组织都对"文明"持批判态度。虽然这些组织可能会反对此种解读，但可以把他们视为全球生态文明进程的建筑师，在此进程中，有关约束和远见的新标准、个人和集体齐头并进的自我监管水平、羞耻的新源头，可能已经深深嵌入了改造后的生活形式里。

从生态文明的理念转为谈论新冠疫情危机可能给全球文明进程带来的影响，似乎有些跳跃。但是根据埃利亚斯（2011: 124）的观点，这二者之间是有联系的。埃利亚斯坚持认为"在动物王国，人类已经战胜了大部分潜在竞争对手和敌人……（人类）通过杀戮、囚禁或关押的手段，控制了其他动物物种，并且才开始注意到统治他者也是需要承担责任的"，不过"病毒和细菌层面的抗争仍在继续"。埃利亚斯提到过因为发展不平衡而持续进行的斗争，这种斗争已经以不可预见的方式死灰复燃，并且将对人类社会造成无法预料的影响。未来全球发展的轨迹，以及文明进程与去文明进程之间的平衡态势，是不可能预测的，不过埃利亚斯的观点提供了追踪未来方向的标准。这种观点标志着研究模式在向"以人为本"的方向进行转型，在定位上更加致力于促进全人类的进步，而不是局限于民族层面。

上文对影响全人类的文明进程进行了六大主题分析，这对于当前的新冠疫情危机意义重大。第一，疫情的传播证实了埃利亚斯的观点，即人类不再是一个"美好"的理想化概念。"社会现实"是：所有迄今为止独立的人类亚群对彼此之间的依赖程度正在迅速上升（Elias, 2008a: 86-87）。世界各地的人们都更加深刻地认识到这种相互依存性。第二，与这种相互依存的意识相伴而来的，是对国家机构的高度依赖。国家仍旧是大多数人在感到恐惧或不安时寻求帮助的主要生存单位。国家对权力的传统垄断具有重要意义，表现形式为：国家可以通过强制封锁和关闭边境的做法切断社交网络，这种能力是其他生存单位难以匹敌的。无论是民主国家还是专制国家，在应对危机时，都拓宽了对其民众的控制范围，这一点也是许多国家不会放弃的。第三，在民族-民粹主义时期，全球主义叙事曾经出乎意料地重新出现，呼吁更高水平的国际合作与长期规划，以应对全人类面临的危机。第四，许多社会仍旧保留着极强的民族-民粹主义意识形态。在全世界人民的情感地图上，人类仍旧留有"空白之处"，而这对于国际合作的加强有着显而易见的后果。第五，人们面临的压力可能会更大，因为要嵌入新的文明标准，规定国家对他国的责任。人们对国家的期待值会越来越高，认为各国会及时且准确地向世界报告本国爆发了具有高度传染性的疾病，协调各社会的反应，并在弱势社会中建立更富有弹性的医疗保健体系。第六，就像埃利亚斯反复强调的那样，危机通常会导致人们做出高度投入的反应，并且引发人们的恐惧情绪，从而产生"双重束缚"，让事件越发难以控制。社会科学调研的问题是，在面对所谓的民族危机时，民族-民粹主义思想容易将局外群体"归咎于始作俑者"，鉴于这种危险，采取更加超脱的态度，以及追求"与现实一致的知识"，能够在多大程度上占据上风？尤为重要的是，人们在多大程度上愿意坚守科学追求，保持与现实的一致性，将全人类视为一个单一的整体，并给予有益的治疗方案？

埃利亚斯的主要观点之一是：上述现象之间的权力平衡是如何波动的，或者说最好以什么方式追踪广义方向上的变化，人们对此知之甚少。一边是民族危机中的高度情绪代入感，另一边是对全人类面临的挑战采取更为超脱的研究视角，关键是要探究这二者之间未来的关系。正如本章所言，此种研究的要点在于明确人与人之间情感认同范围的变化情况，评估人们对全球指导机制的支持程度，以及确定政策之间的平衡关系（一方面是在世界范围内推行必要的自我约束标准，另一方面是以国家为中心的合理战略要求）。

埃利亚斯研究的目的之一是解释欧洲文明社会中内部控制与外部压力的相对影响中所具有的长期趋势。在行为管理方面，自我约束的力量与日俱增，埃利亚斯从过程社会学视角对此进行了研究；他的研究可作为分析当代社会高度遵循封锁政策的出发点（Goudsblom, 1986）。这项研究对于以后考察政府政策在多大程度上促进了世界范围内各社会的文明进程具有借鉴意义（包括国家层面的高度自我约束，如自愿遵守国际规范、支持更加强大的国际机构）。这种研究方法需要密切关注象征符号在世界政治中的作用。因此，此种情形下产生了下列问题：由于全球互联的不可预测性，新冠病毒会不会成为引起全球性恐惧与焦虑的象征符号？新冠病毒会不会作为威胁人类的象征符号,进而促进跨国团结达到新的高度?其在未来全球文明形象中将会扮演怎样的角色?过程社会学认为,接下来围绕新冠病毒的象征意义所展开的政治斗争将发挥关键作用,而尝试控制新冠病毒的象征意义,则可能会给社会内部与社会间的文明进程带来深刻影响。

新冠病毒是否会和人类文明的道德形象有明显关联还有待观察,而人类文明的道德形象与全球生态文明的愿景是并驾齐驱的,本书之前讨论过这种愿景,本次讨论也必将以此种愿景作为结语。有人认为,文明话语或将进入一个新阶段,各民族之间高度相依,采用比过去更有计划的方式,决定他们应当采取什么样的标准,来处理人与自然的关系。两个多世纪以来,文明理念塑造了人们对以下的主流理解:如哪些行为可以做,哪些行为不可以做?然而,在人们考量可持续生活方式的过程中,文明理念可能尚未发挥核心作用。显然,根据当代环境进行修订之后,清楚明确的文明标准,可能会作为一种工具,对国际政治的主流态度与行为产生影响。判断朝着上述方向开展的运动是否正在上演,可以运用本章讨论的标准进行确认:是否成功控制住了对环境的破坏?对行为的内部约束和外部约束之间,是否发生了相对权力的明显转移?人类之间的情感认同范围是否扩大了?以及最后一点,人类社会是否明显趋向于提高规划水平,以增强在开发自然方面的控制力?这些研究不应忽略象征符号层面的权力斗争。未来围绕民族象征符号和普世象征符号之间的相对价值而展开的竞争,值得从事文明理念研究这一伟大事业的学生们关注,研究内容包括文明理念本身、其对欧洲历史进程的影响以及对全球政治秩序的持久影响。

▶ 结　　论

　　埃利亚斯对影响全人类的文明进程进行了反思，包括人类对火的垄断控制，以及生存单位向更大规模的方向进行演变。本章开篇对此进行了总结。这条研究思路进一步扩展，并重点强调了全球文明进程存在于生存单位之间的正式关系与非正式关系。其核心特征包括：对武力的控制；对暴力的内部约束比外部约束更具影响力；各民族之间的情感认同水平在提升；以及在暴力与侵略行为审查方面的合作程度。埃利亚斯对各文明进程的以上方面进行了分析，为明确任一时代的全球变革主要方向提供了新的研究方法。

　　影响各民族之间情感认同范围的政治动态对两项有关当代秩序的文明维度的研究至关重要，这两项研究就以下问题提出了主要的质疑：鉴于非西方民族成功抵制了西方对于"何谓文明"的垄断定义，文化的融合与分裂之间将达到怎样的平衡？其中一项研究是亨廷顿提出的富有争议性的观点，他认为文明意识水平应当在不断上升，且文明冲突迫在眉睫。而另一项研究则是英国学派的看法，他们认为国际社会不再仅局限于欧洲，并对国际社会文明基石的瓦解进行了反思。亨廷顿的研究致力于对以下方面产生影响：第一，由对不断演变的权力关系，各国的定位方式；第二，各国对西方政治和文化霸权的抵制。而英国学派的研究思路迈出了重要的一步，超越了亨廷顿的研究理念。英国学派的研究重点是在生存权方面所达成的全球共识，这反映出一种信念，即西方国家采用同情的态度看待对西方的文化反抗以及人们对全球公正的诉求，可以更新国际社

第7章 有关人类整体的文明进程

会的文明属性。

人道主义或世界主义的倡议，标志着情感认同范围的扩展，这仍旧是当代全球秩序的关键元素。两极时代刚刚结束后，曾一度流行相信未来会取得进步的乐观情绪，而如今这种乐观态度停滞了。西方社会内部的融合冲突步入了新的阶段，局内群体和局外群体围绕权力展开了斗争，这一现象表明了各民族之间情感认同范围的延展是如何为民族忠诚感所挫伤的。民族-民粹主义反抗运动生动而鲜活地提醒着人们，集体身份与共享象征符号之间具有千丝万缕的联系。对全球秩序的分析在很大程度上忽略了象征符号的领域，这里的前提假设是利益互补以及原则或规范共享，构成了全球秩序的大部分基础。民族象征主义仍旧具有情感号召力，这就要求人们采用新的研究思路，探索全球象征符号作为未来竞争中产生情感认同的对象，对于塑造世界秩序具有重要意义。

各社会在进行更深层次的融合时，不同群体之间往往产生尖锐的分歧，导致明显的去文明后果，并带来创建新文明模式的压力与动力。对已经不再享有殖民时代文明基础的全球秩序而言，离心力和向心力之间的斗争是其核心内容。欧洲文明标准的命运提醒着人们，文明与全球秩序之间的联系是如何被削弱的。关于文明与世界秩序之间的历史联系是否被彻底割裂，还存在争议。在某些情况下，西方文明标准仍旧以阴险的方式在影响着国际政治。从另外的角度来看，正在变化的权力关系导致了文明冲突，更加近期的影响是，它导致了人们对占主导地位的全球互联体系做出了民族-民粹主义的回应。还有一种观点认为，当前的紧急任务是创建一个更加文明、更具教化意义的国际社会，更具体地说，要推动全球生态文明进程。由于和西方政治、经济以及文化支配地位的联系，文明理念或许注定要在全球政治话语体系中丧失一席之地，但生态文明理念认为，修订后的文明行为概念，可能对未来的全球秩序话语体系至关重要。还没有其他明显的概念能够代替这样一种概念，它（以最为正向的表述来说）一直都和以下特征息息相关：包括武力约束、尊重并考虑他人的利益、在追求政治目标时保持节制、下决心牺牲短期的个人与国家目标从而换取和谐共存的长远利益，以及很重要的一点：具有跨国团结的远见，即通过强调"全人类的共性"，沟通各民族之间的分歧。

结　语

本书分析了自18世纪晚期开始受到法国宫廷阶层重视的文明理念对全球秩序的影响。理解文明的自我形象是在何种条件下形成的，对于了解其在近代世界政治的关键时期所发挥的作用具有启发意义，比如第1章谈到的"反恐战争"和"酷刑辩论"。在埃利亚斯的研究中，一个基本要素是从长远的角度观察上述叙事体系，其研究的内容是欧洲人经历了哪些过程，从而开始认为自己是独一无二的文明存在。埃利亚斯分析了国家形成、国家内部实现重大和平，以及人们厌恶暴力的门槛普遍降低这三者之间的相互依存性，这是第2章的讨论内容。在当时的社会学家中，埃利亚斯的观点不同寻常，他拒绝采用侧重于"社会"的标准研究方法，因为该方法严重忽略了国内与国际政治之间相互联系的本质。正如第3章解释的那样，埃利亚斯强调了"文明内部分裂"的反复出现——该观点坚定地认为：当和敌人进行重大斗争时，应该放松适用于同一"生存单位"成员之间的武力约束。通过描述文明社会中民族主义-马基雅维利主义和普世-平等原则之间的紧张关系，有关"民族国家规范准则的二元性"的讨论提供了一个更加细致入微的方法来研究国家间的关系。在西方针对酷刑的伦理辩论中（这种酷刑伦理或许尚未尘埃落定），上述紧张关系尤为明显。

全球"反恐战争"的一个核心主题是文明民族之间要相互约束武力的使用，但这种武力约束并不存在于"文明"社会和"野蛮"社会之间。这提醒着人们"文明内部分裂"在"进步"社会与"落后"社会之间的冲突中根深蒂固。前一种分类属于具有独特外交礼节的国家，它们的外交礼节被视为文明与优雅的象征。埃利亚斯认为，文明的自我形象为殖民统治提供了理由与正当性，但是他没有详细探讨文明进程与帝国主义之间的关系。一方面，文明理念敦促帝国列强克制对殖民地和半殖民地人民使用武力；另一方面，文明理念倡导合法中止文明战争的习俗。埃利亚斯的分析没有研究上述两方面之间的冲突。第3章的论点是，对文明进程的解释应当着眼于国家形成、殖民扩张以及国家社会的演变这三者之间的相互依存性——这也是欧洲文明理念中相互关联的三个方面。更宽广的视角推动了埃利亚斯对文明自我形象的发展及其对国家间关系的影响之间的研究。修正之后的观点尤为关注全球秩序的文明维度，这一全球秩序不仅仅是欧洲国家形成的产物，还是海外殖民扩张的结果。

序言部分介绍了过程社会学的基本工作原理，该原理可以帮助解释欧洲文明标准，这也是国家形成、国际社会以及帝国主义三者的主要交汇点之一。第4、5、6章借鉴埃利亚斯的分析来解释形式化法律假定的兴起，这对于19世纪后半叶至20世纪中期欧洲在全球秩序中的形象至关重要。上述章节追踪了长期的变化过程：一开始权力关系高度不平衡，局内群体确信他们相比于弱势社会群体，具有与生俱来的优越性，而后者面临巨大的压力，不得不接受精英阶层认为他们落后的观点，并且改变他们的治理结构，直到符合欧洲的文明标准。正如第5章讨论的那样，欧洲声称自己对文明生活形式的本质享有真理垄断权，因此在欧洲人看来，他们发起一系列文明攻势从而塑造全球秩序是具有正当性的，而改变了治理结构的那些社会对此选择了顺从。将文明理念和进步的相关理念翻译成多种非欧洲语言是精英战略的要素之一，用于在西方迅速向外扩张的时期重新定位自身社会。在正在形成的世界秩序中，一些非欧洲政权沦为了外来者，它们发起了效仿文明国家的倡议，包括殖民计划，试图赢得全球建制派的尊重。这些策略促成了欧洲文明进程的全球化。然而，欧洲理念和实践在向外传播时，非欧洲民族事无巨细地模仿其文明标准，这是一种扭曲的形象。在创建民族和文明的新融合时，政治代理人发挥了作用。在新融合的过程中，非西方社会试图保留传统的道德规范，并且在国际殖民社会里强化其权力资源。这些社会是"反抗西方运动"的先祖，"二战"后，"反抗西方运动"重塑了全球政治秩序。

进入 20 世纪后，许多局内群体-局外群体关系的观察员可能相信，基于西方文明理念的全球秩序正在形成。然而，随着权力关系的变化，"第三世界"在"对西方的文化反抗"中，肯定了其传统或本土的价值观，从而对主流文明观念的吸引力提出了质疑。人们拒绝西方在殖民社会何时能够获得民族独立的问题上享有垄断权，在集体拒绝对外来文明标准做出回应的过程中，这是一个转折点。正如第 6 章所言，传统的局内群体和局外群体在这一方面的力量角逐尚未完全消失。文明标准的当代变化表现在如下方面：人权话语、民主促进、市场部署以及战乱社会的国家重建。相关"文明攻势"受到了重大争议，不再能够成为全球自由文明的基础，而仅在几十年前，许多欧洲观察员还预言将会出现这种全球自由文明。

过程社会学提供了一套独特的标准来理解未来全球秩序的变化轨迹，或者说变化路径。埃利亚斯对影响全人类的文明进程所展开的考察是无价的，尤其展示了人类社会历史发展不同阶段出现的新约束标准或新"文明模式"。世界秩序分析可以有效地突出上述主题，目的是理解在面对日渐延长和加深的全球互联现象所带来的纷繁影响时，各社会是如何应对的。更具体来说，面对权力关系的变化，传统的局外群体获得了定义世界秩序的新机会，而局内群体对此又做何反应？基于这些理念，第 7 章考察了两种研究方法，这两种方法对第一个普世国家社会中独具特色的"融合冲突"进行了分析。用英国学派的话来说，在这个普世国家社会里，欧洲国际社会的早期文明标准基础已被削弱，旧文明标准不再是国际社会正式结构的基本组成部分。

亨廷顿预测文明之间的竞争会与日俱增，而局内群体和局外群体之间的暴力约束也会日益减少；英国学派则对创新型外交会如何复原国际社会的古典文明作用进行了反思。第 7 章的讨论对以上两派观点进行了比较。对近期的民族–民粹主义反抗运动和环保主义团体的兴起进行大规模实证分析，可以拓展埃利亚斯有关"融合冲突"的研究焦点，该冲突导致社会约束标准发生了有形变化。第 7 章补充认为民族–民粹主义的兴起强调了集体象征符号在全球发展轨迹中的重要性。该章强调的一点是，从民族象征符号和全球象征符号的变化过程中，可以看出影响人类整体的文明进程的前景。值得研究的是，在各界通力协作以提高对世界政治中普世约束标准的支持水平这一方面，全球文明，或者说人类文明的理念能够在多大程度上发挥重要作用。

在社会科学阐释的主要目的里，过程社会学的概念详细说明了此类研究的关键之处。社会群体、由于担心失去权力和威望而随之出现的敌意，以及事件控制能力的削弱，这三者之间的关系越发错综复杂，但人们对此的理解程度有所滞后，该研究的核心之处在于深刻认识到因此产生的问题。埃利亚斯认为，社会科学研究应当采取更加超脱的视角，应当摒弃在政治斗争中站队所带来的情感满足的诱惑，对人类困境的关注支持了埃利亚斯的观点。要避免"倒退至当下"的情况发生，并且从长远考虑"人类整体"，关注人类困境是至关重要的。核心目标是通过更多地了解人类历史不同阶段的社会群体之间互相依赖的情况，改进人类面对社会世界的定位方式。必须补充的一点是，埃利亚斯认为，在不同的社会形态中，文明化进程和去文明化进程之间的权力平衡发生了变化，并从地方延伸至国家、国际，或者全球层面，然而对于平衡变化之中涉及斗争的理解，社会科学尚未实现重大进展。还有大量的基础工作需要完成，以创造精细的社会科学概念，并用它们来调研社会相互依存性。坚持采用更加超脱的社会学调研形式，是因为受到了深厚的人文精神的激励，因为人们相信对社会世界的了解越多，就越能避免干预失败。并且，从长远来看，能够更好地限制计划之外和不受控制的社会进程所带来的破坏性影响。

埃利亚斯提出的社会学使命的概念，和出现在宫廷社会中并对整个文明进程至关重要的启蒙思想有相似之处。文明理念本身出自18世纪法国宫廷社会的资产阶级分子，他们认为加深对社会进程的了解，可以为建立一个更加仁慈和有效的政府奠定基础。他们的世界定位不限于只是改善法国这个民族，比如启蒙思想家霍尔巴赫（Holbach）对战争问题的阐释就清楚表明了这一点。1774年，霍尔巴赫声称"轻率的王子们随时随地都在卷入无止境的战争"，这阻碍了"公共幸福""人类理性"，以及"人类整体文明"的发展（引自Elias, 2012 [1939]: 54–5）。他强调说，"各民族的文明尚未完成"（引自Elias, 2012 [1939]: 54–5）。

埃利亚斯在文明进程研究的结论部分引用了霍尔巴赫的评论，他表示只有当"国家之间和国家内部的紧张局势得到控制"时，人类才会获得自称"真正文明"的权利（Elias, 2012 [1939]: 489）。

在那之前，人们只能合理坚称他们"正在变得文明"（Elias, 2012 [1939]: 490）。没有更好的总结能够概述，要想理解文明在现代全球秩序形成中所发挥的作用，我们需要涉及哪些内容，也没有更好的陈词来讲述人类社会在当代和未来如何最好地进行世界定位。200多年来，文明理念在有关大规模变革以及相关改革计划的伦理愿景中占据了一席之地。如果这一地位不复存在，那么全球的想象力将会变得贫乏。如果不能同步理解"文明"曾被用作一个褒义词，来抬高某些群体和贬低其他群体，从而带来恶劣后果，那么这种全球想象力将进一步被削弱。这种特殊的文明自我形象源于欧洲地区，对于想要理解该文明形象的本质和遗产的人来说，埃利亚斯对文明进程相对超脱的研究仍旧是关键的起点。

注　释

序　言

1. 时至今日，这些转变带来的影响依旧明显。例如，从 2002 年起，中国共产党全国人民代表大会开始使用"精神文明"一词来支持中国社会主义"精神文明"愿景，同时对"文明家庭"和"文明工作单位"予以表彰。"精神文明"这一新概念的创造，重新阐释并丰富了传统儒家思想范畴，反映出中国为适应迅速变化的全球权力平衡的现实而做出的早期调整（Nyíri, 2006; Wang, 1991）。另见书中对中国生态文明的讨论。

2. 在生命最后的几年时光里，埃利亚斯双目失明，身体虚弱，只得将自己的最后一部作品口述给学生助手。详情请参见理查德·吉米斯特（Richard Kilminster）对埃利亚斯的介绍（2011）。

3. 埃利亚斯提到了在国家社会主义政治下发生的"去文明化进程"。他用这个词的客位意义来指暴力所受约束的削弱，以及人与人之间情感认同水平的降低。当然，对许多德国人来说，国家社会主义的崛起构成了主位意义上的文明崩塌，这代表着道德的完全沦丧。至于议会制政府的兴起，许多参与者认为他们正在创造更加文明的政治格局。他们应用的是主位意义上的文明，而埃利亚斯对其文明性质的评论则是基于这个词的客位意义。

4. 内在形式的压抑是造成各种心理疾病的根源，弗洛伊德对文明与压抑内在形式之间的联系进行了分析。将文明的概念从其思想内涵中解放的决定也反映了弗洛伊德这一分析的影响（见 2014 年埃利亚斯对弗洛伊德著作进行的解读，其中既有赞成，也不乏批判）。在对文明进程研究的结论中，埃利亚斯提出了这样一个问题：人们是否能够构建出一些生活方式，在这些方式里，社会运作所必需的自我约束不再像在当今时代一样压抑和无趣（Elias, 2012 [1939]: 486ff）。埃利亚斯完全没有采纳对文明社会的进步主义分析，而是强调了强制的文明所带来的复杂心理需求、桎梏、恐惧和焦虑。

5. 对这一概念（the idea of figuration）的进一步讨论，参见埃利亚斯 2009b。埃利亚斯提出这个概念是为了摆脱传统社会学对"社会"的关注。这个概念指的是人与人之间任何的依存关系，包括从地方到"国家"以及国际或跨国网络。

6. 在 20 世纪 60 年代末的一次访谈中，阿多诺（2002: 15）对一种社会调查的观点表示支持，这种观点似乎与埃利亚斯的立场非常接近。他认为，"相比于从一开始就让理论受制于实践，发挥理论本身的客观性优势更能产生实际效果"。在追寻符合现实的知识过程中，埃利亚斯所用的语言更为超脱，而不是采用多少有些静态的客观性概念。

第 1 章

1. 埃利亚斯经常强调"定位手段"对人类的重要性，却并未对该词给出定义。这个概念指的是"人们为了在复杂多变的社会群体间关系中成功找到方向，而利用的象征性参考点……"（Elias, 2011: 120n8，编者的评论）

2. 2004 年，相关的内部备忘录泄露，引发国内民众激烈的争论，并招致国际社会的强烈谴责。（Barnes, 2016）

3. 近日，人们对美国发起的"指定目标杀害"行动展开讨论，并分析了官方说法。美国官方表示，美国发起的该项行动并不违反禁止暗杀的准则。

他们特别提到，美国在努力遵循"国际准则"，防止无辜平民伤亡。在有关酷刑的辩论中，双方对国家道德准则持有不同观点，并陷入冲突，而类似问题在其他领域从未有过。（Pratt, 2019: 732, 740）需要补充说明的一点是，"指定目标杀害"的辩方与文明进程之间的关系值得进一步调查。

第 2 章

1. 埃利亚斯（2013a: 193）观察到，如果不考虑德国"在国家间结构以及相关的国家权力地位等级中的地位"，我们就"不能完全理解它的发展"。"此处，国家间和国家内部的发展路径无法割裂；从社会学视角出发，国家内部和国家间结构是无法分割的，虽然社会学传统迄今为止的主要关注点，甚至可以说唯一关注点还是国家内部结构。"

2. 我非常感谢海德米·苏加纳米对这一点所做的诸多讨论。但是，此处并不企图解释对法律类规章的原因分析和埃利亚斯研究方法之间的区别，后者建立在一个争议性假设上，即"过程只能从过程的角度去理解"（Elias, 2007: 20）。

3. 此处有必要补充一点，与某些阐释相反（见 Thomas, 2018: 21），埃利亚斯并不认为所有文明民族都比早期民族或"所谓的原始人"更为克制。

4. 并不是说米尔（2002 [1859]: 487）相信"文明人"有权按照自己的喜好对待"野蛮人"。在处理"文明政府与野蛮政府"之间的关系时，"人与人之间的普世道德规则"不能随意弃之不顾。（487）

5. 《埃及概览》是古埃及研究中里程碑式的成果。该研究由一支来自考古、地理和音乐等多个领域的专家组成的队伍承担，他们跟随拿破仑的军队一同前往埃及。（Godlewska, 1995）

6. 作为衡量其在传播文明行为中重要性的尺度，伊拉斯谟的论著，《关于男孩的礼仪》被译成 20 多种文字，并在 1530 年首次出版后多次再版。埃利亚斯选择了这部作品来解释文明标准如何传遍上层社会，穿过国界传至其他国家，并最终使得越来越多的人紧密联系在同一种扩张的文明中。

7. 类似的情况也存在于"危险区"的扩张之中，通过这种扩张可以看出，人们越发意识到，"亲密接触可能在物理意义上具有危险性，但这种危险并不是害怕其他人可能会突然掏出来一把刀或一支枪，而是害怕他们可能携带传染性疾病"（Gounsblom, 1986: 164）。古德斯布洛姆（1986: 166）还提到了这样一种惯例，即健康人在场的情况下，麻风病人必须"逆着风说话，因为他们有口臭，而且他们必须与其他人保持 6 英尺距离"。十分感谢亚历克斯·马克（Alex Mack）让我注意到了这篇文章。

8. 19 世纪晚期，美国人参访日本，称赞后者对于个人卫生的重视以及高度的礼仪礼貌，但是谴责纳妾和卖淫这样的"野蛮行为"，这是一种具有启发意义的对比。（Henning 2000: ch2）

9. 这样的警告并不仅仅具有历史意义。2008 年北京奥运会之前，中国文明委员会倡导人们与西方游客文明相处（Coonan,《独立者》，2008 年 6 月 26 日）。这一事件表明，欧洲文明标准在生理功能管控方面产生了持续的全球影响力。可以从不同角度来阐释政府对于遵循自我约束标准的宣传：可以将这种宣传理解为政府真心诚意想要提升对他人的关怀程度，或者理解为政府努力想要为本国赢得文明民族身份，毕竟 19 世纪时，大多数欧洲人都看不起中国的"野蛮"行径，从而不认可中国是一个文明国家。

10. 美国女性拥有更多的就业机会，在公共领域也能承担更加重要的角色，日本对此感到不快，由此导致 1890 年日本的国内立法，禁止妇女参与政治领域活动。（Benesch, 2015: 255–6）

第 3 章

1. 埃利亚斯论述到，各社会之间的关系之所以产生了某些问题，是由于不同社会就外交政策方面应当采取何种自我约束标准产生了分歧。他补充说，为了探索未来国家间达成共识的可能性，需要进行更多对话（Elias, 2012 [1939]: 453, n19）。这些富有洞察力的评论对于全球文明进程理念有着重要的意义，这一点将在第 7 章展开讨论。斯蒂尔（Steele, 2019: 导语）强调，各国之间的关系程度，许多时候都取决于对必要约束标准的讨论与争议。

2. 欧洲人对非洲民族的态度发生了变化，能够反映这种变化的典型例子就是黑格尔对于撒哈拉沙漠以南非洲的描绘。他将这片区域描绘为"为夜幕的黑色斗篷所包裹的稚嫩土地"，那里生活着"处在完全野性与未驯服状态下的人们"。"自我控制的缺乏"界定了"黑色人种的特点"，并体现在食人、奴役和战争中，它们展示了"最为鲁莽的残暴和令人厌恶的野蛮"（Hegel, 1956: 91ff）。欧洲人首次与马里帝国接触时，该国尚未出现等级鲜明的权力梯度，而这种权力梯度则支撑了欧洲人对某些民族的公开污名化，认为他们缺乏欧洲人在文明自我约束方面所取得的成就。

3. 并不是说这两种情况完全一样。在一次军事法庭审判后，史密斯因颁布（根据官方判决所述）下级不需要严格遵守的命令而正式从军队退役。（Welch, 1974）

4. 类似的二分对立在之后的时期仍有出现。比如，中国古代朝贡体系包含一个由中国、日本、越南和朝鲜这些遵循高阶礼仪的国家组成的中心地区以及由普遍遵守基本自我约束标准的东南亚政权所组成的相对边缘地区。感谢约翰·霍布森（John Hobson）对这一点的贡献。

5. 接下来的讨论基于林克莱特。(Linklater, 2016: 385, 393ff)

6. 类似的感想会时不时出现在西方领导人的官方言论中，一个例子就是特朗普关于 2017 年 4 月 4 日美国为回应阿萨德政府疑似使用化学武器而对叙利亚军事设施发动空袭所发表的讲话。他在讲话中恳求所有"文明民族"同美国一起结束"野蛮"袭击，比如叙利亚政府公然"违反其在《禁止化学武器公约》中所承担的义务"，出现对"无辜平民"使用神经性毒气的行为。

7. "文明之战 1914-19"几个字出现在协约国颁发给"一战"参战人士的胜利勋章的背面。

8. 近期也有类似的情况发生。比如，有关林迪·英格兰（Lynndie England）的媒体报道值得注意，英格兰在阿布格莱布监狱虐囚事件中所发挥的作用震惊了大批美国公众（Tucker and Triantafyllos, 2008）。对于当前讨论，特别是"精英中的个别"这样的措辞具有同样重要意义的是小布什在 2004 年 5 月 6 日新闻发布会上的言论，他说虐囚照片并不代表"美国的本质和真心"。

9. 其他案例包括对于罗伯特·萨马鲁上尉的审判，他因在阿富汗杀死一个受伤的叛乱分子而被判决有罪，并在 2010 年 10 月被加拿大军队解职，但是并没有因此服刑。在 2017 年 1 月 4 日，以色列军事法庭判决阿扎利亚中士因杀害一名受伤的巴勒斯坦袭击者而犯过失杀人罪。

10. 对于那些离开英国加入"IS"的人，政府决定剥夺他们的公民身份。英国民众对政府这一决定展开了讨论，内容是应该从国家安全的立场上宽恕政府的决定，还是从违反国际法的角度对此进行批评，而这是另外一个关于对立关系如何突然出现在矛盾性道德准则内部的例子。

第 4 章

1. 一个有趣的对照案例是布罗德赫斯特等人（2015）所著文献中关于柬埔寨法国殖民属地的研究。

2. 类似这样的革命情感能够得到回应。格林布拉特（Greenblatt, 1982: 62）提到了一名印第安人对欧洲人使用手帕来收集并携带鼻涕的做法感到恶心。书中提到的这位印第安人说，"如果你们那么喜欢脏东西，把手帕给我，我立马就能帮你们装满它"。

3. 有观点认为，许多当代旅行志延续了之前存在于"文明"安全区内的二分对立，这些安全区被曾经处于殖民统治之下的"野蛮"地区中所发生的政治剧变而摧毁。这些旅行志借鉴了早期关于帝国主义、绥靖化和文明之间联系的叙事（Lisle, 2006: ch4）。

4. 这些关于"文明"状态的测试不仅仅具有历史意义。它们以某种形式影响了小布什政府在"9·11"事件之后对于塔利班政府法律地位的评估。2002 年 1 月 9 日，由副助理检察官办公室为国防部总理事会准备的《针对基地组织和塔利班关押人员所采用条约和法律备忘录》规定，阿富汗没有通过国家测试，因为其没有对"清晰定义的领土及领土之上的人民"实施行政管理，明显无法"有效实行外交政策并履行国际义务"，同时还缺少"国际社会"的必要认可（Greenberg and Dratel, 2005: 53ff）。在当代西方主流语境中，这一点适用于所有"失败国家"。

5. 1784 年末，英国决定允许中国政府审判英国商船"休斯女士号"上的炮手，而此事件成为中英关系的转折点。当地官员要求该炮手接受审判，因为其发射的礼炮造成了两名中国人的死亡。然而，将该炮手处以绞刑的判决使得英国坚持援引广受诟病的治外法权，后者在 1842 年 8 月签订的《南京条约》中正式形成（Benton, 2002: 247ff 其中强调了英国反对仅由刑法组成而不考虑被告的意图以量刑的法律系统）。人们认为，在西方人形成中国是"野蛮之邦"看法的过程中，以及在英国向中国实施"文明任务"，将"英国法治"引入中国并为此正名的过程中，"休斯女士号"事件发挥了关键作用。（Chen, 2009, 尤其见 p.44）

6. 陈（Chen, 2009: 21ff）描述了当时真实的中国司法程序，并且提到了一个事实，即在18世纪末至19世纪初，许多欧洲人对中国法律体系有着积极评价，却谴责许多欧洲社会司法刑事体系的严苛性和专断性。这样的观点在文明进程的后期发生了剧烈变化。

7. 前文提到过马戛尔尼对于中国礼仪习俗的评价。他强调裹脚的"可憎和扭曲"，但是立马又说自己不愿意因为"礼节和服装"上微不足道的差别而"鄙视、取笑其他民族"，毕竟"我们也有几乎能够相提并论的愚昧和荒谬行为"（Macartney, 2004: 187）。欧内斯特·萨道义爵士（Sir Ernest Satow 19世纪60年代早期起担任英国驻日大使，在任20余年；19世纪晚期再度上任数年）对于某一评论的回应十分具有启发性。该评论称，自己亲眼看见类似于切腹这样"令人作呕的展示"是"可耻的"。

第 5 章

1. 1968年，埃利亚斯（2012 [1939]: 475, note 6）针对其1939年的作品写了后记，并评论说自己不得不"反复抵抗想要更改原文的诱惑，从而与我现在的知识水平保持一致"，不过他并没有说明具体情况。

2. 埃利亚斯讨论了局内群体-局外群体关系的这些特征，包括提到了"东施效颦"的"黎凡特精神文化"，"东方化的欧洲人"或者说叙利亚-黎巴嫩血统的"职业翻译"（进一步讨论请见 Halim, 2013: 200ff）。印度语里有一个词叫作 babu，用于嘲讽那些模仿"英国绅士"行为举止的印度人；土耳其语里有个词叫 alafranga，用于嘲讽那些将自己塑造成为"法国文明人"形象的土耳其人。近期针对上述语言开展的研究探索了埃利亚斯的核心动态观点（Wigen, 2015: 116ff）。日本民族主义者采用 **shinjinrui** 的概念来谴责某些日本同胞，这些日本人被描述为"根据西方标准重新定制的新版人类"（Coker, 2019: 114）。埃利亚斯研究了以下三者之间的关系：文明进程全球化、之前提到过的双重趋势以及随之而来的人格"扭曲"（一些人因此而遭到嘲讽）。我们需要在埃利亚斯的研究基础上，对"夹击效应"进行更为细致的研究。

3. 这一时期反复出现的一个主题是：整个东欧在"文明与野蛮之间处于奇怪的位置"（Wolff, 1994: 23）。

4. 参考斯蒂瓦切蒂斯（Stivachtis, 2015）对叶利钦（Yeltsin）总统1992年2月讲话的讨论。在该讲话中，叶利钦总统宣称俄罗斯政府意图将俄罗斯转型为"现代文明国家"，在"文明国家共同体"的国际社会中，恢复正式成员资格。正如斯蒂瓦切蒂斯所言，俄罗斯的双重目标：民主化以及由国家发动的市场化转型，表明俄罗斯政府遵守现代自由民主"文明标准"进行治理的决心。林德（Linde, 2016）讨论了自普京掌权以来，文明叙事或者说"文明民族主义"的突出意义。该观点受到了亨廷顿的部分影响，后者认为在近代，文明认同的重要性有所提升。科克尔（Coker, 2019: 67ff, ch7）讨论了坚定的反普遍主义（anti-universalism），这也是普京眼里作为"文明国家"的俄罗斯形象的核心，反普遍主义的概念可以用来遏制包含在文明维度对"民族做出批判"的群体。正如之前提到过的美国"反恐战争"，文明理念在影响或控制国内的"权力机会"方面，仍然是重要的武器。

5. 在西方人看来，俄国仍然没有完全"欧洲化"或"西方化"，还是一种"东方专制"的形式，因此不是充分"文明"的国家——这种观点已经反复与更加正面的西方特征发生了冲突。

6. 希腊民族主义者采用了类似的策略，他们呼吁希腊人民从奥斯曼帝国的外来统治中解放出来，通过宣称在启蒙时代非常流行的观点，即古希腊是欧洲文明的诞生地，要求获得国际社会成员方的资格（Herzfeld,

1995; Stivachtis, 1998: 106ff; Neumann and Welsh, 1991; Ejdus, 2014）。1822 年，希腊临时政府声称希腊属于优越的基督文明的一部分，以此宣扬从奥斯曼帝国统治下实现解放的政治主张（Stivachtis, 1998: 155）。共享祖先的说法后来也出现在了阿塔图尔克统治下的土耳其，当时土耳其语被看作印欧语系的根源，而当代土耳其人则被视为诸如苏美尔（Sumer）和埃及等古代文明的后裔，是"白人种族"的重要分支（Cagaptay, 2006: 48ff）。这些例子表明，通过讲述自己与古代的联系，以及从古代继承的遗产，局外群体极力想要赢得欧洲的认可，无论这些故事是真实的还是虚构的。

7. 就"借来的殖民主义"而言，一个有趣的相似之处是英国和法国领事受邀见证了 1869 年对约旦（Jordan）贝都因人（Bedouin）的安抚计划（Deringil, 2003: 340）。此举旨在利用贝都因人接受招安的事实，在代表文明的外国使者面前彰显奥斯曼帝国机构的效用。

8. 奥斯曼帝国并不是中东唯一一个向日本学习的国家。19 世纪晚期，伊朗也尝试向日本取经，作为"文明的学生"，努力赶上欧洲的教育标准。1898 年德黑兰（Tehran）成立了"学习协会"，旨在资助推行文明新理念的世俗学校，这些新理念被波斯的知识分子翻译成 mada-niyyat（Pistor-Hatam, 1996）。

9. "达到当代文明标准"的理念成了革命的"非官方口头禅"（见 Dösemeci, 2013: 3 的补充：1959 年 7 月 30 日，土耳其的统治精英发起申请，要求加入欧洲经济共同体。在他们看来，成为该共同体的成员，标志其完成了阿塔图尔克的愿景，即"将土耳其上升到当代文明的水平"）。反对这种文明立场的人援引"民族主义逻辑"，抗议继续用土耳其对西方市场关系的准殖民从属形式来羞辱"奥斯曼帝国的投降"。他们对政府的政策反应被认为会延续土耳其的弱势地位，且会损坏民族自豪感。这种反应强调了多重文明的存在，没有任何一个文明有权利根据所谓的普世标准来衡量其他文明所取得的成就（Dösemeci, 2013: 4ff，另见 ch2–3）。另一方面，欧盟一直拒绝土耳其的加入请求，理由是土耳其没有达到人权相关的"文明标准"（Casanova, 2006; Wigen, 2014; Bilgic, 2015）。

第 6 章

1. "一战"结束之际，在法国的一场重要知识分子运动中，学者对日益高涨的民族主义和反西方情绪进行了回应，呼吁以更加超脱的视角来理解其他文明。由于殖民主义通过"欧洲的文明输入"，"扼杀本土生活"而心生愤懑，而此举旨在拓宽人们的视野，避免这种愤懑之情累积转变为政治仇恨（Said, 2003: 248–9）。涂尔干和莫斯（Durkheim and Mauss, 1971 [1913]）的研究方法证明，社会学家对文明比较分析的兴趣与日俱增（也向客位意义上不同文明进程的研究迈出了重要一步）。

2. 20 世纪 90 年代，伊朗总统穆罕默德·哈塔米（Muhammad Khatami）提倡"文明之间的对话"，在这一理念中可以看到上述发展进程的表现形式（Lynch, 2000; Michael and Pettito, 2009）。这种对话形式体现了通过更好地理解不同文明来促进互相包容与尊敬的"进步人文主义"任务（Palumbo-Liu, 2002）。然而，重要的道德理想仍旧停留在过程递减的概念之中，可解释的价值有限。要想在实践中取得成功，视角更加超脱的调研是关键，但西方国家介入特定的道德与政治目标，阻碍了这一调研的开展。

3. 人们认为，种族反抗和《联合国消除一切形式种族歧视国际公约》（the United Nations International Convention on the Elimination of All Forms of Racial Discrimination）彰显了"发展中国家是如何给西方国家灌输文明思想的"（Jensen, 2016: 278-8）。在联合国大会有关该公约的辩论中，提及了新的文明标准，包括哥伦比亚（Colombian）和塞内加尔（Senegalese）代表发表的声明："种族障碍的存在有悖于任何文明社会的理想"，在"强权即公理"的原则主导下的"野蛮社会"中，种族障碍尤为突出。（Jensen, 2016: 119）

4. 辛格（Singh, 2015: 200）认为，19 世纪发生的一系列战争，从克里米亚战争到 1879 年的盎格鲁－祖鲁殖民战争（Anglo-Zulu colonial war），让著名的印度民族主义者开始质疑"如此大规模的死亡、毁灭以及对无辜人类的杀害"，是否是值得他们钦佩与效仿的"文明的基本意义"。

5. 必然出现的问题是：古典社会学传统为世俗化论点所主导，那么埃利亚斯对文明进程的分析是否是这种世俗化论点的一个变种？有一种解读认为，埃利亚斯就该论点提出了一个具有细微差别的版本，侧重于研究文明社会中幻想与现实之间不断变化的平衡关系。这里无法展开讨论，有关该议题的详情可参考其他文献。

6. 值得注意的是，在更广大的历史背景里，人们对英国殖民统治和罗马帝国腐败行径之间的相似之处进行了革命性批判，这也导致了三级文明标准的形成，其中美国位于上层，欧洲强国位于中层，而非西方国家位于下层。（Cha, 2015：关于杰斐逊例外主义的研究；另见 Mennell, 2007: 25ff）

7. 举例来说，北欧民族一直被视为令人钦佩的"勤劳"人民，而南欧或东南欧的民族则被污名化为"无组织无纪律"的"热情"社会。这种二分法长期存在，并在 2008 年全球金融危机过后，出现在了希腊媒体的报道中。（Bakic-Hayden and Hayden, 1992）这里的核心观点是，负责管理现代资本主义经济体的统治精英缺乏达到必要"文明"水平的远见、责任感以及自我约束力。（Herzfeld, 1995; also Haro, 2014）

8. 2009 年 1 月，在达沃斯召开的世界经济论坛中，中国政府认为，2008 年的全球金融危机是市场监管失败的结果，因为缺乏必要的"自制力"。在埃利亚斯对欧洲文明进程的分析中，自我约束和自我控制的概念占据重要地位。

9. 人们只能推测相关学说对文明层面的"民族批判"是持支持态度还是反对态度（Coker, 2019: 124ff）。假设民族忠诚感和全球领导力以及保护人类文明的特殊责任这两项主张之间互有关联，那么该议题值得仔细分析。